Bewegt Reihe: Grafo

Die Deutsche Nationalbibliothek – CIP-Einheitsaufnahme.
Die Deutsche Nationalbibliothek verzeichnet dieses Buch in der Deutsche Nationalbibliographie; detaillierte bibliographische Daten sind im Internet über http://dnb.d-nb.de abrufbar.

Erste Auflage 2010
© Größenwahn Verlag Frankfurt am Main Sewastos Sampsounis, Frankfurt 2010
© Gesellschaft der Griechischen AutorInnen in Deutschland e.V.
www.groessenwahn-verlag.de
Alle Rechte Vorbehalten.
Printed in Germany
ISBN: 978-3-942223-02-7

Sevastos P. Sampsounis
(Hrsg.)

Bewegt

Kurzgeschichten

Deutsch - Griechisch

Eine Anthologie der
Gesellschaft Griechischen AutorInnen in Deutschland e.V.
aus Anlass des 50-jährigen Arbeits-Anwärter-Vertrages
zwischen Deutschland und Griechenland.

IMPRESSUM

Bewegt
Reihe: Grafo

Herausgeber
Sevastos P. Sampsounis
Gesellschaft der Griechischen Autorinnen in Deutschland e.V.

Seitengestaltung und Coverumschlag:
Größenwahn Verlag Frankfurt am Main

Schriften:
Constantia und *Lucida Calligraphy*

Coverbild:
Alexios Mainas

Übersetzungen und Lektorat:
Thalia Andronis, Helge Binder, Sophia Georgallidis, Niki Eideneier, Hans Eideneier,
Maria-Elena Elefterie, Carolin Mader, Alexios Mainas, Reta Mavrogiorgi,
Brigitte Münch, Elena Pallantza und Maria Thomas.

Gesamtherstellung:
Druckerei BM-Druckservice Mortazavi, Köln.

Größenwahn Verlag Frankfurt am Main
Oktober 2010

ISBN: 978-3-942223-02-7

INHALT

7	Vorwort	MICHALIS PATENTALIS
9	Einführung	NIKI EIDENEIER
13	Island	THALIA ANDRONIS
23	Der Sitzplatz des Anderen	ELENI DELIDIMITRIOU-TSAKMAKI
31	Immer in Bewegung	SOKRATES GIAPAPAS
39	Die Weihgabe	ELSA KORNETI
45	Nichts geht mehr	GIORGOS KROMMIDAS
49	Eine heldenhafte Nacht	PETROS KYRIMIS
59	Die Anemonen	KYRO PONTE
65	Φ	ALEXIOS MAINAS
71	Warten auf Äsop	BRIGITTE MÜNCH
83	Mantzikert	DIMITRIOS NOLLAS
89	Spuren im Schnee	ELENA PALLANTZA
99	Stillgestanden	MICHALIS PATENTALIS
109	Hier kommst du nicht durch, Maria...	SEVASTOS P. SAMPSOUNIS
121	Ich bin Schriftsteller	STAVROS STAVRIANIDIS
125	4.33′ Musik der Stille	LOUKIA STEFOU
131	Rehalgelismen	ELENI TOROSSI
139	Georg der Glocken-Heilige	GIORGOS VALASIADIS
151	Biographisches	

Vorwort

MICHALIS PATENTALIS
Vorsitzender der
Gesellschaft der Griechischen AutorInnen in Deutschland e.V.

Geehrte Leserinnen, geehrte Leser,
als wir im Dezember 2006 die neue Gesellschaft der Griechischen AutorInnen in Deutschland (GGAD) gegründet haben, war unser Bemühen, eine literarische Plattform zu schaffen, worauf alle Menschen Platz finden, die sich mit der Literatur der Griechen in Deutschland beschäftigen oder sich dafür interessieren. Mitglieder unserer Gesellschaft sind Schriftsteller und Schriftstellerinnen, Übersetzer und Übersetzerinnen, Essayisten, Journalisten und Kritiker, Professoren und Lehrer, die in Deutschland leben und unter anderem die Verbreitung der griechischen Literatur im deutschsprachigen Raum fördern oder fördern wollen.

Gegen die These »Griechische Literatur ist nur die Literatur, die auf Griechisch geschrieben wird«, unterstützen wir die griechische Seele des Schriftstellers in der Diaspora bei den Verwandlungen, die er und sein Werk freiwillig oder unfreiwillig, inmitten der beiden Kulturen, in denen er lebt und schafft, zu bestehen hat, unabhängig davon, in welcher Sprache sein literarisches Wort Ausdruck findet. Für uns ist ›griechischer Schriftsteller‹ der, welcher griechisch denkt. Die Mittglieder der GGAD fungieren mit ihrem Werk wie literarisch "kommunizierende Röhre" zwischen der deutschen und der griechischen Gesellschaft. Besonders für die heutige Wirklichkeit ist die Existenz einer solchen Institution sehr wichtig, denn sie bietet durch die Literatur die Möglichkeit eines besseren Verständnisses der Multikulturalität. Eine besondere Brücke schlägt in diesem Zusammenhang der Beitrag von Dimitrios Nollas, Ehrenmitglied der GGAD, wofür wir uns bei ihm herzlich bedanken.

Die Überlegungen, welche zum Erstellen dieser Anthologie geführt haben, gründen auf den Versuch unserer Gesellschaft, das Werk der griechischen Schriftsteller Deutschlands bekannter zu machen. Der ausgewählte Titel *Bewegt* drückt in allen Beiträgen den Geist dieser Anthologie aus: Eine unaufhörliche geistige und körperliche Bewegung, die Menschen, Ereignisse und Lebensläufe bestimmt und den Leser ›bewegt‹.

Die griechischen Autorinnen und Autoren Deutschlands werden zu Zeugen einer nicht beglichenen Rechnung und bemühen sich, auf ihre Art und Schreibweise sie zu begleichen, indem sie mit ihrem Werk das bereits Festgefahrene in Bewegung setzen.

Viel Vergnügung!

Einführung

NIKI EIDENEIER-ANASTASIADI

Requiem für eine ganze Generation

... es sind Menschen gekommen!

*Das
was
Max Frisch sagte
war
seiner Zeit
sehr schön.
Für mich
war das nichts Neues
ich habe es
schon immer gewusst
dass ich
ein Mensch bin.
Hier
muss ich
es jeden Tag
beweisen,*

*mit meinem Lachen
meinem Weinen
meinem Sprechen
meinem Tanzen.
Jetzt bin ich müde.
Bitte
glaube es mir,
ich bin ein Mensch.
Sag bitte nicht
andauernd
dass
auch
ich
ein Mensch bin.
Es macht mich traurig.*

May Papoulias

Fünfzig Jahre und doch Mensch geblieben! Mit allen Wünschen und Träumen, den Hoffnungen, der Begeisterungsfähigkeit, der Freude über das Geschaffene, die Familie, die meistens wächst und gedeiht bis in die dritte Generation hinein, die vierte schimmert bereits durch. Ein gelungenes Leben? Ja, ein gelungenes Leben.

Auch wenn die Kräfte nachgelassen haben, das Haar weiß geworden ist, die Gelenke schmerzen und die Schäden von der schweren geleisteten Arbeit quälen, diese Menschen sind zufrieden. Sie vergessen nicht. Sie beschönigen nichts. Sie stoßen noch heute an die Grenzen ihres Verständnisses, warum hat alles so kommen, warum haben sie ihre Heimat verlassen müssen, ihre Eltern, ihre Kinder, ihre geliebten Personen, die ärmliche Hütte mit dem Gärtchen davor, die gute Luft. »Für ein Stückchen Brot, für die Zukunft unserep Kinder« sagen sie sich noch heute.

Sie haben ein hohes Alter erreicht. Die Sehnsucht ist noch immer da. Sie fahren oft ›nach Hause‹. Die Wege sind kürzer und billiger geworden. Oft gibt es wirklich dort ein Haus, das sie selbst gebaut haben, um im Alter sich darin einzunisten; sie pflegen es, vermieten es nicht, auch wenn es die ganze Zeit leer steht, denn sie verbringen nur ›die Ferien‹ dort, was sollen sie die übrige Zeit dort schon machen? Die alten Freunde sind weg, die noch älteren gestorben, die gleichaltrigen in die Städte gezogen - dort gibt es Ärzte und Apotheken um die Ecke, die Kinder arbeiten in der Stadt, sie müssen auf die Kindeskinder aufpassen. Einsamkeit. Fremdheit. Sogar die Sprache ist nicht mehr dieselbe wie damals, sie werden belächelt, da sie ein paar „deutsche" Wörter mit verwenden: *Brotsakia, Kranfiras, Abanos, Aha*. Doch ab und an haben sie einen Sommernachbarn, der auch irgendwo in Deutschland ein „Gastarbeiter" gewesen war. Sie freunden sich schnell miteinander an, sie können sich austauschen, sie haben dieselben Erfahrungen gemacht. Ein Stück Heimat in der Heimat. Sie freuen sich sehr.

Aber dann kommt die Zeit der Rückkehr. ›Jede Reise ist eine Rückkehr‹ singt ein bekannter Sänger. Beladen mit allen Köstlichkeiten des heimatlichen Sommers, mit einer schönen Sonnenfarbe, mit allerlei Geschenken für die hiesigen Freunde, den Willi, die Gudrun, deren Enkel, ach ja und für die kranke Tante Hanna ein Glas Blütenhonig vom Berg. Der tut gut! Und Bergtee für den langen Winter. Den gibt es doch auch in Deutschland! Ja, aber der ist selbst gesammelt. Damit die Sehnsucht wach bleibt. Sie sind zufrieden. Mit dem, was gewesen ist, zur Zeit ist und was noch kommen wird. Sie leben alles, Gutes und Schlechtes, sie warten nicht auf den Tod. Der wird schon von selbst kommen. Sie sind zufrieden. Sie sind Menschen. Und aus deren Mitte stammen Künstler, Musiker und Filmemacher, Schauspieler und Fotografen, Maler und eine nicht zu übersehende Anzahl von Schriftstellern, wie die, welche Sie, verehrtes Lesepublikum, durch dieses Buch kennen lernen werden.

Und dafür ist dies Jahr ein großes Fest. Mit Heimat von dort und Heimat von hier. Mit vielen Liedern, alt und neu. Zum Selbersummen, zum Tanzen. Zusammen mit der Familie, mit alten und neuen Freunden, mit „fremden" Freunden aus aller Welt, die sich hier auch nach einem Stück Heimat sehnen. Es gibt Fotos vom Damals, und es gibt sie vom Heute. Und Filme und Erzählungen und Gedichte ›aus deren Knochen, den heiligen‹. Und es gibt Freiheit.

Das ist ein Fest!

Dieser Text wurde bei der Großveranstaltung „Die Griechen kommen" vom 27. bis 30. Mai in Mainz gehalten als Auftakt zur Lesung von sechs griechischen Autoren am 28. und 30. Mai im „Frankfurter Hof" der Stadt.

THALIA ANDRONIS

Island

Ich war noch ein kleines Mädchen, als mir Island in den Schoß fiel. Flupp. Einfach so. Floss durch mein Hirn in die Finger auf ein liniertes Blatt Papier, floss mit der Tinte aus einem zerkauten Füllfederhalter in die Form meiner krakeligen Kinderschrift.

Gut, sagte die Tante, der ich die Schmierblätter zur Korrektur vorlegte. Gut, sagte sie kühl und ohne ein bisschen Vergnügen über den phantastischen Islandausflug, den ich in meinem Aufsatz beschrieb. Sie begriff nicht, dass mir Island in den Schoß gefallen war, einfach so. Sie begriff nicht, dass ich etwas wusste, was ich nicht hätte wissen sollen. Kein Kind reist allein dorthin, in dieses weite, sonderbare Land. Doch ich tat es. Denn das Schicksal meinte es gut mit mir und ließ mich eine Reise gewinnen, und die Welt meinte es gut mit mir und ließ mich ohne die übliche Erlaubnis auf einem Schiff die Reise antreten –zwölfjährig, in Begleitung einer Schar von bunten, namenlosen Gestalten. Natürlich war Island das Ziel, gar keine Frage. Island fiel mir in den Schoß, einfach so.

Die Ankunft war erregend, ich fühlte mich frei, was spielte es schon für eine Rolle, dass ich zwölf Jahre alt war – auch für meine Reisegefährten war dies ohne Belang. Sie selbst waren so alterslos wie ich, mochten sie auch fünfzig-, siebzig-, oder dreißigjährig sein, und, beileibe, sie waren ohne nennenswertes Geschlecht. Es störte mich keine von ihnen, als ich auf die Uferpromenade trat, niemand schwatzte mir die Ohren voll oder trübte meinen Blick auf den eisblauen Himmel. Und ich ging aufrecht und geradeheraus, vergnügt, wie vielleicht nur eine alterslose Zwölfjährige vergnügt sein kann. Zielstrebig voran, den Weg blindlings findend, die Augen unentwegt am Himmel und seinen scharf umrissenen Linien. In jener ersten Nacht feierten wir und schliefen in einem kleinen, unscheinbaren Hotel. Ich lag in einem butterweichen Bett und fühlte mich frei, frei und unendlich geborgen.

Heute kenne ich Island aus seltsam anmutenden Filmen: ein sonderbares kleines Völkchen in einem bizarr erscheinenden Land voll eishauchender Feen und Gnome, die wie aus dem Nichts auftauchen und Fremdlinge vor Schreck und Staunen zu Eissäulen erstarren lassen – um sie anschließend wie neugeboren wieder ihre Heimreise antreten zu lassen.

Damals kannte ich Island nicht. Ich wusste nicht, dass mir etwas Wunderliches widerfahren würde. Ich bin schlicht nur eingetaucht in dieses Land, in seinen Namen: *Island*. Schloss die Augen, beugte mich behutsam vor und ließ meine Nase jene gallertige Wand durchstoßen, durch die, obwohl sie durchscheinend ist, wir nicht hindurchblicken können. Ich schob meinen Kopf noch ein Stück weiter vor, senkte ihn auch ein wenig dabei und war schon hindurch, hineingetaucht in Island. Ich weiß nicht, wer mich auf diesen Ausflug schickte. Denn schließlich wanderte ich. Und ich schaute und schaute, gedankenversunken in jener grünbraunen Weite. Dass ich mich verlor, versteht sich fast von selbst.

Alles verlor ich gleichermaßen, nichts blieb erhalten in jenen Augenblicken vollendet scheinender Auflösung, nicht ich, nicht das Land, nicht die Gefährten. Nur Leere sah ich und ich hörte nur Leere. Unter mir wuchs Gras fein wie Moos, gleichförmig und ununterscheidbar. Am Horizont verschmolz das Land mit dem Himmel und am Himmel selbst war kein Wölkchen. Ich hatte die Geysire längst passiert, Wärme und Wunderlichkeit längst hinter mir gelassen. Warum ich in die graubraune Wüste trottete, wusste ich längst nicht mehr. Gibt es Bäume in Island? Wahrscheinlich gibt es sie. Gibt es sie auch dort oben auf den ansteigenden Weiten? Auf dem Weg zu den ewigen Gletschern, den Berghöhlen und Felsspalten? Mir scheint, dort gibt es keine. Es gibt nur Wind dort, grau-braun-grünen Wind und gleißend weiße Luft. Mir schwant, es hätte ein Pferd gegeben, das mich aufgelesen, herumgetragen, mich auf den Berg und den Gletscher geschleppt und dort abgeworfen hat. Mir schwant, dass es dieses Pferd vielleicht auch gar nicht gegeben hat und nur meine Phantasie mir einen dummen Streich spielt. Doch ich erinnere mich an seine flatternde Mähne, als es mir seine Flanken zuwandte und in halsbrecherischem Tempo den Berghang hinunterraste. Und ich saß im Schnee, ich oder jemand, den ich dafür hielt. Mir fiel ein, dass ich zwölf Jahre alt war, aber vielleicht war ich auch siebenundvierzig, und dass ich die Aufgabe hatte, einen Aufsatz zu schreiben. Ich streckte meine Nase, mein ganzes Gesicht durch die wabernde Gallertwand, nur um zu erkennen, dass ich drüben ebenso verloren war wie hier. Also trat ich wieder zurück und blieb.

Verloren sein heißt, sein Herz zu verlieren, ihm nachzuschauen, wie es im Galopp aus seinem Körper hervorbricht, wie es den Magen zusammenwürgt, die Lungen lähmt, die Gedärme zerquetscht und das Hirn zu Brei schlägt. Verloren sein heißt, vor Angst den Verstand zu verlieren mitsamt seinem Herzen, vor ständigem Schwindel zu taumeln, vor Einsamkeit um sein Leben zu fürchten. Es heißt, vor Hitze zu vergehen und zu erfrieren gleichzeitig, gleichermaßen zu einem unauflöslichen Bleiklumpen zu schmelzen und sich aufzulösen und zu verfliegen wie Äther. Die schwerste Erde zu werden und der flüchtigste Wind.

Wir feierten in jener ersten Nacht und schliefen in diesem kleinen Hotel. Später lag ich in meinem butterweichen Bett und war frei – frei und unendlich geborgen.

Der Morgen kam ungefragt und sonnig, die Gefährten und ich waren gut gelaunt und gerüstet für den anstehenden Ausflug. Nicht dass ihre Anwesenheit von erheblicher Bedeutung gewesen wäre, obschon sie mit mir plauderten und sich amüsierten und alles sahen, was ich sah, und mit mir waren, obwohl ich ohne sie war. Wir zogen auf Pferden durch die Landschaft, trunken von Licht und Luft und fremden Düften, versonnen nach dem Wasser suchend, das in kleinen, warmen Tropfen zu uns herüberwehte. Geysire! Ich gab dem Pferd die Sporen, als ich ihre Witterung aufnahm, und es trabte brav zu den Quellen. Brav ließ es mich auch absteigen und das heiße Sprudeln betrachten, brav harrte es aus, bis ich das farbig reflektierte Licht bestaunt hatte und von den schwefligen Dämpfen schon zu taumeln begann. Brav ließ es mich schließlich wieder aufsteigen, nachdem ich alles um mich herum vergessen hatte vor lauter Bewunderung. Gedankenversunken stieg ich auf, weil es auffordernd den Kopf gehoben hatte, und ehe ich über mein nächstes Ziel auch nur nachdenken konnte, raste es los. Wildwütig und ohne jede Vorwarnung ging mein Pferd durch. Ich krallte mich in seine Mähne, mir schwanden die Sinne, und so merkte ich noch nicht, wie sehr ich mich fürchtete. Wir galoppierten den Hügel hinunter und den nächsten wieder hinauf und immer so weiter, bis das Blau des Himmels langsam blasser wurde und das Tageslicht immer mehr an Kraft verlor und ein fremdartig gleißendes Licht mir unversehens in die Augen stach. Schnee! Unverwüstlich hatte mich das Pferd in die Berge getragen auf verschneite Hänge, und hörte nicht auf, bis es dampfend die Gletscher erreichte. Da warf es mich ab, und ehe ich begriff, wo ich mich befand, galoppierte es den Berg wieder hinunter und den nächsten wieder hinauf und immer so weiter mit unveränderter Geschwindigkeit, bis es sich aus meinem Gesichtsfeld verlor. Und, ja, so fiel ich denn Island in den Schoß. Einfach so.

So ist es mit den Dingen, die man zu lenken und zu beherrschen glaubt. Sie geben sich einem willig hin, schauen einem treuherzig in die Augen, lächeln einem verführerisch zu und versprechen ein ordentliches, kontrollierbares Glück. Ich glaubte, ich würde Island entdecken, doch Island entdeckte mich. Es ist sehr merkwürdig, von Island entdeckt zu werden. Jeden, den Island entdeckt, nimmt es auf den Schoß; und niemand, der auf Islands Schoß sitzt, kann verhindern, sich wie ein kleines Kind zu fühlen. Es streichelt einen und haucht einem gefrorene Küsse auf die Wange und pustet übers Kopfhaar, das zu glitzern beginnt, als wären tausende von kleinen Eiskristallen in die Strähnen geflochten. Ich patschte mit kleinen Kinderhänden um mich und griff nach den knorrigen Händen, die mich hielten. Und obschon ein eisiger Hauch um Islands Kopf herum wehte, stieg aus seinem Schoß wohlige Wärme herauf, und das Schwierigste ist, die Verwirrung auszuhalten, die von gleichzeitiger Wärme und Kälte erzeugt wird, von schwerster Erde und flüchtigem Wind.

Und dann war es Zeit, mich zu fürchten – und ich fürchtete mich. Geblendet von weißem Glanz bedeckte ich meine Augen und konnte doch nichts anderes entdecken als Eis und Schnee. Das Tageslicht war ein dünner Faden geworden, locker über den Horizont geworfen. Jeden Moment wartete ich darauf, dass es Nacht würde, der Faden dünner und dünner und schließlich der Himmel mit den Bergen verschmelzen würde. Ungläubig starrte ich in die Richtung, in die das Pferd verschwunden war. Ein eisiger, stimmloser Wind fegte über den Abhang und mir schien, als hätte nie ein Hufschlag diese kalte, windige Stille durchbrochen. Schwerfällig erhob ich mich aus dem Schnee, zog mir den Anorak enger um den Leib und fragte mich, ob mich wohl eher die

Angst töten würde oder die Kälte. Der Berg ist voller Gnade, obwohl er keine Gnade kennt. Angst ist gnadenlos und sehnt sich doch nach nichts mehr als nach Gnade. Ich drehte dem Abhang den Rücken und stieg weiter hinauf.

Wind und Verlorenheit waren die einzigen Stützen auf dem einsamen Hang. Bekanntes mag schmerzlich sein und doch ist es vertraut, ein grausamer Weggenosse. Grausam, wie gut ich ihn kenne, und grausam, wie sehr er mich hält. Und grausam auch die verderbliche Lust des Altbekannten auf sich selbst. Verloren war ich schon lange, wenn ich es recht bedenke, schon eine Ewigkeit lang. Aus der Ewigkeit stammte auch der Wind, nein, er war die Ewigkeit selbst. Er hatte nichts von der Kleinlichkeit des Vorübergehenden. Verlorenheit verliert sich in der Weite. Wind ist die Weite selbst.

Er schob mich, der Wind. Er schob mich weiter hinauf auf den Gletscher, ohne Aufsehen, ohne Mühe, ohne Reue. Ich lief gleichmäßig, hypnotisiert von der Kälte, ab und zu vorwärts gestoßen von einer kräftigen Böe. Ich weiß nicht, woher sich dieses kleine, selige Lächeln auf meine Lippen schlich. Ich ahnte wohl den nahenden Gipfel. Oder vielleicht auch die Nähe des Himmels, an den ich mit jedem Schritt weiter heranrückte. Das Ende ahnte ich noch lange nicht.

Unvermittelt legte sich der Wind – wenige Momente nur, doch das genügte, um mich auf dem steilen Hang hintenüberfallen zu lassen. Mit einem gedämpften Laut und einem runden, tonlosen Oh! landete ich im Schnee, griff taumelnd an einem Felsen nach Halt, und dann sah ich sie – nein, sie erschien mir und offenbarte ihre klaffende, unüberbrückbare Tiefe. Eine breite, weiße Gletscherspalte kreuzte meinen Weg und beendete jäh meine Wanderung. Ich spürte mein Gesicht zucken, unentschieden zwischen einer Grimasse des Schreckens und der weiter drängenden, recht wunderlichen Seligkeit des Lächelns. Schließlich war ich verblüfft, und das schien mir eine akzeptable Mischung von Schrecken und Seligkeit zu sein. Neugierig zog ich mich auf die Knie und reckte mich bis über die Gletscherkante, um in die Tiefe zu schauen. Und war ich bis dahin verblüfft, so wurde ich nun hin und her gerissen zwischen Entsetzen und einem herausplatzenden Lachen. Ungläubig schloss ich die Augen und schaute gleich wieder hinunter: In einer Tiefe von zehn, zwanzig Metern stand eine Gruppe voll ausgestatteter Feuerwehrmäuse und hielt ein Sprungtuch bereit. Jawohl, Feuerwehrmäuse! Sie streckten mir ihre spitzen Mausgesichter entgegen, behelmt mit großen roten Feuerwehrhelmen, aus denen ihre Mäuseohren hervorlugten. Spring, riefen sie mir zu, spring endlich! Wir fangen dich auf, spring!

Verlorenheit, Entsetzen, Angst und der Ernst des Lebens werden schlagartig außer Kraft gesetzt, wenn mich Feuerwehrmäuse auffordernd anschauen und mir aus spitzen Mündern riskante Dinge zurufen. Nacht und Kälte verlieren ihre Schärfe, wenn Mäuseäuglein glühn und glänzen, als wären sie polierte Lavaknöpfe. Da brach die lauernde Welle aus meiner Kehle und ich lachte, lachte aus einem grollenden Urgrund heraus, der dem Abgrund des Gletschers selbst zu entstammen schien. Ich lachte und hörte die Mäusestimmen an den eisigen Gletscherwänden zirpend widerhallen. Ich lachte und spürte schmerzlich die Freude, die durch mein Inneres drang.

Lachen hat einen eigenen, rollenden Charakter, rührt aus der Tiefe der Seele und wurzelt in den Keimzellen, am tiefsten Punkt unseres Körpers, dort, wo sein Schwerpunkt liegt und aus dem heraus wir all unsere Kinder gebären. Das Lachen bahnt sich den Weg durch den Rumpf hinauf, schallt aus den Mündern und lässt die Extremitäten erzittern. Das Lachen bahnt sich einen Weg aus dem Himmel und fährt ein wie der Heilige Geist, sät die göttliche Kindlichkeit.

Ich sprang.

Wäre ich nicht gesprungen, wäre ich meine eigene Gefangene geblieben, ich, ein Gletscherberg, vereist und abgeschottet, während mich tief in meiner Mitte das Magma zu versengen drohte.

Wäre ich nicht gesprungen, hätte mich der Berg gefressen, hätte ich mich selbst verzehrt mit Haut und Haar, mit Wort und Silbe. Geist und Atem hätten sich verschlungen, Licht und Wärme sich zersetzt. Nur weil ich sprang, konnte ich die Öffnung ahnen, den unscheinbaren Riss im Eis, konnt ich spüren, wie Dunst und Dampf aus meinem Innern drang. War ich der Berg, so rauchte ich. Glück auf dem Bergmann, der sich in Islands Gletschertiefen wagt. Glück auf und wohl gelacht, in aller Tiefe das Feuer wacht!

Ich flog die Gletscherwände hinunter, lautlos mit erhobenen Armen, und landete – in weichem Schnee! Kein Sprungtuch, keine Mäuse. Benommen schaute ich mich um. Der Grund der Spalte zeigte sich nur schemenhaft im Widerschein des Eises. Es war viel geräumiger hier unten, als ich es von dort oben vermutet hatte. Dort oben, dort oben war erst wenige Sekunden her, und doch war es schon so lang vorbei. Hier war ich nun, verwirrt über den unheimlichen Ort und verwundert über die heimelige Wärme, die sich so widersinnig in meinem Körper ausbreitete. Man müsste denken, ich säße in der Falle, und, ja, das entspräche allen Regeln der Vernunft. Und, beileibe, stelle ich mir vor, auf dem Grund einer zwei Meter breiten Gletscherspalte zu sitzen, packt mich klaustrophobisches Entsetzten. Doch nicht so in Island, nicht auf jener Reise und nicht für jenes alterslose Wesen, das ich war und das zuvor einer Welt von Regeln und Verboten gerade noch entflohen war. Ich erhob mich also und suchte nach dem Unvermuteten.

Ich tastete die Wände entlang. Irgendetwas musste es doch geben in diesem Erdmaul, das so bereitwillig nach mir geschnappt hatte, irgendetwas, das dem Mäusetrugbild Grund gegeben hatte, mich hierher zu locken. Und je weiter ich mich vortastete, desto deutlicher hörte ich jenes charakteristische, säuselnde Geräusch, das von angesaugter Luft erzeugt wird. Ich spitzte die Ohren und folgte ihm; es wurde immer lauter, je näher ich seiner Quelle kam, und saugte fast mich selbst an, als ich schließlich vor einer Höhlenöffnung stand. Sollte mich in Island noch irgendwas erstaunen? Dennoch staunte ich, staunte über die Kette von Merkwürdigkeiten, die sich seit dem Beginn meiner Reise entspann, staunte über meinen Mut, ihnen geradeheraus ins Antlitz zu schauen.

Beim ersten Schritt in die Öffnung hinein erkannte ich, dass sie nicht in eine Höhle, sondern in einen tiefen Tunnel führte, an dessen Ende ein blasses Licht aufleuchtete. Nun, dachte ich, was sollte mich jetzt noch zurückhalten. Nein, ein Zurück gibt es nicht, selbst wenn ich es wollte. Und ohne weiteres Zögern schritt ich in den dunklen Gang, betrat ich Islands dunklen Bauch. Und Island empfing mich in seinem feurigen Schoß, schickte sich an, mich zu gebären, mich, Tochter des Gletscherbergs, Sohn des Magmas, Kind der Winde.

Leiser Jubel stieg in mir auf, als ich den Marsch durch den Tunnel begann. Die Arme ausgestreckt, um beim Gehen die Wände berühren zu können, ging ich wogend nach rechts und nach links Schritt für Schritt, holte weiter aus, je tiefer ich in den Tunnel drang. Lief dann gemächlich bergab und schunkelte mit ausgebreiteten Armen und Beinen, maß mit meinem Körper die Weite des allumfassenden Berges.

Ich ging blind und doch offenen Auges, einzig das ferne Licht als Ziel. Ihm wiegte ich mich entgegen, befreit, erwärmt und hingerissen.

ELENI DELIDIMITRIOU-TSAKMAKI

Der Sitzplatz des Anderen

Mit der rechten Hand zog ich die schwere Reisetasche hinter mir her, während an meiner linken Schulter zwei weitere, kleinere hingen. Wieder einmal hatte ich es geschafft, voll beladen auf die Reise zu gehen, dachte ich und war sauer auf mich selbst. Immer wieder nehme ich mir vor, viel Gepäck auf Reisen zu vermeiden, und doch tu ich am Ende das Gegenteil. Und wer trägt daran die Schuld? Mein alter Dickkopf!
Der Zug fuhr ein, und ich bestieg ihn mit großen Schwierigkeiten – die Tasche war ja voll beladen mit Büchern. Wie schön wäre es jetzt, nach all der Anstrengung, einen Sitzplatz zu finden! Den ganzen Tag war ich auf der Frankfurter Buchmesse umhergeirrt, und das Schlimmste war, dass ich keinen Sitzplatz reserviert hatte. Ich hatte es gerade noch geschafft, die Fahrkarte zu kaufen, und war schnell gerannt, um den Zug nicht zu verpassen. ›Zum Glück sind es nur dreieinhalb Stunden Fahrt‹, dachte ich und tröstete mich selbst. Erstaunlich, wie viele Menschen an diesem Tag auf dem Frankfurter Hauptbahnhof unterwegs waren! Rappelvoll! Sogar der Gang im Waggon war voller Menschen. So etwas erlebte ich zum ersten Mal in einem deutschen Zug. Viele standen dicht nebeneinander und erinnerten mich an die Busse in Athen.
Die Frankfurter Buchmesse war gerade zu Ende gegangen und jeder kehrte nach Hause zurück. Drei Tage lang hatte ich in einer

riesigen Ausstellungshalle verbracht und fuhr nun völlig erschöpft nach München zurück.

Ich stammelte ein »Entschuldigung« und ging weiter den Gang entlang, um nach einem Sitzplatz zu suchen. Als hätten die anderen es nicht auch schon vor mir versucht. Alle Sitzplätze waren belegt, nur noch wenige waren frei – über ihnen steckte ein Kärtchen, das besagte, dass auch sie reserviert seien.

Ich sagte wieder »Entschuldigung« und stellte mich vor einen dieser reservierten Sitze, damit diejenigen vorbeigehen konnten, die es eilig hatten. Ich setzte zögerlich meine Taschen auf den leeren Sitz ab und blieb stehen, damit ich schnell wieder auf den Gang kommen konnte, sobald derjenige eintraf, der den Platz hatte reservieren lassen. Meine Füße begannen zu protestieren, da ich doch in den letzten drei Tagen viele Kilometer absolviert hatte.

Ich hob meine Taschen hoch und sagte zum Sitznachbarn: »Ich setze mich so lange, bis derjenige kommt, für den der Platz reserviert ist«, als hätte es ihn überhaupt interessiert, ob ich sitzend oder stehend reiste. Ich verstaute die beiden kleineren Taschen unter meinen Beinen, die große auf dem Abstellplatz oben, und fühlte mich erleichtert. Einige Reisende kamen vorbei und schauten auf die Sitzplatznummern. Im Stillen betete ich: ›Lieber Gott, mach, dass derjenige, der den Sitzplatz reserviert hat, den Zug verpasst, damit ich sitzend nach Hause fahre, denn sonst halte ich es nicht aus‹. Ich bereute es ein wenig und tadelte mich schnell: ›Du bist ungerecht und eigennützig. Du willst also wirklich, dass ein anderer Mensch Schwierigkeiten bekommt, damit du es dir gemütlich machen kannst. Gratulation!‹. Eine andere Stimme in mir protestierte und sagte: ›Warum nicht. Wäre es denn besser gewesen, wenn du den Zug verpasst hättest? Bleib also dort sitzen und sag gar nichts, bete nur, dass der andere nicht erscheint, denn dann wirst du innerlich auf ihn schimpfen.‹

Ich gestand dem jungen Mann, der neben mir saß, dass der Sitzplatz nicht für mich reserviert war.

»Meinen Sie, der hier, auf dem ich sitze, war für mich reserviert?«, sagte er und wir lachten.

»Also hat deiner auch den Zug verpasst?«

»Ich weiß es nicht, aber es könnte sein, dass beide plötzlich hier erscheinen.«

›Oh Gott‹, denke ich im Stillen, ›mach, dass so etwas nicht passiert ... Ich hab' s mir doch gerade eben gemütlich gemacht, soll ich schon wieder aufstehen?‹.

Solange die Zeit verstrich und niemand erschien, und während um uns herum eine Menge Leute stehend fuhren, unterhielten wir uns über die vergangenen Tage, die wir in Frankfurt verbracht hatten. Jetzt überquerten wir den Main und waren den beiden Herren dankbar, die uns noch nicht belästigt hatten.

»Da bis jetzt niemand erschienen ist«, sagte ich ihm, »werden sie höchstwahrscheinlich den Zug verpasst haben«, und wir lachten. Sie werden auf der Messe die Zeit vergessen haben. Tragen die etwa ihre Uhren nur als Schmuck, oder was? Ach, was soll' s, sollen wir uns etwa um alles kümmern? Womöglich auch noch um ihre stehengebliebene Uhren?

»Wir haben Glück gehabt«, sagte wieder mein Nachbar und wir machten es uns auf den Sitzen bequem und relaxten, denn bis dahin hatten wir schon ein bisschen verkrampft gesessen, da wir ja damit rechneten, von einem Augenblick zum anderen von den Sitzen verjagt zu werden.

Ich lehnte entspannt meinen Kopf nach hinten und dachte nach. Wieder einmal hatt' ich es geschafft, alle Taschen voll zu bekommen! Dieses Mal sogar mit schweren Büchern. Etwa fünfzehn waren' s. Dazu noch Werbeflyer, Zeitschriften, diverse Informationsschriften und ein Kochbuch. Ich fragte mich, wann ich das alles lesen sollte. Vor lauter Begeisterung hatte ich überhaupt nicht daran gedacht. Jedenfalls, was das Lesen betraf, war ich für einige Zeit gut versorgt.

Der Zug hielt zum ersten Mal an, einige Menschen stiegen aus, andere stiegen ein, und dann ging die Fahrt weiter. Wir schauten ihnen beide unruhig zu, doch niemand störte uns, so widmete ich mich wieder meinen Gedanken.

Das Kochbuch würde mir sehr weiterhelfen. Ich müsste mir keine Gedanken mehr darüber machen, was wir essen würden. Ich würde darin blättern und im Nu wäre das Essen fertig. Genau das sagte mir auch meine Freundin, die es mir geschenkt hatte. Sie hatte mir sogar eine Widmung hineingeschrieben: ›für schmackhafte Mahlzeiten‹ und ihren Namen darunter. Sobald ich zu Hause wäre, würde ich alle Bücher in der Wohnung verteilen, denn ich wusste, was mein Mann sagen würde: »Mensch, Du bringst ja schon wieder Bücher mit. Am Ende werden wir Bücher essen«. Das sagt er immer, wenn er sieht, dass ich Bücher in der Hand halte, aber noch nicht gekocht hab'. Er sagte es auch am Telefon. Ich bat ihn, zum Bahnhof zu kommen, um mir mit dem Gepäck zu helfen, und er sagte: »Ich hoffe, du schleppst nicht schon wieder Bücher mit!«. Aber ich kam von einer Buchmesse, was sollte ich sonst mitbringen, Graupen etwa? Oder Zuckerwatte? Doch ich würde ihm das Kochbuch zeigen, und er würde hoffen, alle diese Köstlichkeiten zu bekommen.

Und just während ich über all die Leckereien gebeugt war, näherte sich uns einer und schaute nach den Nummern der Sitzplätze. ›Oje! Schlechtes Zeichen‹, dachte ich und schrumpfte zusammen, machte mich klein, bückte mich nach vorne – gäbe es doch eine Möglichkeit, völlig unsichtbar zu werden. Mein Sitznachbar schaute mich an und ich ihn. ›Wer von uns beiden wird wohl der Glückliche sein?‹ dachten wir gleichzeitig.

»Das ist mein Platz«, sagte der Typ. Aber welchen meinte er, den rechten oder den linken? Ich stellte mich dumm, als würde ich nichts wissen, nichts hören, die Sprache nicht verstehen. Außerdem war ich doch Ausländerin. Sie werden jetzt sagen, wenn es um etwas Gutes ginge, würdest du es sicherlich verstanden haben! Wärest du dann keine Ausländerin? Nun hören Sie endlich mit der Kritik auf, ich mag solche Fragen nicht. Natürlich verstehe ich die guten Dinge viel leichter, da brauchen Sie nicht zu fragen!

Jedenfalls erwies sich der junge Mann neben mir als sehr nett. Nachdem er mich zuerst angesehen hatte, war er – ganz Gentleman – aufgestanden und machte den Platz für den anderen frei. Also brauchte ich nicht auch noch wegzugehen. Zu viel der Höflichkeit schadet! Sie hätten sehen müssen, wie ordentlich und höflich sie den Platz tauschten. Geräuschlos und schnell. In etwa so: »Bitte schön, danke schön!« Der Neue machte es sich neben mir bequem, der Alte nahm die Stellung der stehenden Störche ein. Ich streckte meine Beine über den Taschen aus, um mich zu entspannen. Hätte ich das doch gewusst! Saß die ganz Zeit zusammengeschrumpft. Wenn mich meine Mutter irgendwie hätte sehen können, hätte sie zu mir gesagt: »So nimmst dich doch zusammen, Kind, es ist nicht höflich, so ausgestreckt zu sitzen!«

Ich warf einen Blick aus dem Fenster und verlor mich in der Natur. Grün, überall grün. Hier in Deutschland wucherte die Natur durch den vielen Regen. Hin und wieder tauchte ein idyllisches Dorf auf, und der Zug hielt erneut. An jedem Halt sah ich aus dem Fenster zu den Leuten, die einstiegen. Die Befürchtung, dass auch der andere, für den der Sitzplatz reserviert war, einstieg, war in mir noch wach. Ich fühlte mich wie ein Eindringling. Sollte jemand kurz stehen bleiben und auf die Sitzplatznummer gucken, so war ich bereit, unvermittelt aufzustehen um ihm Platz zu machen. Nummern wie »Ich weiß von nichts, ich verstehe nichts!« zogen nicht mehr. Außerdem hatte ich die halbe Strecke sitzend hinter mich gebracht, ich sollte nicht undankbar sein.

Ich schloss die Augen und machte den Plan für die nächsten Tage. Das Bild der Buchmesse war vorherrschend. Was waren das nur für Bücher! Einfarbig, bunt, Illustrationen, Romane, Autobiographien, Kinderbücher, Schulbücher, politische Bücher, Krimis, Wörterbücher – alles, was das Herz begehrt. In ihren zugeklappten Seiten waren Wahrheiten und Lügen verborgen, Phantasien und ganze Kulturen, Morde und einiges mehr. Ein Reichtum an Erdachtem und Ansichten in verschiedenen Sprachen.

Von meinem Sitzplatz aus hatte ich den gesamten Waggon in seiner Länge im Blick. Die Hälfte der Reisenden las, einige sprachen miteinander und andere schliefen auf den Sitzen. So wie mein Nachbar, gut möge es ihm ergangen sein! Seitdem er den anderen verjagt und sich hingesetzt hatte, waren seine Augen zu. Mit dem ersten hatte ich wenigstens ein paar Worte gesprochen, mit dem hier gar nichts. Nur als der Schaffner vorbeikam, öffnete er das eine Auge, weil das andere noch schlief, zeigte seine Fahrkarte und schloss beide alsbald wieder. Er sah ermüdet aus, der Arme, er tat mir sehr leid. Stellen Sie sich vor, nichts störte ihn. Weder diejenigen, die vor uns saßen und ständig laut in Zeitungen blätterten, noch die, die hinter uns saßen und laut sprachen, aber auch nicht diejenigen, die im Gang auf- und abgingen und ihn versehentlich anstupsten. Sie warfen ihm zwar ihr »Entschuldigung!« zu, das ich sammelte, da er schlief und sie nicht hörte. Bis jetzt hatte ich etwa zehn »Entschuldigung!« gesammelt, die ich ihm geben würde, wenn er aufwachen würde. Er hat aber auch zehn »Bitte« gespart, denn das geht einher, wie wir weiter oben sahen.

Vom Sitz vor uns war ein ständiges »Sch« vom Blättern der Zeitung zu hören. Dieser Reisende schien die Wörter eher vom Boden aufzuheben, als sie zu lesen. Er blätterte ständig durch, als würde er nach etwas Bestimmten suchen und es nicht finden. Auf den Sitzen hinter uns hatte das junge Paar keinen Augenblick lang aufgehört, miteinander zu sprechen. Wer weiß, seit wann sie nicht mehr miteinander gesprochen hatten. Das Einzige, was ich sehr gut verstand, war ›nicht wahr?‹. »Wir gehen erst zu mir, nicht wahr? Ich mach' uns schnell was zu essen, nicht wahr?« Jedenfalls hörte ich ihn noch nicht, ihr einen Heiratsantrag machen, ›nicht wahr?‹. Mensch, jetzt sagt' ich es auch, er hatte mich damit angesteckt. Ich machte mir im Stillen meine Gedanken und setzte ans Ende noch ein ›nicht wahr?‹, ohne es zu beabsichtigen! Früher hatte ich mir von jemand anders das ›Also‹ angewöhnt, und es hatte sehr lang gedauert, bis ich es mir abgewöhnen konnte.

Eine sanfte Stimme, die durch die Lautsprecher ertönte, riss mich aus meinen Gedanken: »Meine Damen und Herren, in wenigen Minuten erreichen wir München Hauptbahnhof. Wir wünschen Ihnen einen angenehmen Aufenthalt und noch einen schönen Abend«. So hörte ich auf, auf den anderen zu warten, der mir eventuell den Sitz wegnehmen würde, und atmete erleichtert auf. Eine schwere Last fiel von mir ab, die ich während der gesamten Reise getragen hatte. Ich wünschte nur, es möge dem Unbekannten gut gehen und dass er den nächsten Zug erreicht hätte, auch wenn er stehend reisen müsste. Vielleicht würde es ihm eine Lehre für die Zukunft sein, seine Termine pünktlich einzuhalten, »nicht wahr?«. Da, ich sagte es schon wieder.

Ich zog meine Tasche von der Gepäckablage oberhalb der Sitze herunter und dieses Mal kam sie mir leichter vor. Vielleicht hatte ich sie als schwer empfunden, weil ich sie hatte hochheben müssen, was mir nicht so leicht fiel. Doch meine Überraschung war umso größer, als ich sie zu Hause öffnete. Ich fand nämlich darin zwei Herrenhosen, schmutzige Unterwäsche, Hemden, Socken, Schlafanzüge, ein Paar Sportschuhe Größe 46, drei Kriminalromane und einen Rasierapparat.

Ich fiel aus allen Wolken. Weg waren meine schönen Bücher, mein Kochbuch und mein gutes Kostüm. Weg auch meine guten Schuhe, die ich nur einige Male getragen hatte. Sie hätten nur meinen Mann sehen müssen, sein Gesicht, als er den Inhalt der fremden Tasche erblickte. »Wem gehört das alles, was du mitgebracht hast?«, fragte er mich. Beinah hätte er gefragt, wer mich begleitet hatte. Oje, was für ein Unglück! Ich hatte versehentlich die falsche Tasche mitgenommen. Vielmehr der andere hatte die falsche Tasche genommen, weil sie sich in Form und Farbe sehr ähnelten. Mir war es ja auch nicht aufgefallen, dass sie nicht mir gehörte, bis ich sie geöffnet hatte. Ich ärgerte mich über die Unaufmerksamkeit des anderen, warf die fremde Tasche in eine Ecke und ärgerte mich jedes Mal aufs Neue, sobald ich sie erblickte.

Bis einen Monat später das Telefon klingelte.

»Hallo! Entschuldigen Sie bitte, Sie sind doch die Dame, die vor einem Monat von Frankfurt nach München gereist ist, nicht wahr?«

Ich erkannte sofort die Stimme des Übergeschnappten, der hinter mir gesessen und keinen einzigen Augenblick aufgehört hatte zu reden und bei dem ich mich mit diesem ›nicht wahr?‹ angesteckt hatte.

»Ja, ich bin' s.«

»Entschuldigen Sie bitte, da ist ein Irrtum passiert, und unsere Reisetaschen wurden vertauscht. Endlich habe ich Sie gefunden.«

»Apropos, sagen Sie mir doch, wie haben Sie mich eigentlich gefunden?«

»Durch die Widmung Ihrer Freundin im Kochbuch. Ich wusste nur nicht, in welcher Stadt Ihre Freundin wohnt. Ich suchte nach ihrem Namen in vielen Städten und fand ihn dann endlich in Köln. Und Sie haben sicher meine Tasche, nicht wahr?«

»Ja, ich hab' sie noch.«

»Und wo sollen wir uns treffen, um die Taschen wieder auszutauschen?«

»Am Münchner Hauptbahnhof, dort, wo es passiert ist, nicht wahr?«, sagte ich ihm und machte mich sofort voller Freude auf den Weg, um endlich meine Sachen zurückzubekommen.

Aus dem Griechischen von
SOPHIA GEORGALLIDIS

SOKRATES GIAPAPAS

Immer in Bewegung

Oft denke ich an die verschiedenen Flüsse, die ununterbrochen jahrein jahraus gemäßigt bis wild ihr Wasser von der Quelle bis zum Meer hinab führen. Jeder Fluss ist für mich ein lebendiges Wesen, mit einem Geist, aber ohne Gebeine, das fortwährend spricht und seine Geschichte erzählt, während sein Wasser fließt, nur dass bis heute niemand seine Sprache entschlüsseln konnte. Und was man nicht alles erfahren könnte von den Flüssen, die „immer in Bewegung" sind.

Mein Lieblingsfluss ist der Arachthos. Oft habe ich mich auf der Fahrt von der Hauptstadt nach Metsovo an sein Ufer gesetzt und von seinen schönen Landschaften geträumt, die zwischen sanft und wild, zwischen Ebenen und Gebirgen abwechseln. Der Arachthos ist der bedeutendste Fluss der Region Epirus. Zusammen mit seinen Nebenflüssen vereinigt er Gewässer vom Hauptteil des Bergmassivs zwischen Metsovo und Tzumerka. An der Stelle *Klifki* nimmt er das Wasser von einem unterirdischen Fluss auf, der dort einmündet.

In der Antike hieß der Arachthos *Inachos* und war bis zu der Stadt Amvrakia schiffbar. Der Fluss lässt stürmisch und mit donnerndem Gebrause sein Wasser durch eine wilde, aber sehr malerische Schlucht rauschen, die an der historischen Bogenbrücke von Plaka endet. Danach durchläuft er die überaus fruchtbare Ebene von Arta und mündet ins große Delta des Ambrakischen Golfs, der zu den bedeutendsten und schönsten Biotopen Griechenlands gehört.

Das Wasser des Flusses stürmte mit gewaltiger Wucht dahin, was in der Antike zu zahllosen Unglücksfällen geführt hatte, mit dem Resultat, dass um ihn herum ungezählte Sagen und Mythen entstanden sind.

Heute speist er mit seinem üppigen Wasser auch die beiden Wasserkraftwerke von Purnari und Agios Nikolaos. Am Damm des Kraftwerks von Purnari ist ein wunderschöner Stausee entstanden, der sich zu einer gelungenen Harmonie der Schönheit der Natur mit den verstreuten traditionellen Siedlungen verbindet und ein weiteres schönes Wasserbiotop unseres Landes darstellt.

Seine beiden bildschönen und historisch bedeutenden Brücken, die der Plaka und die von Arta, die wir weiter unten näher erleben werden, erfüllen ihn mit Stolz, und ständig spricht er von ihnen in seinen endlosen Erzählungen, die dem Mund seiner Teilchen aus dem Abrieb seines Wassers entströmen.

Auf einer meiner Fahrten nach Metsovo stoppte ich müde und hungrig an einer Taverne neben dem Ufer des Arachthos, einfach, aber sauber und idyllisch, um mich ein bisschen auszuruhen und meinen Hunger zu stillen. Eine ländliche Frau um die Fünfzig in örtlicher Tracht, mit roten Wangen und strahlenden Augen kam und fragte mich, was ich essen und trinken wollte.

»Lokalen Rotwein und gegrillte Forelle aus dem Arachthos«, sagte ich. Ich speiste gut und hatte mich etwas ausgeruht, dankte der Frau Klio und machte mich zum Aufbruch bereit.

Als ich hinausging und meinen Fuß auf den Treppenabsatz vor der Tür setzte, wanderte die Sonne gerade gen Westen, und der Himmel hatte zu brennen begonnen. Bezaubert ging ich zum

Ufer meines Freundes hinüber. Das durchdringende Tschilpen der Wasser- und anderen Vögel fügte sich zu einer Sinfonie, die vollkommen zum Zauber der Landschaft passte. Die Bäume und Sträucher, die vom Feuer des Sonnenuntergangs glühten, nahmen tausend verschiedene Formen und Farben an.

Ich fand eine Schneise auf dem Ufer und ließ mich nieder. Neben mir lockte ein Fels. Ich stützte meinen Kopf gegen ihn, lehnte mich etwas zur Seite und begann, die Schönheiten der Natur zu bewundern, den Sonnenuntergang und den Fluss, der ruhig sein Wasser dahin fließen ließ und dabei undeutliche Geschichten flüsterte. Von all dem bezaubert schloss ich die Augen und träumte vor mich hin. Das Rauschen des Wassers nahm nach und nach zu, wurde lauter, bis es plötzlich zu einer menschlichen Stimme wurde. Welch ein Wunder, mein Arachthos fing an, mit mir zu sprechen, ich begann seine Sprache und seine Geschichten zu verstehen.

»Ich zeige dir meinen ganzen Leib« sagte er. »Ich führe dich von meiner Quelle bis zum Delta spazieren. Hast du Lust?«

»Aber natürlich habe ich Lust«, antwortete ich mit Spannung.

Ich begann in Schwindel erregendem Tempo zu fliegen. Wir passierten Ebenen und Berge und gelangten nach Klifki, wo das Wasser tief aus den Eingeweiden der Erde hervorbrach und mit Wucht in die wilde Schlucht stürzte.

»Hier bin ich geboren worden« sprach der Arachthos wieder, so laut, dass meine Ohren schmerzten, denn er musste den ungeheuren Lärm des Wassersturzes in die Schlucht übertönen.

Die ausgewaschenen Felsen mit den kahlen Ästen zwischen ihnen, die wie hochgereckte Arme darum flehten, der Hölle zu entkommen, und weiter oben, die dichte Vegetation mit ihren Sträuchern, Disteln und Bäumen, lösten Schauer aus und ließen ein gemischtes Empfinden von Bewunderung und Furcht entstehen.

Wieder sprach der Arachthos: »Gib acht, wir kommen zur Brücke von Plaka. Hier begann im Jahr 1863 der bekannte Maurermeister Kostas Bekos aus Tzumerka mit vielen Maurern und Einwohnern der Region die berühmte Brücke mit einem Bogen zu bauen, in ihrer bewundernswerten Architektur. Im Lauf von drei Jahren hat er dreimal die Brücke aufgebaut, die immer wieder einstürzte, bis ihm 1866 ihre Vollendung gelang. Dies ist die größte einbogige Brücke des Balkans, mit einer Länge von vierzig und einer Höhe von zwanzig Metern. Für ihre Errichtung wurden neben dem Mörtel und den Steinen auch zwanzigtausend Eiweiße benötigt, was bedeutet, dass alle Hühner der Gegend nur für den Brückenbau ihre Eier legten.«

Ich schaute mich um. »Welch schöne Natur, aber auch welche Geschichte!« sagte ich.

»Ja«, antwortete der Arachthos »die Brücke bildete auch, abgesehen von den verschiedenen Heeren, die über sie marschierten, die Grenze zwischen dem griechischen und türkischen Staat von 1881 bis 1913. Und am 4. Februar 1944 wurde hier das berühmte Waffenstillstandsabkommen zwischen EDES und EAM[1], von Zervas und Veluchiotis unterzeichnet.«

Von den interessanten Erzählungen des Flusses abgelenkt hatte ich nicht darauf geachtet, dass sich tief unten schon die sattgrüne Ebene ausbreitete und neben ihr die Stadt Arta.

»Gib acht«, rief der Arachthos erneut, »hier kommt mein zweiter Schmuck und meine zweite Liebe, die Brücke von Arta. Um ihre Erbauung ranken sich viele Theorien und Sagen. Eine davon erzählt, dass sie um 1602 von einem orthodoxen Krämer aus Arta erbaut wurde, als Arta die Hauptstadt des Despotats von Epirus war, unter dem Despoten Michael II. Dukas.«

Sowie wir über der schönen, malerischen Brücke angekommen waren, erklang in meinem Ohr wie von einem antiken griechischen Chor ein Volkslied:

---

[1] "Nationale Republikanische Griechische Liga", und "Nationale Befreiungsfront". Beide wichtige griechische Widerstandsgruppen während der Besetzung Griechenlands durch die deutsche Wehrmacht 1944. (A.d.Ü.)

Der Maurer fünfundvierzig und Lehrlinge gar sechzig,
sie bauen eine Brücke bei Arta übern Fluss.
Den ganzen Tag lang bauten sie, des Abends stürzt' sie ein.
Es klagen da die Maurer und weinen auch die Burschen.
»Weh unser aller Mühe, wie schade um die Arbeit,
den ganzen Tag lang bauen wir, dass Nachts es wieder einstürzt«
Da kam ein Vöglein flugs daher, setzt' nieder sich ans Ufer.
Es zwitschert wie ein Vogel nicht, und nicht wie eine Schwalbe,
es tönt und redet anders nicht als wie in menschlich Zünglein.
»Solang kein Mensch geopfert wird, wird auch die Brück' nicht halten.
Und opfert nicht ein Waisenkind, nicht Fremden, noch Passanten,
als nur des Maurermeisters Frau, der Schönen,
die kommt wenn's spät am Morgen ist und Mittag schon vorüber...«

»Dieses Lied, das du da hörst«, unterbrach mich Arachthos, »wurde zum Mythos und hat die Berühmtheit der Brücke in alle Himmel der Welt erhoben. Und die Sage erzählt«, rief er mir zu, »das Menschenopfer betreffend, das in dem Volkslied gefordert wird, dass, sowie die Frau des Maurermeisters an der Brücke erschien:

Sogleich den Schatten packte sie und macht sie zum Gespenste
und maß die Größ' vom Schatten ab und sagt zu ihr die Worte:
»Zieh, liebe Frau, in Frieden nun und hin zu deinem Guten«
Bevor sie dann nach Hause kommt, da fällt sie hin und sterbet.

»Und nun weiter«, rief Arachthos.
Wir drehten eine Runde über der Stadt Arta.
»Arta«, erklärte mir der Fluss, »das nahezu besprengt wird von meinem Wasser, ist eine alte, historische Stadt. Erstmals tritt sie 1082 n.Chr. in Erscheinung, und 1204 wird sie nach der Eroberung Konstantinopels durch die Kreuzfahrer zur Hauptstadt des Despotats von Epirus. 1449 wird sie von den Türken beherrscht und 1881 vollständig befreit. Arta zieht heute das Interesse vieler

griechischer wie auch ausländischer Besucher an, vor allem wegen ihrer traditionellen „Farbe", die ihr Bild bestimmt, und der Festung aus dem 13. Jahrhundert, die die Stadt umgibt, sowie ihrer vielen weithin bekannten byzantinischen Kirchen."

Danach drehten wir noch eine schnelle Runde über die Ebene von Arta. Was sind das nur für saftig grüne Kulturen! Auf endlose Orangenhaine folgen Felder mit Artischocken und Kirschbäumen, darauf Tomaten, Paprika, Weißkohl und Blumenkohl und eine Unzahl anderer Gemüse: Ein Stück vom Land der Verheißung.

»Und nun ziehen wir weiter zum Ambrakischen Golf«, ruft er mir zu. Es folgt eine große Brachfläche mit Wildwuchs zum Weiden. Ein Schäfer in seiner traditionellen Tracht und mit übergroßen Quasten auf seinen Schnabelschuhen sitzt auf einem Baumstumpf, mit einem Fuß untergeschlagen und den andern auf dem Boden, in einer Hand hält er die Flöte an den Mund, und mit den Fingern der andern spielt er rhythmisch die Noten auf den Löchern der Flöte. Von meiner Höhe aus kann ich gerade noch die Melodie des alten Herrn Dimos heraushören. Rundherum gaben über Fünfhundert Schafe mit ihren schönen Glocken die Zweitstimme dazu, und der Klang drang bis in die umliegenden Dörfer vor.

»Wir müssen uns beeilen, denn wir sind schon spät dran«, sagte der Arachthos, »nicht dass die Nacht hereinbricht und du meinen letzten Körperteil nicht siehst, meine Füße, die eine dreieckige Form haben und den Flossen einer riesigen Gorgone gleichen, die vom Wasser umspült werden.«

Wir überfliegen in großer Geschwindigkeit Berge, Ebenen, Schluchten und Dörfer, überall beeindruckt die Landschaft, bis wir bei den beiden letzten Dörfern, Neochori und Sykies angelangt sind. Hier drosseln wir unser Tempo, denn im Hintergrund sehen wir schon das Meer und den Ambrakischen Golf.

»Hier befindet sich das Ende meines Leibs«, sagt der Fluss, »hier ist mein Delta.«

»Die Stadt, die dort links zu sehen ist, welche ist das?« frage ich.

»Das ist Igumenitsa«, antwortet er. »Als die Autostraße der Egnatia-Route fertig gestellt war, wurde Igumenitsa zum internationalen Hafen für Fähren und öffnete die Pforten für Reisen zum Balkan und zu den kleinasiatischen Ländern. Außerdem wurde es zum Ausgangspunkt internationaler Kreuzfahrtschiffe für Touristen.«

Ich warf einen Blick nach unten. Der Ambrakische Golf breitete sich majestätisch unter meinen Füßen aus. Wir flogen ein bisschen über den Golf hinweg, der, wie Arachthos mir erklärte, eine Länge von Fünfzig Kilometern hat und bei Prevesa ins Land stößt. Wir fliegen tief, fast ins Biotop hinein, und unser Auge erfreut sich an den Pelikanen, die mit den Reihern zusammenstehen, und an den Störchen, die ihre Schnäbel friedlich und gleichsam rhythmisch in den wässrigen Boden tunken. Überall tönt das Tirili der Singvögel, die zum Wassertrinken kommen, und die seltsamen Lieder der Sumpfvögel, der Riedhühner, Wasserhühner, Wildenten und Wasservögel, eine eigenartige Sinfonie der Natur, die zum Umfeld und seinen von den Ästen und dem Blattwerk der Sumpfpflanzen verschwommenen Formen passt.

»Wir sind am Ende angekommen«, sagte Arachthos. »Hat es dir gefallen?« fragte er mich.

»Wunderbar«, antwortete ich, »aber sag mal, Arachthos, bist du über all diese Tausende von Jahren noch nicht müde geworden, dein Wasser von Klifki bis zum Ambrakischen Golf zu schleppen?«

»Nein«, antwortete er, »und ich werde es noch weitere Tausende von Jahren tun«, und er fügte hinzu: »Immer in Bewegung.«

Genau in diesem Moment öffnete ich meine Augen. Um mich herum war es dunkel geworden. Die Kälte der Nacht hatte mich durchdrungen, und ich zitterte leicht. Ich setzte mich ins Auto und fuhr, sehr beeinflusst von meiner „traumhafte" Reise, gen Metsovo.

Eine Welle des Glücks begleitete mich bis zum Ende meiner Fahrt. Arachthos hatte alle Informationen aus meinem Bewusst- und Unbewusstsein gesammelt, sie mit Leben erfüllt und lebendig in mein Gedächtnis eingeschrieben, so dass ich sie stets vor mir habe.

Aus dem Griechischen von
BRIGITTE MÜNCH

ELSA KORNETI

Die Weihgabe

Eine Frau, auf die Knie gefallen mit der Stirn auf dem verschlissenen roten Teppich, sah aus wie gelähmt. Sie betete murmelnd. Ich warf ihr einen flüchtigen Blick zu, und sie lächelte mich breit an mit einer Reihe Goldzähnen, die im Halbdunkel aufblitzten. Sie trug einen braunen Mantel aus Kunststoff in Schlangenoptik mit einem Kragen aus Kunstpelz. Ihre Haare waren gefärbt in ausgeblichenem Blond. Alles an ihr ist künstlich, dachte ich. Ihr Glaube aber ist vielleicht echt.
Ein Rauschen war zu hören, und ich sah eine Schwalbe in stürmischem Sturzflug die Stille wie Papier zerreißen und rasend im Kreis flattern, und es schnitt das Gebet der Frau entzwei. Diese erschrak, drehte ihren Kopf mit einer reflexartigen Bewegung und schaute zu mir. Sie stieß etwas Unverständliches in gebrochenem Griechisch hervor. Wirtschaftsmigrantin, dachte ich, auch diese gequälte Existenz gekommen in der Hoffnung auf ein besseres Leben, und jetzt kann nur ein Wunder ihr dieses bessere Leben bescheren.

Die Schwalbe, die durch eine zerbrochene Scheibe des Dachfensters hereingekommen war, beschrieb in endlosen Umdrehungen weiterhin konzentrische Kreise und ich betrachtete interessiert die kunstvollen Vitraux der Kuppel. Ob sie den Ausgang finden wird? Ist dies vielleicht meine ausweglose Lage? Vielleicht bin auch ich durch ein zerbrochenes Fenster in ein Leben geraten, aus dem ich heraus will, weiß aber nicht, wo die Tür ist?

Ich hatte mich auf einen hölzernen Kirchenstuhl gekauert. Jene mystische Atmosphäre mit dem wenigen Licht, das in Streifen durch die Dachfenster fiel, und der Geruch der alten, verräucherten Dekoration waren erlösend. Aber all jene feingliedrigen Heiligenfiguren mit den abgemagerten, melancholischen Gesichtern und dem grimmigen Blick bestanden darauf, mich eher streng anzusehen, aus ihren wurmstichigen Rahmen. Da sind sie, all die guten, bequemen Krücken für behinderte Seelen, dachte ich. Schau sie dir an, wie sie mit der Anmut von Gespenstern hervortreten, sie nähern sich mir bedrohlich, sie umzingeln mich, sie heben mich hoch, halten mich unter den Armen fest und danach umrahmen sie mich in ihrem viereckigen Rahmen und lassen mich hinter dem Glas ersticken. Vielleicht ist das meine Strafe dafür, dass ich an ihnen zweifle. Ein klaustrophobisches Gefühl hatte bereits begonnen, mich zu umfließen wie kalter Schweiß. Was für eine kranke Phantasie war das wieder. Ich muss irgendwann davon loskommen. Von Zeit zu Zeit nimmt sie gesundheitsschädigende Ausmaße an.

Das Leben aber ist nichts anderes als eine gut aufgesetzte Farce. Besser, es mit Humor zu nehmen. Außerdem ist es besser zu lachen als zu weinen. Aber all jene schmerzhaften Szenen der Angst konnte ich nicht aus dem Gedächtnis tilgen, als Vaters schreckliche Krankheit sich schwindelerregend schnell verschlechterte und ich arrogant vor einem unkontrollierbaren Phänomen stand und einen Schwall ermutigenden, unbegründeten Quatsch als Trost von mir gab.

Ich stürmte jeden Tag wie eine Amazone mit Schwert, Pfeil und Bogen gegen ein Ungeheuer; aber die Hydra Lernaia starb nicht, unerschrocken vermehrte sie immer weiter ihre Köpfe in Vaters schon schwindendem Körper. Am Ende fühlte ich mich unfähig zu helfen bei etwas, das meine Kräfte überstieg, bei etwas so Abartigem und Anomalem, das meinem Hirn täglich Gewalt antat.

Wie sollte ich den Moment vergessen, da er trotz seiner Schwäche all seinen Mut und die Kraft seiner Gedanken sammelte, um mir zu enthüllen: Ich wünschte, ich könnte glauben. Jetzt, wo Vater nach einem harten und ungleichen Zweikampf mit dem Ungeheuer von uns gegangen ist, suche ich mich an einem himmlischen Haltegriff festzuhalten, um weiterzuleben nach dem Verlust – lachend. Ich dachte, dass man, um sich mit Charon zu messen, so anomal und abartig sein müsse wie jener. Dann vielleicht gibt es eine Hoffnung, davonzukommen.

Erst vor wenigen Monaten stand ich dort vor der Ikone der wundertätigen Heiligen, Vaters Taufkreuz fest in der Hand. Ich hatte vor, es als Weihgabe dort zu lassen, im Tausch gegen die Rückkehr von Vaters verlorener Gesundheit. Ich betrachtete die Weihgaben, die erstickend in vielen Reihen an Schnürchen hingen. Kreuze, Ringe, silberne Plaketten mit Körperteilen als Relief, Dankesplaketten, Ketten, bis ich schließlich dastand und ekstatisch die beeindruckendste Weihgabe betrachtete. Eine goldene Damenuhr der Marke Rolex, verziert mit Diamanten, leuchtete vor einem Riss, der das Auge der Heiligen mitten entzwei teilte. Da, das ist die erste Falte, rief ich spontan aus, die tiefste Furche der Seele. Was mag wohl dort in der Tiefe vor sich gehen, am Grund des Risses? Ein Handel mit Wundern vielleicht, gut aufgezogen, gut gekleidet und glänzend.

Heute, Monate später, stehe ich an genau derselben Stelle vor dem Ganzkörperbild der Heiligen. Sie war irgendwann mal schön, diese Frau, wenn wir annehmen, dass sie existiert hat. Schnell stellte ich mit Überraschung fest, dass wie durch ein

Wunder die diamantengeschmückte Uhr durch Abwesenheit glänzte. Verschwunden die statusschwere Weihgabe. Was war passiert? War sie etwa einem religiösen oder geistlichen Langfinger zum Opfer gefallen? Ich versprach, meine Fragen zu zerstreuen, genauso wie ich mir versprochen hatte, es mit allen traurigen Feststellungen meines Lebens zu halten.

Da, die verfolgte Christin als Mensch aus Fleisch aus Blut, bevor sie zur Märtyrerin und Heiligen wird. Irgendwann kurz vor 300 n.Chr. ist sie mit einem langen Kleid, Sandalen und einem Kopftuch, das Kopf und Schultern bedeckt, bekleidet. Sie streift durch die staubigen Gässchen des Markts, wobei sie ihr schönes Gesicht samt dem ruhigen Blick versteckt. Sie blickt bescheiden zu Boden und bleibt bei jeder Gelegenheit kurz stehen, um den Ärmel anzuheben und heimlich ihr kostbares Schmuckstück mit der unbekannten Funktion anzuschauen. Wie schön es an ihrem Handgelenk glänzte! Sie war sicher, dass dieser funkelnde Armreif dazu bestimmt war, etwas Nützliches zu tun. Nie hatte sie etwas Schöneres gesehen, und außerdem hatte er drei dünne Strahlen wie Pfeile, die sich ständig im Kreis bewegten, als jagten sie sich. Dieses Zauberding würde ihr niemand wegnehmen. »Es ist meins«, flüsterte sie, wobei sie ihre kostbare, wundertätige Hand hastig wieder unter ihrem Umhang versteckte.

Der Lärm des Staubsaugers riss mich gewaltsam aus dem Bann des surrealistischen Bildes. Die stoische Betende im Mantel aus Kunststoff war vom Gang aufgestanden, kurz bevor die Staubsaugerdüse sie aufsaugte, während ein Priester sich auf den Gottesdienst vorbereitete.

Gelegenheit also, ihn zu fragen.

»Wie kommt eine aufgewühlte Seele zur Ruhe, Pater?«

»Indem sie einen windstillen Hafen findet, mein Kind.«

»Und wie kommt eine behinderte Seele ins Gleichgewicht, Pater?«

»Na ja, mit Krücken, mein Kind.«

Der Küster hatte begonnen, mit Spiritus die Scheiben der Ikonen und den gläsernen Deckel des kunstvoll geschnitzten Reliquienschreins zu reinigen, der einen Knochenüberrest des Handgelenks der wundertätigen Heiligen enthielt. Eine Herde von Gläubigen hatte darauf Fingerabdrücke, Lippenstiftspuren, Spucke, Fetttröpfchen und eine Menge Hoffnungen, Bitten und Gebete hinterlassen. Der Küster fuhr fort, sie sorgsam mit Hilfe des Putzmittels *auszulöschen*.

Aus dem Griechischen von
MARIA THOMAS

GIORGOS KROMMIDAS

Nichts geht mehr

Karin weinte und weinte, und Corinna, ihre Kommilitonin und Freundin, versuchte sie zu trösten.
»Und, wie gesagt, warte, bis der Schorsch kommt. – Ach, da ist er ja!«
»Was ist los? Warum weinst du, Karin?«
»Der Matthias«, antwortete Corrina an Karins Stelle, »du kennst doch Matthias, ihren Freund. Der hat das gesamte Haushaltsgeld verloren. Beim Pokern. Und nicht nur das. Er hat sich auch dreitausend Mark geliehen und sie auch noch verloren. Er muss das Geld zurückzahlen. Dreihundert Mark pro Monat. Das ist die Abmachung. Doch wie sollen zwei Studenten das schaffen? Gerade einmal soviel haben sie monatlich zum Leben zur Verfügung. Schorsch, kannst du da nichts machen?«
»Ich weiß es nicht. Mit welchen Leuten hat er überhaupt gespielt?«
»Nur mit einem« meinte Karin noch schluchzend. »Klaus heißt er.«
»Ein Großer mit einem Zwirbelbart?«
»Ja.«

»Hm, und wo haben die gespielt?«
»Beim Paul, in der Kneipe bei uns gegenüber.«
»Gut, sag Matthias, er soll ihn für die erste Rate dorthin bestellen. Und sag mir Bescheid, damit ich auch komme.«

»Prost!«
»Prost!«
»Prost!«
»Schorsch«, fragte Klaus spät in der Nacht, »was suchst du eigentlich in einer Altstadtkneipe? Ich habe dich noch nie hier in dieser Gegend gesehen.«
»Warum auch, etwa damit ich die Studenten abzocke? Ich brauch das nicht. Wenn ich spielen will, suche ich mir ebenbürtige Gegner, und vor allem nicht solche, die hungern müssen, um ihre Spielschulden zurückzuzahlen. Hier sind die dreitausend Mark, die Matthias dir schuldet. Aber vielleicht hast du ja doch ein bisschen Ehre und Courage in den Knochen. Hier ist der Tisch. Setz dich hin und zeig mir, mit welch großartigem Spieler ich mich messen muss.«
Niemals zuvor wurde so einseitig Partei ergriffen wie bei jener Pokerpartie. Hinter Schorsch die gesamte Studentenschaft. Hinter Klaus nur die Luft und der Wirt an seinen Zapfhähnen, der für die Studenten Bier zapfte, das sie jedesmal bestellten, wenn Schorsch wieder einen Pott gewonnen hatte.
Schorsch, der glücklich inmitten der Freunde seiner geliebten Corinna seinen Ruf als der beste Spieler der Stadt unter Beweis stellte, übertraf sich selbst. Nach einigen Stunden war sein Gegner ohne Geld, Matthias ohne Schulden – und einige Jahre später war Schorsch ohne Corinna.
Was für miese Karten in der Hand. Was für ein Schmerz, und welche Entrüstung. Doch ganz verloren hatte er sich nicht. Er begann zu schreiben. Als sich genügend Texte angesammelt hatten, wollte er wissen, was er da schrieb, brauchte jemanden, der die Texte korrigierte und sauber abtippen konnte. Er erinnerte

sich an eine Pokerpartie und an Matthias. Er fragte überall nach ihm, und schließlich fand er ihn.

»Was ist aus Karin geworden?«
»Nach dem Studium haben wir geheiratet, doch nach ein paar Jahren ließ sie sich von mir scheiden.«
»Das verstehe ich nicht. Ihr habt so gut zusammengepasst, beide Germanisten,...«
»Das Spiel, Schorsch, das Spiel, du weißt ja. Ich habe weiter gespielt. Und weiter verloren. Viel verloren habe ich. Ich war einfach zu schlecht. Aber Corinna und du,... Warum seid ihr auseinander? Warum ist sie weggegangen?«
»Das Spiel, Matthias, das Spiel. Ich war selten zu Hause und die meiste Zeit nicht einmal mehr in dieser Stadt. Es wollte ja keiner mehr mit mir spielen. Ich musste immer woanders hinfahren. Einige Male war ich sogar im Ausland. Und ich gewann immer. Immer weiter. Was hätte ich tun sollen? Aufhören? Dafür war ich zu gut.«

PETROS KYRIMIS

Eine heldenhafte Nacht

Man erzählte über ihn, dass, wenn er auf seinen Streifzügen durch die Bars die ganze Nacht lang keine Frau in seine Fänge bekäme, er imstande sei, sogar einer weiblichen Katze »Guten Abend« zu sagen – würde er denn eine auf seinem Nachhauseweg treffen.

In jener Nacht, als ich ihn sah, wird ihm nicht einmal eine weibliche Katze über den Weg gelaufen sein, denn er schien mir in sehr schlechtem Zustand zu sein. Es war drei Uhr morgens vorbei, und ich suchte nach einem Taxi am Exárchia-Platz. Doch anscheinend waren in jener Nacht zusammen mit den weiblichen Katzen auch die Taxis verschwunden. Er fuhr ein völlig heruntergekommenes Auto und, so wie er neben mir herfuhr, öffnete sich die Autotür und er hing fast heraus.

Er war bereits stockbesoffen.

»Wo gehst du hin? Nach Hause?«

»Ja«, antwortete ich.

»Komm, steig ein, ich fahre dich hin ...«

»Lass nur, ich nehme ein Taxi.«

Wir waren jahrelang miteinander befreundet, und er beklagte sich, dass ich ihm beim Trinken und Die-Nacht-Durchmachen nicht folgen konnte.

Einerseits weil ich fürchtete, dass er in diesem Zustand einen Unfall baut, und andererseits weil ich kein Taxi fand, stieg ich ein, ohne in diesem Augenblick zu bedenken, dass er niemals vor sechs Uhr nach Hause zurückkehrt. Ich sah meinen Fehler sofort ein, da er, statt rechts auf die Patissíonstraße den Weg nach Hause einzuschlagen, links auf die Akadimíassraße hochfuhr.

»Sag mal, seit wann fährt man zur Pipínoustraße über Syntagma-Platz?«

Er antwortete nicht und ich drehte mich zu ihm. Er befand sich im Halbschlaf. Ich habe ohnehin Angst vor Autos. Das ist auch der Hauptgrund, warum ich bis jetzt noch keinen Führerschein gemacht habe. Grauen überkam mich. Ich fing an, ihn anzustupsen, damit er wenigstens die Augen aufhielt, und überlegte, wie ich aussteigen könnte. Wir waren am Syntagma-Platz angekommen und hier würde ich höchstwahrscheinlich ein Taxi finden. Außerdem würde ich von hier aus auch zu Fuß weitergehen können.

»Halt rechts an, ich will aussteigen ...«

Das Schlimmste war nicht, dass er nicht anhielt, sondern dass ich das Gefühl hatte, er wollte anhalten, könnte es aber nicht, so betrunken wie er war. Trotzdem und nachdem ich ihn mindestens zehnmal in den verschiedensten Tonlagen darum gebeten hatte, anzuhalten, fuhren wir nun auf der Syngrú-Allee, und ich musste einsehen, dass ich nicht aussteigen würde. Ich stellte mir bereits ein Szenario mit Details des Zusammenstoßes vor, den ich nunmehr für unvermeidlich hielt. Von Angst ergriffen fing ich an, mit ihm zu reden, damit er nicht völlig einschlief.

»Sag mal, wo fahren wir jetzt hin?«

»Nach Vári.«

Ich war fassungslos! Um nach Vári zu gelangen, musste man auf die Promenadenstraße kommen, am Delta links abbiegen, vorbei an Flísvos, Ellinikó, Glyfáda, Kavúri, Vuliagméni, links den Berg hochfahren ... bis zur Bergspitze, bis zum Himmelsende. Die reinste Auswanderung! Und das alles im Morgengrauen in einem Beinaheschrottwagen, mit einem stockbesoffenen Fahrer und ohne Sinn und Verstand.

»Reicht dir Exárchia etwa nicht, und Pangráti, und nicht mal ein ganzes Athen? Müssen wir denn so früh am Morgen bis nach Vári fahren?«

Mit Gottes Hilfe waren wir in Höhe Kaméno angekommen, genau an dem Punkt der bekannten Kreuzung, an dem die Syngrú-Allee überquert und der Autoverkehr auf die andere Seite geleitet wird. Da ich keine Antwort erhielt, drehte ich mich zu ihm um und stellte fest, dass er sich wieder im Halbschlafzustand befand.

Ich sah, dass die Ampel rot war, und obwohl wir nicht sehr schnell fuhren, war mir klar, dass er es nicht schaffen würde, auf die Bremse zu treten. Ich schrie und wünschte im Stillen, dass kein Auto vorbeikam. Doch es kam ein nagelneuer BMW, stolz und ahnungslos, der unser Schrottauto keines Blickes würdigte, und dieses schaffte es, den BMW einzuholen – als hätte es sich geärgert – und ihn am Hintern zu streifen. Aber auch dann maß uns der BMW keine Bedeutung zu, fuhr vorbei und verschwand auf die andere Seite, gelenkt von einem Fahrer, der, sollte er etwas mitbekommen haben, es für Einbildung gehalten haben muss. Nur unser Frontscheinwerfer fiel ab und wurde nun die Sygrú-Allee entlanggeschleift, mit einem Geräusch, das mir trotz seines schrillen Tons fröhlich und erleichtert vorkam, da er nun endlich von seiner Misere befreit worden war.

Er dürfte nicht mitbekommen haben, was geschehen war, denn ich hörte, wie seine Stimme seine Gedanken fortführte, als hätte er sie nie unterbrochen.

»In diesem Laden singt eine super Braut, hinter der ich seit einem Jahr her bin ...«

»Hier in der Umgebung sind ungefähr ein Dutzend, hinter denen du her bist, gibt es also einen besonderen Grund, warum wir um diese Zeit nach Vári fahren?«

Als wäre er wach geworden, zündete er sich eine Zigarette an.

»Sieh dir erst mal an, wovon ich spreche, und dann kannst du sagen, was du willst ...«

»Und? Singen tut sie auch?«

Er lachte.

»Sie gehört zu denen, von denen wir sagen: ihre Stimme ist für 'n Arsch, doch ihr Arsch singt Arien!«

Die Zigarettenasche fiel auf seine Kleidung, die Funken verursachten winzige Löcher an den Ärmeln und an seiner Hose. Sein Gesicht kerzenbleich vom Trinken und von der Spannung. Seit vielen Jahren hatte ich, immer wenn ich ihn tagsüber sah, dasselbe Gefühl wie bei manchen streunenden Hunden, die man die ganze Nacht hindurch wie tollwütig heulen hört, wobei sie ihren Anteil von den anderen Hunden einfordern, während sie tagsüber so erschöpft sind, dass sie nicht einmal Lust verspüren, ihren Schwanz zu bewegen.

Inzwischen befanden wir uns auf der Promenadenstraße. Tausende von Autos, groß und klein, fuhren wie verrückt, um einen Parkplatz in der Nähe eines Nachtlokals zu ergattern. Vier Uhr morgens, und der Verkehr war wie in der Mittagszeit. Erneut fragte ich mich, wie es möglich war, dass die Läden und Büros in ein paar Stunden geöffnet und betrieben werden würden. Diese Stadt war eine wunderschöne Hexe, die mit Sicherheit diejenigen mehr liebte, die die Nacht durchmachten. Anders ist es nicht zu erklären, dass wir gesund und unversehrt in Vári ankamen, den Laden fanden und dieses Ding davor parken konnten. Letzteres war auch das Leichteste, denn der ganze Parkplatz war leer.

»Oh nein, die sind zu«, sagte ich und hoffte im Stillen, den Rest der Nacht nicht durchmachen zu müssen, »lass uns wieder gehen.«

Er war mittlerweile ausgestiegen, lief torkelnd zum Ladeneingang und drückte gegen die große Tür, die nachgab und sich öffnete. Er drehte sich fröhlich zu mir um und winkte mich heran. Ich unternahm einen letzten Versuch.

»Sag mal, wo willst du hin? Sie haben doch zugemacht! Lass uns gehen ...!«

Er ging hinein und kam sehr bald wieder heraus.

»Sie haben heute Ruhetag«, sagte er, »komm lass uns etwas trinken ... ich hab' es bereits geregelt.«

Wenn er nach so einer Reise imstande war, noch einen Drink zu nehmen, zählte das für ihn wie ein halber Fick!

Der Laden war groß und leer. Ein Typ räumte hinter der Theke auf. Wir setzten uns an einen Tisch und er brachte uns zwei Drinks. All die Jahre, in denen ich ihn trinken sah, hatte ich ihn niemals die Kontrolle verlieren sehen, geschweige denn sich danebenbenehmen. Das war auch der Grund, warum er in allen Bars, in denen er verkehrte, Freunde hatte. Darüber hinaus war er ein sehr guter Schriftsteller.

Mit großer Anstrengung holte er einen kleinen Block heraus und begann etwas zu schreiben. Dann winkte er den Barmann herbei. Der erschien über unseren Köpfen.

»Kannst du das morgen der Vanessa geben?«

»Welche Vanessa?«, fragte dieser, »die hat schon vor Monaten aufgehört.«

Mein Kumpel zerriss den Zettel und legte die Stückchen in den Aschenbecher. Er wollte etwas sagen, doch in diesem Moment öffnete sich die Tür mit lautem Geräusch und ein riesengroßer Mann kam herein, zusammen mit zwei Frauen. Aber was für Frauen! Die eine blond und die andere dunkelhaarig. Er musste ein guter Kunde sein, denn der Barmann eilte sofort zu ihnen, um ihnen zu zeigen, wo sie sich setzen konnten. Als sie an uns vorbeikamen, warf die Blondine meinem Freund einen Blick zu – vielleicht hatte sie auch gelächelt, denn er wurde sofort heiß. Er war wiedererwacht. Ich fluchte im Stillen.

»Als hätte sie mich gekannt«, sagte er und ich fluchte erneut in mich hinein.

Die Blondine schaute in der Tat zu uns herüber und ich musste ihm zwangsläufig zustimmen. Als ich sah, wie er sich bemühte aufzustehen, war das Einzige, was mir einfiel, um ihn zurückzuhalten, dass der Typ wie ein Schrank aussah. Er murmelte irgendetwas wie »Hab' keine Angst« und steuerte auf die anderen zu. Ich sah mit Erleichterung, dass sie ihn freundlich empfingen und ihm Platz anboten. Ich merkte, wie er sie in ein smartes Gespräch verwickelte – das traute ich ihm zu –, überließ mich beruhigt meiner Müdigkeit und wäre beinah eingeschlafen. Ich weiß nicht, wie viel Zeit so vergangen war, jedenfalls spürte ich einen starken Stoß an der Schulter, und als ich meinen Kopf hob, sah ich den ›Schrank‹ über mir.

»Komm und hol deinen Freund, sonst wird er von vier Händepaaren weggetragen ...«

Ich schaute zu ihnen hinüber und sah, wie er seinen Arm um die Blondine gelegt hatte und versuchte, sie zu küssen. Sie tat so, als wollte sie es nicht, lachte aber gleichzeitig. Ich ging zu ihnen und schubste ihn an. Er war völlig besoffen.

»Lass uns gehen, es wird bereits hell«, sagte ich ihm.

Er schaute mich an, als würde er mich jetzt erst sehen. Er bedeutete mir, mich zu ihm herunterzubeugen. Er stotterte und sein Speichel nässte mein Ohr.

»Ich werde sie diesem Fettklotz auspannen ... warte nur, dauert nicht lange.«

Ich wusste, egal was ich ihm sagte, er würde seine Meinung nicht ändern, deshalb zuckte ich als Antwort für den ›Schrank‹ mit den Schultern und kehrte an meinen Tisch zurück. Ich war angespannt und überlegte, was ich tun würde, sollte der Dicke ihn vermöbeln. Zum Glück dauerte meine Ungewissheit nicht lang, denn plötzlich sah ich den ›Schrank‹ aufstehen, die zwei Frauen packen und zum Ausgang gehen. Mein Freund schien das nicht mitbekommen zu haben, denn er stützte mit der einen Hand seinen Kopf und schlief wie ein Baby. Ich brach in Lachen aus, denn das ganze Bild war dermaßen komisch, genauso wie meine Erleichterung darüber, dass der Dicke sich am Ende als zivilisiert gezeigt hatte. Ich ging zu ihm und stieß ihn an, damit er aufwachte. Er öffnete die Augen und sah mich durch seinen Alkoholnebel hindurch an.

»Ich sagte dir doch, ich werde die Blondine mitnehmen ... Sie mag mich ...«

»Sie sind weg«, sagte ich ihm, »es ist vorbei ...«

Er öffnete seine Augen so weit er konnte, stellte es selber fest und stand auf.

»Sind sie schon lange weg?«

Ich machte dem Barmann ein Zeichen, er möge mir die Rechnung bringen, und er bedeutete mir mit einer Kopfbewegung, dass wir ihm nichts schuldeten.

»Seit ungefähr fünfzehn Minuten«, antwortete ich auf die Frage von vorhin, »jetzt werden sie wohl zu Hause angekommen sein ...«

Wir schritten zum Ausgang, er torkelte und murmelte ständig, während ich ausrechnete, wie lange wir bis nach Hause brauchen würden, damit ich endlich in mein Bett kam. Ich hatte die Grenze meiner Kräfte überschritten.

Als wir auf dem Parkplatz standen, waren meine Hoffnungen, direkt nach Hause zu fahren, verflogen, da wir unmittelbar vor uns völlig überraschend einen silbrig blitzenden Mercedes mit angelassenem Motor erblickten. Der ›Schrank‹ belehrte anscheinend die beiden jungen Frauen oder er hatte im Auto Hand an beide gelegt und bemerkte uns plötzlich, denn er legte den Rückwärtsgang ein und verschwand ganz schnell. Mein Freund packte mich am Arm und schleppte mich wie von Wahnsinn befallen zu seinem Schrottauto.

»Komm, wir fahren ihnen hinterher ... wir werden herausfinden, wo die Blondine wohnt ...«

Ich dachte, er ist verrückt geworden.

»Wir sollten ihnen lieber zu Fuß folgen ... da haben wir mehr Chancen, sie einzuholen ...«

Er war schon eingestiegen und versuchte, den Motor anzulassen. Es war bereits fünf Uhr morgens. Wir kamen auf die

Vuliagménis-Allee, die fast leer war, und bald sahen wir den Mercedes träge vor uns gleiten, gelenkt von einem Fahrer, der sich sicherlich nicht vorstellen konnte, dass jemand mit einem Auto wie dem meines Freundes auf die Idee käme, ihn einzuholen. Ich drehte mich zu ihm, um ihm meine Befürchtungen den ›Schrank‹ betreffend anzusprechen, aber er würde bestimmt nicht verstehen. Er fuhr nur instinktiv. In einer Fahrschule hätte er eine neue Methode für Blinde einführen können. Er war nahezu eingeschlafen.

Ich konnte es gerade schaffen, ihn durch heftiges Schubsen und Geschrei dazu zu bringen, zu bremsen. Der Mercedes hatte an der Ampel angehalten, was uns trotz des großen Abstands ziemlich abrupt vorkam, denn bis er begriffen hatte, warum ich ihn andauernd schubste und schrie, sah er den Mercedes plötzlich vor sich, und das Einzige, was er hinbekam, als er schwächlich auf die Bremse trat, war, ihn von hinten weich anzufahren. Wir waren nochmal davongekommen – vielleicht weil der ›Schrank‹ seinen Wagen schon wieder in Bewegung gesetzt hatte oder weil er auch so besoffen war, dass er nichts bemerkt hatte.

»Arschkriecher«, hörte ich meinen Freund sagen, und er lachte, ohne das Gesicht zu verziehen – man konnte ohnehin nicht darüber lachen.

Ich versuchte erneut, ihn dazu zu bringen, seine Meinung zu ändern, doch vergebens. Die Sauferei hatte ihn unfähig zu jedwedem logischen Denken gemacht – und in jener Nacht hatte er seine Grenzen bei weitem überschritten. Ich fragte mich, wie lange er noch aushalten würde. Ich sollte die Antwort sehr bald bekommen.

Nicht mal ich merkte, dass wir an der nächsten Ampel wieder auf den Mercedes auffuhren, ich hörte nur zerbrochenes Glas klirren und die Front unseres Autos klebte an unserer Fresse. Dann sahen wir den ›Schrank‹ aussteigen und zur Fahrerseite zu meinem Freund gehen – besser gesagt, *ich* sah ihn, denn der hatte den Kopf auf das Lenkrad gelehnt, und er war entweder tatsächlich erledigt oder hatte begriffen, dass er übertrieben hatte, und stellte sich nun tot, damit der andere ihn bemitleide – was er wohl auch tat und mich gleich mit. Denn er hätte unserem Schrottwagen einen ordentlich Tritt verpassen und ihn endgültig auseinanderfallen lassen können; stattdessen öffnete er die Fahrertür, zugegeben etwas abrupt, und für meinen Freund, der mit seinem gesamten Gewicht darauf gelehnt hatte, kam es so unerwartet, dass er wie nicht aufgezogenes Spielzeug auf den Asphalt herunterrollte.

Der andere Typ streckte seinen Arm ins Auto, nahm die Autoschlüssel, und so ruhig, wie er gekommen war, so ruhig ging er zu seinem Wagen, stieg ein und fuhr weg.

Er ließ uns wortwörtlich schutzlos dastehen.

Ich stieg aus und half meinem Freund aufzustehen. Er setzte sich ins Auto und suchte nach den Schlüsseln.

»Die werden wohl beim Aufprall irgendwohin gefallen sein ... setz doch das Feuerzeug in Betrieb ... wir werden sie sicherlich an der nächsten Ampel einholen ... was ist los, ich sehe nichts vor mir ...«

Vor ihm war die Autohaube aufgerichtet, wie hätte er da was sehen können! Die Scheinwerfer waren weg: Einen hatten wir zu Beginn der Sygroú-Allee verloren und der andere war gerade in der Schlacht um die Augen einer Blondine gefallen. Die Schlüssel waren als Geisel weggetragen worden.

»Eine heldenhafte Nacht«, sagte ich, aber er hörte es nicht.

Aus dem Griechischen von
SOPHIA GEORGALLIDIS

KYRO PONTE

Die Anemonen

»Byzantia, ich sag dir, nichts wird übrigbleiben außer Elementen, so ähnlich wie die, die es in den Sternen gibt«, wiederholte sie immer wieder mit Nachdruck seine Worte. Und sie erinnerte sich daran, dass fast jedes Mal an dieser Stelle ihre Unterhaltung plötzlich abbrach, da Sergios jede Art Mystik verabscheute und sich kein bisschen für das Übersinnliche interessierte.

»Vielleicht ist es so besser«, dachte sie mit dem Wunsch, sich selbst zu trösten. »Vielleicht ist es besser, dass er nicht gekommen ist.«

Danach rief sie ihre treue Freundin Sophia an ihr Bett, die mit ihrer jugendlichen Frische gute Luft im Zimmer verbreitete und sie vor dem vorherrschenden Klima der Zersetzung beschützte. Sie bat sie, den kleinen Jungen, den sie vor einigen Monaten zur Welt gebracht hatte, aus seinem Bettchen zu holen, und ihn auf das breite Sofa zu legen.

»Unter der Weinlaube, dort in den Schatten«, sagte sie und bekreuzigte sich, wobei sie flüsternd hinzufügte: »Gott segne dich, Sophia, was würde ich ohne dich tun«.

»Komm, mach dir keine Sorgen. Alles wird gut gehen«, entgegnete die junge Frau und hob den Kleinen aus seinem Bettchen. Innerlich nagte aber auch an Sophia die Sorge, da viele Fragen offen und unbeantwortet geblieben waren: »Warum nur beginnt manchmal das Leben von Anfang an mit Komplikationen und Schwierigkeiten? Was wird aus dem Kleinen werden? Warum gibt es keine Zukunft für meine Freundin? Warum...?«

Als sie mit ihrer rechten Handfläche tröstend seinen Kopf streichelte, seufzte der Kleine voller Wonne und strampelte mit seinen Beinchen fröhlich hierhin und dorthin, natürlich noch nicht im Stande, den Verfall der Gegenwart und ihre Probleme zu begreifen. Danach bettete die junge Frau den Kleinen vorsichtig auf das Sofa, das sich im Innenhof des Hauses befand, und legte vier große Kissen um ihn herum, um ihn zu beschützen. Ringsum im Garten waren Bäume gepflanzt und mit Finesse alle Arten von Blumen aufgestellt: Felsentulpen, Bienenragwurz, Flockenblumen und alles, was an Rhodos, die Heimat der Hausherrin, erinnerte. Ein kleiner alabasterner Springbrunnen befand sich in der Mitte des Gartens. Sein Wasser, das kurze Zeit die Schwerkraft überlistete, fiel leicht und im Bogen nach unten und ließ den Kleinen vor Begeisterung spitze Laute ausstoßen.

Es war bereits zum Ritual geworden. Der Kleine verstummte nach kurzer Zeit im künstlichen Paradies und Sophia half ihrer Freundin auf, um sie zu waschen. Wie üblich bot sie ihr auch heute ihren weißen Rücken zum Festhalten an. Byzantia streckte die Hände unter Sophias Armen hindurch und berührte, ohne es zu wollen, ihre fast geschwollenen Brüste. In ihrem Gesicht zeichnete sich ein schwaches Lächeln ab. Es verschwand jedoch sofort wieder, da sie alle ihre Kräfte sammeln musste, um aufzustehen. Trotz der Anstrengung begannen ihre Beine zu schwanken, und schnell fiel sie zurück ins Bett. Sie begann zu weinen, Jammer hatte sie überkommen. Sophia beugte ihren Kopf und ihre langen, seidigen Haare ergossen sich auf ihr Gesicht. Sie zog ein leinenes Taschentuch hervor, trocknete sachte die Tränen ihrer Freundin und bewegte sie dazu, wieder aufzustehen.

Der zweite Versuch war erfolgreich. Sie führte sie ins Tepidarium und ließ sie ein wenig zur Ruhe kommen. Später kam sie wieder. Sie löste den Bademantel ihrer Freundin und salbte sie mit Olivenöl ein. Das Öl zusammen mit dem Licht, das durch das kleine Badfenster strömte, gab dem nackten Körper einen seltsamen Glanz. Sophia begann, ihr den ganzen Körper sanft mit einem weichen Bimsstein zu schrubben, wobei sie sich vom Nacken bis zu den Fußsohlen hinab vorarbeitete. Danach reinigte sie mit dem Wasser den geplagten und geschwächten Körper Byzantias. Der plätschernde Klang des Wassers in der Badewanne erfreute sie. Sie befeuchtete ihr Gesicht und rieb es mit einer wohlriechenden Salbe aus Bienenwachs ein, die Byzantias Bruder von einer Reise nach Jerusalem mitgebracht hatte. Als sie fertig war, wickelte sie ihre Freundin in ein Handtuch und begann, sie mit schnellen Bewegungen abzutrocknen. Sie zog sie an und führte sie zu ihrem Bett, wo sie ihr einen sanften Kuss auf die Stirn gab.

Erschöpft sank Byzantia in ihr Baumwollkissen und schloss die Augen. Der Schlaf übermannte sie und entführte sie auf eine Reise in einen schattigen Wald mit Tannen und Kiefern. Die Nadeln der Bäume waren so dicht, dass die Sonnenstrahlen das Geflecht, das ihre Zweige bildeten, nicht durchdringen konnten. Auf einer Lichtung war ein kleines Kind zu erkennen. Es ging allein den engen kleinen Waldweg entlang mit ungleichmäßigem Schritt, wobei es unverständliche Laute ausstieß und neugierig hierhin und dorthin schaute. Anscheinend wusste es nicht, wohin es der Weg führte, aber es schien sich nicht zu fürchten. Es genoss den Spaziergang in der Hoffnung, dass alles gut gehen und es irgendwann am Ende des Waldes ankommen würde, dort, wo sich Sonne und Grün erstreckten.

Als es nach einem langen Weg die Stiche der Nadeln an den Füßen spürte, hatte sich bereits die Verwandlung vollzogen. Das kleine Kind war zur Jugendlichen geworden, und von ihren blutverschmierten Beinen rann jetzt die dickflüssige Masse ins Grün. Sie fühlte ihre Brüste wachsen, die Behaarung ihre Scham bedecken, aber sie schämte sich ihrer Nacktheit kein bisschen. Sie fühlte die Natur als ihrem Körper so vertraut, sie war eine Erweiterung ihres eigenen Selbst, das sich entwickelte. Und sie war unbekümmert. Voller Leichtigkeit und Gesundheit schweifte sie von einem Ort zum nächsten. Die Zeit kümmerte sie nicht, da sie das Gefühl hatte, ihr Körper sei dem Altern nicht unterworfen. Die Erde gab ihr, was sie zum Leben brauchte, und sie genoss es, ohne zu wissen, was Trübsal und Schmerz bedeuten. Sie setzte nur ihren Weg unerschütterlich fort, da ihr Instinkt sie leitete und ihr jedes Mal befahl, an neue Orte aufzubrechen.

Sie war bereits eine junge Frau, als sie dort in der Bucht ankam, wo es reichlich Wasser für jede Pflanze, jedes Tier und Insekt gab. Da war es, als sie ein großes Gewicht in ihren Beinen fühlte. Sie konnte nicht mehr frei ausschreiten. Ihre Beine versanken im Schlamm und bei jedem Schritt drangen die Blutstropfen von ihren Beinen tief in die Erde ein. Jeder Schritt eine rote Anemone, tausende Sprösslinge, ebenbürtige Abbilder der anderen. Es war das erste Mal, dass sie Angst hatte, steckenzubleiben und zu versinken in dem, was sie selbst hervorbrachte. Sie musste jetzt alle ihre Kräfte aufbringen, um sich zu befreien. Und siehe da, nach einem langen Kampf schaffte sie es eines Tages unvorhergesehen. Anfangs hinkte sie natürlich, aber letztendlich entkam sie. Und die Gestalten des Purpurs und des Samts der Anemone wurden Erinnerungen, die ihr nicht mehr die Beine schwach werden ließen, die sie nicht hinderten zu leben.

Sie war mittleren Alters, als auf einem Stück des Wegs seltsame Laute zu vernehmen waren. Als würden Tausende Insekten, Pflanzen und Tiere versuchen, sich gegenseitig in Stücke zu reißen. Da nahm sie hinter sich menschliche Schritte wahr. Als sie ihren Kopf wandte, sah sie ein Heer schwarzgekleideter Greise ihr folgen. Sie hatten lange Bärte und lange Haare, die ihnen offen bis auf den Rücken fielen, und in ihren Händen hielten sie Zepter so groß wie sie selbst. Sie lächelte ihnen zu, aber sie erwiderten ihre freundliche Geste nicht. Ganz verblüfft begann sie zu zittern, und der einzige Ausweg war die Flucht. Aber die bärtigen Greise kümmerte es nicht, dass sich die Frau entfernt hatte. Sie setzten ihren Marsch mit gleichmäßigem Schritt fort, als seien sie sich sicher, dass keiner ihnen entgehen kann.

Rennend gelangte sie zu einer grauweißen Mauer. Sie erstreckte sich kilometerweit in alle Richtungen und begrenzte die Unendlichkeit des Raumes. In regelmäßigen Abständen erhoben sich entlang der Mauer hohe Türme. Sie machte sich auf den Weg zum nächstgelegenen, dort, wo eine lange Strickleiter hinab hing. Sie wirkte endlos in der Länge und verlor sich im Himmel. Sie hatte Angst vor der Höhe, aber es gab keinen anderen Ausweg, der Horde der schwarzgewandeten Greise zu entkommen. Mit zügigen Bewegungen kletterte sie die Leiter hinauf, wobei ihre grauen Haare im leichten Lüftchen wehten. Sie kletterte und kletterte, aber die Leiter nahm kein Ende. Sie verschnaufte ein wenig und wollte nach unten blicken, aber es war nichts mehr zu sehen. Sie begann zu zittern. Solch eine Höhe hielt sie nicht aus. Genau in diesem Augenblick erschien eine weißgekleidete Gestalt, deren Körper einen solchen Glanz ausstrahlte, dass nichts außer ihren Augen zu erkennen war.

»Fürchte dich nicht«, sagte besänftigend eine Stimme, »ich werde immer bei dir sein. Wenn du auf der neuen Erde ankommst, erinnere dich an eins. Sag, dass das einzige Prinzip, das der menschliche Geist erfassen kann, sich nicht im Himmel befindet, sondern nur da unten, in der schaffenden Natur. Und gib auch weiter, dass die Harmonisierung dieses Prinzips mit der menschlichen Vernunft eine Tugend sei«, sagte die Stimme weiter und verschwand plötzlich, während sich um sie herum eine starke Druckwelle ausbreitete.

Die Leiter wurde heftig geschüttelt und die Frau befand sich auf einmal im Leeren. Während sie fiel, hörte sie den Tanz der Greise im Schlamm und ihre Stimmen, die sich triumphierend erhoben. Sie bekam große Angst. Nach kurzer Zeit jedoch klärte sich der Horizont, und die Stimmen klangen ihr nicht mehr in den Ohren. Sie hob die Augen und erkannte von oben den tiefroten Garten mit den Anemonen, die aus ihren Blutstropfen entstanden waren, sowie auch andere, nie zuvor gesehene Gärten mit vielerlei Farben und seltenen Pflanzenarten.

Sie schwitzte. Als Byzantias Herz unregelmäßig und stark zu klopfen begann, war es Sophia, die ihr beständig die Stirn abtupfte.

»Sie können mir nichts mehr anhaben. Hörst du mich? Ich fliege, fliege und komme auf die neue Erde«, flüsterte sie. »Sie können mich jetzt nicht mehr kriegen. Ich habe sie kennengelernt, sie verstanden und bin ihnen entkommen. Zum ersten Mal begreife ich die Schönheit der Anemonen. Die Tradition ist der Humus, in dem die Instinkte und die Wahrnehmungen wachsen. Nur die Prinzipien aber, die aus unserer Beziehung zu Natur und Welt entspringen, können Instinkte und Wahrnehmungen ordnen, ihnen eine Gestalt verleihen, so dass sie zu festen Werten, reifen Handlungen und Gefühlen werden. Nur dann breitet sich die Tradition unserer Väter aus, befreit sich von den Gemäuern, die sie umgürten, und öffnet sich der ganzen Welt.«

In diesem Augenblick setzte ihr Atem aus und ihre Hände, die auf ihrer Brust ruhten, lösten sich. Von da an übernahm Sophia die Rolle der Mutter des kleinen Jungen, der sorglos unter dem Weindach schlief, und den sie später *Logothetis* nennen würde.

Aus dem Griechischen von
MARIA THOMAS

ALEXIOS MAINAS

Φ

An das, was wir durchmachten.

Es gibt, sagen wir mal, rätselhafte Menschen, fremde, befremdliche, unzugängliche, mit Geschichten, die sie gezeichnet haben und von denen wir nichts wissen, was der Grund dafür ist, dass wir sie nicht verstehen. Und es gibt Menschen, die wie Rätsel sind, über die wir rundum Bescheid wissen, die keinerlei Geheimnisse haben, und die wir dennoch nicht begreifen. So wie Phädra. Voller Gegensätze, voller Widersprüche, das, was Logiker *coincidentia oppositorum* nennen.

Es ist August, und sie will nicht in Urlaub fahren. Den ganzen Winter – und das Frühjahr – hat sie mir wegen des Urlaubs in den Ohren gelegen, und mit den diversen Hotels und Zimmern und Halbpensionen, die sie im Internet auftrieb, und nun will sie zwischen den Topfpflanzen auf Balkonien Ferien machen. Sie hat einen riesigen Liegestuhl aus Holz mit einer weißen Polsterauflage gekauft, rekelt sich drauf und schaut stundenlang auf den Lykabettos[2], als sähe sie die Niagarafälle. Vorschläge, schwimmen zu gehen, lehnt sie nicht ab, solange es in Attika ist.

Gestern brachen wir nach Anavyssos[3] auf. Unterwegs hatte ich die Brüder Katsimichas aufgelegt und erklärte ihr, dass dies nicht nur meine griechische Lieblingsband war, sondern wahrscheinlich die einzige, die ich überhaupt mochte. Sie sagte nichts. Sie

---

[2] Mit 277 Metern der höchste Hügel in der Athener Innenstadt. (A.d.Ü.)
[3] Region mit gleichnamigem Ort in Attika an der Küste. (A.d.Ü.)

blickte auf die unnützen, verbrannten Hügel auf unserem Weg durch Lagonisi.
»Was ist denn das?« fragte sie mich.
»Was meinst du?« fragte ich zurück.
»Was das da ist, verdammt, was ist das?«
Danach wieder Stille. Ich traute mich nicht, nochmal nachzufragen. Ein Abgrund.
Die Sonne glitzerte auf den Warmwasserspeichern zweier Häuser. Weiter unten lag das Meer. Es war nicht zu hören. Einige Bäume begleiteten die Fahrt bis zu den Felsen. Wir kamen auf die Küstenstraße, an Saronida vorbei. Ein Fragezeichen verstopfte die Luft im Auto, das Schweigen trug die Aureole der Bosheit oder der Missbilligung, eine Aura des Auseinanderdriftens, als schwiegen wir aus demselben Grund in entgegengesetzte Richtungen, zwei Boote, aber für jedes von ihnen wehte es von der anderen Seite.
»Wie die Sonne heute brennt. Dass die Dächer nicht schmelzen...«
»Was redest du da, Mann?« sagte sie.
»Ich sage...«
Später kamen wir an. Wir ließen die Sonne zwangsläufig im Auto, nahmen das Schlauchboot, die Pumpe und die Tauchermaske aus dem Kofferraum und liefen zum äußersten Ende hinüber, dort, wo der Agios Nikolaos steht und es nicht so voll ist. Ich pumpte mein persönliches Boot auf, um in die Sonne hineinzutrudeln und bis zur gegenüberliegenden Insel hinzugleiten. Der Wind blies aufs offene Meer hinaus. Kaum merkliche Wellen plätscherten gegen meine Fußsohlen, ohne im Geringsten zu schäumen. Überall sah man den Grund, wie in einem Aquarium mit roten Fischen. Ringsumher Körper auf Strohmatten, einige halb verbrannt. Eine komplexe Kiefer warf quastenartige Schatten auf den Sand. An manchen Stellen schienen sie wie graue Wasserflecken aufgesaugt zu werden, und an anderen den Sand aufzuwühlen oder ihn wie Besen ein Stück fortzufegen.

Phädra hatte schon ihr glänzendes rosa Kleidchen, das wie ein Nachthemd aussah, von sich geworfen und sich auf unseren Badetüchern breitgemacht. Einer der ersten Sätze des Tages, den ich aus ihrem Mund hörte, war: »Geh mal gucken, ob das Wasser kalt ist«. Sie hatte ihre Sonnenbrille aufgesetzt und sah so aus, als atmete sie nicht. Ich betrachtete sie in ihrem violetten Bikini, mit dem kleinen Diamanten im Bauchnabel und dem Kettchen um den rechten Fuß. Dieser Körper, noch weiß, aber nahezu goldfarben, war etwas zwischen einem Argument und einem Beweis. Er war so harmonisch, so selbstvergessen und ausgesetzt, dass ich dachte, es könnte anfangen, zu regnen. Ich begaffte den seltenen lila Zweiteiler auf der bleichen, makellosen Haut und wusste, was ich wusste. Ganz sicher verstand sie, sich hinzulegen. Die Stellung adelte sie. Sie wirkte vollkommen zufrieden, autark, wie ein Foto in einer Zeitschrift. Ihr Gesicht, leicht zur Seite geneigt, lächelte, als würde sie flüstern. Ich fragte mich, ob ich den Bikini und die braune Flasche neben ihrem Haar schonmal gesehen hätte, aus der sie sich überall eingerieben hatte. Gab es also den Sommer oder war er eine Art von Geruch?

Neben sich hatte sie ein Buch auf Deutsch gelegt, der Preis, diagonal, riesig und gelb, schrie den Rabatt heraus. Für einen Moment fiel es mir schwer zu glauben, dass ich recht gesehen hatte, hier, am Strand. ›Das Sein und das Nichts‹, und die Silben ›phänomenolo‹ neben dem Preis.

»Nichts, ich möchte dich nachher ein paar Dinge fragen«, sagte sie.

Alles deutete daraufhin, dass sie, wenn sie aus ihrem Sonnenbad erwachte, wieder von ihrem Großvater anfangen würde. Die Anekdote will ihn mit einem Mann befreundet wissen, der auf irgendwelchen Fotos von Santorins Emporio eine runde Brille wie aus Draht und unzählige kleine Zähne trägt. Phädra sagt, dass ihr Großvater auch zwei Aufnahmen von dieser Zahnreihe neben einem schmächtigen, schielenden Franzosen gemacht hätte, der ihnen hartnäckig erläuterte, dass das Sterben wie

Schwitzen sei: Es kommt von allein, du kannst es nicht verhindern und es tut nicht weh. Dieser arme Teufel, der auf Santorin schwitzte, sagt sie, hieß Jean-Paul.

Allmählich kam ich außer Atem bei dem ständigen Pumpen mit dem Fuß, um die widerwillige Luft ins Schlauchboot zu bekommen. Eine dicke, aber überaus gepflegte Dame breitete nebenan den riesigen blauen Badeanzug, den sie trug, auf einem purpurnen Badetuch aus. Sie lächelte mir auf die heitere, ehrliche Weise einer seltenen, mit ihrem Leben zufriedenen Frau zu. Ich erwiderte das Lächeln mit der Befriedigung der kleinen Überraschung. Ein Stückchen weiter daneben stellte ich fest, dass die Welt heute voll mit solchen Szenen war. Eine Frau, die mit ihren Kindern zum Schwimmen gekommen war, die im Flachen planschten und mit unsichtbaren Degen und Lasern fochten, bot dem behaarten Rücken mit Strohhut vor ihr eine dunkelblaue Dolde mit winzig kleinen Trauben an.

Wir sind also nichts Besonderes, dachte ich.

Voriges Jahr um diese Zeit waren wir am Hotel-Swimmingpool in Algerien. Ich sage ›Hotel-Swimmingpool‹, weil wir sonst nicht viel gesehen haben. Die verordnete Tagestour in die trockene Sahara und ein bisschen Seekrankheit auf dem Kamel, ein Mittelmeer mit Palmen, feinem südlichen Sand, der an den Füßen kleben bleibt und mit nichts zu entfernen ist. Ansonsten starrten wir auf die Innenseite eines Strohschirms und sahen dem sanften Streicheln der Jahreswinde über die rechteckige grüne Lichtkruste des Swimmingpools zu. Das Wasser darunter blieb trocken, unberührt, hart, wie ein gläsernes Klavier, auf dem sich nur die Tasten auf und ab bewegen. Dort fing das große Schweigen an.

Vorvoriges Jahr? Vorvoriges Jahr, glaube ich, waren wir um diese Zeit in Südafrika, in Kapstadt. Ich erinnere mich an den Blick von den Hügeln. Grüne Hügel, Wolkenkratzer im Hintergrund und ein Meer mit weißen Haien. Phädra ging überhaupt nicht ins Wasser. Ich ging rein, weil ich dieselbe Angst spüren wollte. »Mit deinem süßen Blut und der Sonnenmilch, mit der du dich einschmierst, wirst du so etwas wie ein Cremetörtchen sein«, sagte sie. Ich veranstaltete ein Gefuchtel mit Händen und Füßen und brüllte wie wild: »Komm, Weißer, na komm schon her, verdammt, wollen wir mal sehen, wer hier pfiffiger ist«. Ich kreischte und schlug um mich, um Panik zu spüren. Ich empfand sie wie Freude und Freiheit, ich empfand sie wie Haie, die im Magen und in der Brust schwammen und das Herz umzingelten. Ich glaube, in jenem Jahr war ich unglücklich. In Kapstadt begann ich, auf alles Sakrale zu fluchen. Ich erzählte Phädra vulgäre Geschichten. Sie war nicht religiös, aber es genügte mir, dass sie nicht wusste, ob sie gläubig war. Alles war ein Kampf mit Haien damals. Wo sollte dieses Leben nur hinführen?

Ich weiß es natürlich immer noch nicht. Irgendwo, weiß ich noch, hinter den vor Fruchtbarkeit strotzenden Hügeln von Kapstadt hatte ich auf einer von Hemingway inspirierten Seite notiert: ›Das Leben ist voller Sorgen, das heißt, wenn etwas nicht voller Sorgen ist, dann ist es etwas, das ich nicht kenne‹. Weiter unten hatte ich durchgestrichen, ungefähr: ›Aber es macht nichts, dass die Dinge so sind. Das Leben kann auch gleichgültig sein, wenn du jemanden hast, der dich liebt. Aber nur, wenn dieser Jemand dir viel bedeutet – etwas Seltenes also. Begreife aber, du Seltener, der du gescheiter oder tiefgründiger bist, dass das Leben ohnehin keinen Sinn hat. Dieser Nicht-Sinn wird dir die Sorgen nicht nehmen, aber er wird dir dabei helfen, sie zu genießen, denn sie haben also keine tiefere Bedeutung als dass sie da sind‹. Soweit vorvoriges Jahr. In Kapstadt. Am Ende der bekannten Welt. In der Tiefe des Gartens.

Ringsum hatten sich Knirpse versammelt und beschauten abwechselnd die Pumpe und das Boot, das sich aufblähte.

»Früher haben wir das alles mit den Lungen geleistet«, sagte ich, um sie zu verscheuchen. Kinder gucken gewöhnlich gern, aber sie wollen nicht angesprochen werden.

Das Wasser war innen drin grün wie der Schimmel oder wie die Fotosynthese. Ich ließ die Plastikruder in ihren Plastikgelenken und streckte mich unbequem und halb im Boot aus, wie ein Kentaur in einer Koje. Ich dachte an ein Plakat, das Phädra mir auf der Hinfahrt gezeigt hatte. Ein Hellhaariger tanzte Tango mit einer Brünetten in einem scharlachroten Kleid, die vor ihm kniete und das eine Bein in schwarzer Strumpfhose mit sichtbarer Naht stolz nach hinten gestreckt hielt. Ich wusste, was auf der Rückfahrt folgen würde. Wir sollen uns in einer Tanzschule anmelden.

Das Meer hatte Schlaglöcher, es war weich, aber störrisch, sonst wäre auch ich in der Sonne eingeschlafen. Am Himmel, der sich ringsumher gleich und phantasielos über uns spannte, gab es ständig irgendein kleines silbernes oder schwitzendes Flugzeug, das unbewegt vorbeizog. Sollte eins ins Meer fallen, würde ich es zum Trocknen hinaustragen. Es gab keine Geräusche. Für einen Moment dachte ich, dass ich sterbe, denn ich rührte mich nicht und war teilnahmslos, aber völlig verschwitzt.

Doch irgendwann beging ich den Fehler, mich aus der Leichenstellung aufzurichten und zur Küste hinüberzublinzeln. Phädra schwenkte das Handtuch mit den Seychellen, das sie mir geschenkt hatte, über ihrem Kopf, wie ein Schiffbrüchiger, der an einem Freitag ein Schiff erspäht. Anscheinend wehte kein Wind mehr. Ihre Arme, verzweifelt, für einen Moment reglos, als hätte sie seit Wochen nichts zu sich genommen, beschrieben einen Kreis über ihrem Kopf. In der Mitte fiel ihr das Handtuch ins Gesicht.

Musste ich also rauskommen und sie retten? War es denn nicht schon Samstag?

Aus dem Griechischen von
BRIGITTE MÜNCH

BRIGITTE MÜNCH

Warten auf Äsop

Als der Bär eines schönen Herbstnachmittags gerade auf der Suche nach ein paar reifen Brombeeren um einen Felsen trottete, wäre er fast auf den Fuchs getreten, der vor seinem Bau saß und sich sonnte.
»Oh, entschuldige!« sagte er höflich und trat zwei Schritte zurück. »Ich hatte dich nicht gesehen,...«
Der Fuchs warf einen prüfenden Blick auf seinen prächtigen, wohlgepflegten Schwanz, der offenbar keinen Schaden genommen hatte. Dann sagte er:
»Schon gut. Aber du könntest ruhig mal gucken von deiner Höhe da oben, wo du hintrampelst, Meister – schließlich gibt es auch noch zierlichere Geschöpfe als dich!«
Der Bär seufzte und ließ sich schwerfällig neben dem Fuchs auf einem Baumstumpf nieder.
»Du hast ja recht. Manchmal bin ich so in Gedanken versunken, dass ich gar nichts um mich herum sehe.«
»Ach ja?« Der Fuchs blies einen Erdkrümel von seiner schneeweißen Pfote und legte sie dann elegant über die andere. Mit einem amüsierten Blinzeln blickte er in die Sonnenstrahlen,

die fröhlich durch die Blätter der Bäume tanzten. »Und was für Gedanken lassen dich so versinken?«

»Na ja,... so alles Mögliche.« Der Bär zog mit der Kralle seiner rechten Tatze ein paar Kringel in den Boden. »Und gut, dass ich dich sehe! Du bist doch gebildet und weißt so viel,... Da wollt ich dich mal was fragen: Was ist eigentlich aus unserm Freund Äsop geworden? Warum ist der schon so lange nicht mehr da?«

»Phhh, du stellst vielleicht Fragen! Woher soll ich das wissen? Hab ich vielleicht eine magische Glaskugel?«

»Aber findest du das nicht auch traurig? Er fehlt uns doch so...«

»Schon wahr. Aber was weiß ich. Wahrscheinlich ist er ausgewandert.«

»Ausgewandert?« Der Bär guckte mit runden Augen und ließ das Maul offenstehen.

»Na, woanders hingegangen. In eine andere Gegend.«

»Ist das weit?«

Der Fuchs schickte einen Blick himmelwärts, spitzte die Lippen und gab einen leisen Pfeifton von sich.

»Ich meine«, hakte der Bär weiter nach, »glaubst du, er kommt irgendwann wieder zurück?«

»Mein Lieber, ich weiß es nicht. Vielleicht. Ich muss gestehen, dass auch ich ihn vermisse. Auch wenn er nicht immer gut über mich gesprochen hat. Da gab es oft Missverständnisse. Aber ich bin da nicht so nachtragend. Er war jedenfalls unser Freund, da gebe ich dir recht.«

»Nicht wahr? Und doch auch unser Beschützer! Jetzt sind wir so allein,... Sie haben aber jetzt, hast du gehört? unser Revier hier zum Schutzgebiet erklärt!«

»Ach jaaa...«, sagte der Fuchs verächtlich. »Großartig. So wie die Reservate für die Indianer in Amerika! Wer sind wir denn eigentlich?!«

»Amerika? Was ist das?«

»Pardon, ich vergesse immer, dass du nur Volksschulbildung hast. Vergiss es, ist nicht so wichtig.«

»Jedenfalls können sie uns nicht mehr einfach so abknallen, oder?« Er formte die rechte Tatze zu einer Faust ließ sie heftig auf seine Brust sausen.

»So heißt es. Aber ich traue den Brüdern nicht. Wenn die,...« Ein heftiges Schütteln ließ sich über ihnen im Baum vernehmen, und ein empörtes Kreischen unterbrach den Fuchs in seinem Satz.

»Könnt ihr mit euerm Gebabbel vielleicht ein Stück weiter weggehen?! Man kann ja kein Auge zutun!«

»Oh«, der Fuchs schaute nach oben. »Madame Eule! Es ist hellerlichter Tag, da wird man doch wohl eine Unterhaltung führen dürfen!«

»Erstens brauche ich meine Tagruhe, und zweitens muss man nicht unbedingt gerade unter meinem Schlafzimmer rumkrakeelen!«

»Warum gehen Madame Eule nicht zurück nach Athen, in ihre kultivierte Umgebung?«

»Ach du liebe Güte! Als wenn man da noch leben könnte – in dem Krach und Gestank! Die Zeiten in Athen sind für uns vorbei. Sogar die Götter haben dort schon längst das Weite gesucht!«

»Die Götter? ...« Der Bär ließ verständnislos die Unterlippe hängen.

»Ist schon gut, Meister«, sagte der Fuchs. »Ist so ähnlich wie Äsop, der von hier abgehauen ist.«

»Wer ist abgehauen?« Die Eule legte den Kopf schief und hielt ihren Flügel ans Ohr.

»Äsooop!« brüllte der Fuchs nach oben. »Erst beschwert sie sich über den Lärm, und dann hört sie schlecht!«, brummte er hinterher.

»Ach, der!« Die Eule strich ihr Gefieder glatt, gähnte und sah in die Ferne. »Na ja. Mit meiner Göttin Athene ist der ja nun nicht gerade zu vergleichen.«

Der Bär sah zwischen der Eule hoch oben und dem Fuchs tief unten hin und her. »Wovon redet die? Will die unsern Äsop beleidigen?«, fragte er mit anschwellender Stimme.

»Aber nein, ganz gewiss nicht«, beschwichtigte der Fuchs ihn. »Aber diese Städterinnen, weißt du, hatten ihre eigenen Äsope – sie hießen nur anders.«

»Pfffff!«, kam es spöttisch von oben. »Was du nicht sagst und alles weißt! Du könntest ja glatt Märchen schreiben! Aber egal, ich will mich nicht mit euch streiten. Wollen wir mal festhalten: Äsop ist kein Gott, aber ich bin durchaus bereit, ihn anzuerkennen. Zumal die Götter uns ohnehin verlassen haben.«

»Aber unser Äsop ist ja auch weg!« sagte der Bär, jetzt wieder friedlich, aber betrübt. »Darum dreht es sich doch!«

Einen Weile herrschte Schweigen. Der Fuchs kratzte sich am Ohr und wechselte die Stellung, um den weiterwandernden Sonnenstrahlen nachzurücken. Der Bär zog ein neues Muster in den Boden, und die Eule legte den Kopf auf die andere Seite und blickte einer Maus nach, die unten um den Felsen flitzte und im Gebüsch verschwand. »Kannst von Glück sagen, dass es Tag ist und ich müde bin...«, murmelte sie. Sie gähnte wieder, reckte die Flügel und legte sie sorgfältig wieder an.

»Nun, Madame«, brach der Fuchs schließlich das Schweigen, »sind wir Ihnen jetzt ruhig genug? Da können Sie doch wieder zu Bett gehen.«

»Jetzt habt ihr mich einmal wach gemacht«, gab sie schnippisch zur Antwort. »Und was ist denn das mit euerm Äsop? Wieso soll der abgehauen sein?«

»Na, hast du ihn vielleicht gesehen irgendwann in der letzten Zeit?«, fragte der Bär.

»Nicht dass ich wüsste«, antwortete die Eule. »Aber ich bin ja auch noch nicht so lange hier.«

»Diese Zugereisten haben doch von nichts eine Ahnung«, bemerkte der Fuchs und zwinkerte dem Bär zu. »Und halten sich obendrein für was Besseres!«

»Mein lieber Herr Fuchs«, sagte die Eule spitz, »ich habe gesagt, ich will mich nicht mit euch streiten, ich bin ein friedlicher Vogel. Aber wenn du so weitermachst, kann ich auch anders!« Sie plusterte sich auf und legte das Kinn auf die Brust.

»Is' ja schon gut«, lenkte der Fuchs gelangweilt ein. »Man wird wohl noch einen Spaß machen dürfen. Mit Sinn für Humor ist es bei euch wohl nicht weit her, oder?«

»Für sowas haben wir Eulen keine Zeit. Wo kämen wir hin, wenn wir uns dauernd mit Albernheiten abgäben? Wir sind für die Weisheit zuständig!«

»Was ist Weisheit?« fragte der Bär und sah dabei den Fuchs an.

»Das Gegenteil von Dummheit, Meister«, gab der Fuchs zur Antwort. Er blies die Backen auf und trompetete eine Melodie vor sich hin.

»Aber dann müsstest du doch irgendwas über unsern Äsop wissen«, rief der Bär zur Eule hinauf, »wenn du so schlau bist!«

Die Eule warf ihren Kopf nach hinten und schloss die Augen. »*Schlau* ist dein Freund Fuchs«, sagte sie dann betont geduldig. Mit Weisheit hat das nichts zu tun. Und Weisheit hat auch nichts mit Hellseherei oder sonstigem Aberglauben zu tun – und daher kann ich auch keine Auskunft über den Verbleib des Herrn Äsop geben.«

»Und wofür ist Weisheit dann gut?«

Die Eule hielt die Augen geschlossen, schwankte leicht auf ihrem Ast hin und her und schwieg.

»Lass man«, warf der Fuchs ein. »So eine Diskussion führt zu nichts. Für solche intellektuellen Höhenflüge sind wir nicht geschaffen – wir sind bodenständig.«

»Ich will euch mal was sagen«, die Eule öffnete ihre Augen wieder, erhob sich mit einem kurzen Flügelschlag und ließ sich auf einem tieferen Ast nieder. »Intellektuell oder bodenständig – das ist hier überhaupt nicht das Thema. Wir sprachen von Äsop und wieso er verschwunden ist. Wollt ihr meine Meinung hören?«

»Nur zu, Madame!« rief der Fuchs, legte den Kopf schief und spitzte demonstrativ sein rechtes Ohr.

»Ihr seid ihm zu langweilig geworden! Hier ist ja nichts mehr los, es passiert nichts Neues – was soll er denn noch schreiben? Immer wieder dasselbe?«

Dem Bär fiel aufs Neue die Unterlippe nach unten. Ratlos sah er den Fuchs an, der seinerseits keine Antwort parat hatte, und sagte schließlich: »Das wird ja immer besser hier! Das heißt also, wir sind selber schuld, oder was meinst du?«

»Natürlich!« Die Eule streckte erneut die Flügel aus und schüttelte sie. Dann legte sie sie wieder ordentlich übereinander und fuhr fort: »Ihr seid ja alle vollkommen stehengeblieben. Guckt man sich hier um bei euch, dann glaubt man sich ja im Naturkundemuseum. Alles ist erstarrt, nichts bewegt sich! Da frag ich euch doch: Was könnte da für Äsop noch von Interesse sein?«

»Wieso beweg ich mich nicht?« fragte der Bär verständnislos.

»Also nun mal halblang, Madame!« mischte der Fuchs sich wieder ein. »Was soll denn das heißen? Sollen wir auf unsere alten Tage vielleicht den Wald umgraben? Und Bäume versetzen? Oder ans Meer umziehen und mit den Fischen spielen?«

»Gegen mehr Fische hätt ich nichts«, sagte der Bär. »Der Bach dahinten, den sie uns noch gelassen haben, ist verdammt mager! Allerdings: sind die Fische aus dem Meer nicht salzig?«

»Kannst du vielleicht mal beim Thema bleiben, Meister?« brauste der Fuchs auf und hieb mit der Pfote auf den Boden. Und sah dann wieder zur Eule hinauf. »Was sollten wir denn verändern, deiner Meinung nach? Ich sehe nichts, was verbesserungsbedürftig wäre.«

»Nun ja«, flötete die Eule und ließ ihren Blick umherschweifen. »Das ist Ansichtssache. Es geht hier auch nicht um Verbesserung oder Verschlechterung, sondern um *Entwicklung*! Ihr seid stehengeblieben, ihr entwickelt euch nicht!«

»Was Sie nicht sagen, Madame! Was haben denn Sie für eine Entwicklung vorzuweisen?«

»Oh, immerhin habe ich mich schonmal von einem Stadtleben auf ein Landleben umgestellt – und das war ganz schön hart, das kannst du mir glauben. Sein Umfeld wechseln erfordert neues Denken und Flexibilität, und das wiederum nährt das Gehirn und fördert die Entwicklung!«

»Das ist doch der reinste Bullshit!« höhnte der Fuchs. »Wo würde das denn hinführen, wenn wir alle dauernd „das Umfeld"wechseln? Wir hätten eine ständige Völkerwanderung! Und irgendwann wär dann Athen hier, und der Wald wär in Athen.«

»Vielleicht begreift der schlaue Kopf des Herrn Fuchs, dass es sich hier um ein *Beispiel* gehandelt hat. Das auf *mich* zutrifft. Schließlich hast du ja nach *meiner* Entwicklung gefragt, und nicht nach der von anderen.«

»Und wie sollen wir uns hier, deiner Meinung nach, entwickeln?«

»Ich will mich nicht entfickeln«, erklärte der Bär und schüttelte dabei so heftig den Kopf, dass seine Lefzen hin- und herschlackerten. »Ich will hier bleiben.«

»Das müsst *ihr* doch wissen!«, pfiff die Eule gereizt, ohne die Zwischenbemerkung des Bären zur Kenntnis zu nehmen. »Ist das vielleicht *meine* Aufgabe, euch bei der Evolution zu helfen? Ich hab meine eigenen Probleme. Ich sag euch nur: wenn ihr euern geliebten Äsop wiederhaben wollt, dann müsst ihr schon was dafür tun! Rumsitzen und jammern nützt nichts. Lasst euch was einfallen!«

Für einen Moment blieben alle drei stumm. Die Eule lockerte ihr Gefieder auf, verlagerte das Gewicht auf das andere Bein und blickte gleichmütig ins Nirgendwo. Der Bär starrte vor sich hin und schien mit zusammengezogenen Brauen angestrengt über etwas nachzudenken, während der Fuchs nervös mit den Zehen auf den Boden trommelte. Nach einer Weile sagte er:

»Und wieso ist er dann damals ganz von allein hier aufgetaucht? Ohne dass wir uns etwas „einfallen lassen"' mussten?«

»Ja!«, der Bär geriet ins Schwärmen und bekam verträumte Augen, »wie schön das war! Er kam und intafuhte uns ...«

»*Interviewte*«, korrigierte der Fuchs ihn nachsichtig.

»...und saß Abends mit uns zusammen, hörte sich unsere Geschichten und Abenteuer an und hat uns alle so gut verstanden. Und du hättest sehen müssen, wie er uns beschützt hat, wenn einer von denen uns an den Kragen wollte! Und er hat immer diese ganzen verdammten Fallen aufgestöbert und zerstört... So einen Freund haben wir doch nie mehr gehabt!« Zwei kirschgroße Tränen lösten sich aus seinen Augen und kullerten rechts und links über seine pelzigen Wangen hinab, an deren Ende sie nicht mehr so recht weiterwussten und zitternd hängen blieben.

Die Eule räusperte sich verlegen und senkte ihre Lider auf Halbmast. »Damals wart ihr eben noch etwas Neues für ihn«, erklärte sie in versöhnlicherem Ton. »Sowas wie Forschungsobjekte. Und hat euch dann, das will ich ja gar nicht abstreiten, liebgewonnen und Freundschaft mit euch geschlossen. Ich kann da ja nicht so mitreden, denn ich war zu der Zeit Athenes Hofdame und hatte mit Äsop nichts zu tun. Aber ...«

»Und wieso hat denn Athene dich verlassen?« unterbrach der Fuchs sie triumphierend. »Du bist ihr wohl auch zu langweilig geworden?«

»Das ist eine völlig andere Geschichte«, zischte die Eule wütend, »und geht dich weder etwas an noch könntest du dem überhaupt folgen! Ich sagte es schon einmal: Äsop ist kein Gott, schon gar keine Göttin!« Sie plusterte sich diesmal besonders eindrucksvoll auf und drückte das Kinn fest auf die Brust.

»Ich versteh das alles nicht«, klagte der Bär nach ein paar Minuten Schweigen und wischte sich die feuchten Augen. »Jetzt sollen *wir* an allem schuld sein! Was haben wir ihm denn getan?«

»Wisst ihr, was ich glaube?«, sagte der Fuchs und fing plötzlich zu kichern an. »Der hat eine Schreibblockade! Das ist das ganze Geheimnis! Hahahaha!«

»Das widerspricht absolut nicht dem, was ich gesagt habe«, erklärte die Eule kühl. »Ganz im Gegent,.....«

Ein heftiges Rascheln ließ alle drei aufhorchen und die Eule ihren Satz abbrechen. Unmittelbar danach schoss das Wiesel um den Felsen herum. Beim Anblick der drei stoppte es mittels einer Vollbremsung und wirbelte dabei eine Staubwolke auf, die es für einen Augenblick einhüllte. Durch den grauen Schleier schickte es einen schnellen Blick in die Runde und fragte:

»Was'n hier los? 'ne Konferenz?«

»Nee«, gab der Bär zur Antwort und wedelte den heranwehenden Staub von seinem Gesicht weg. »Wir warten auf Äsop.«

»Hä?« Das Wiesel schüttelte sich, richtete sich auf und stemmte die Vorderpfoten in die Hüften. Und schaute dann vom einen zum andern. »Ist der denn wieder da? Wieso weiß ich davon nichts?«

»Weil es gar nicht stimmt«, stellte der Fuchs richtig. »Wir sprachen nur gerade über ihn...«

Das Wiesel guckte misstrauisch. »Ihr verheimlicht mir da nicht irgendwas? Also raus mit der Sprache! Ich hab's eilig.«

»Das ist ja mal was ganz Neues!« spöttelte der Fuchs.

»So eine ständige Hetzerei, wie du sie an den Tag legst, ist ja schon die reinste Sucht und überhaupt nicht gesund! Das führt irgendwann zum Herzinfarkt«, warnte die Eule. »Ich würde an deiner Stelle mal ein bisschen...«

»Sind Madame auf einmal zur Frau Doktor aufgestiegen?«, unterbrach das Wiesel sie und schickte einen schiefen Blick zu ihr hinauf. »Behalten Sie Ihre Prognosen für sich, die sind eher *Ihrem* Alter angemessen!«

»Ach, zankt euch doch nicht«, versuchte der Bär zu schlichten und hob beschwichtigend seine Tatzen. »Aber ich sag euch was: ich glaube ganz fest daran, dass er wiederkommt!«

»Wer? Äsop?« Das Wiesel wandte seinen Blick von der Eule zum Bär, der lebhaft nickte. »Und woraus schließt du das, wenn man fragen darf?«

»Ich hab das einfach im Gefühl! Und wenn man viel von jemand redet, dann spürt der das, und dann erinnert er sich an uns und kommt! Das ist mir heute bei unserer Unterhaltung aufgegangen...«

Die drei andern tauschten ein paar ratlose Blicke, während der Bär erwartungsvoll in die Runde schaute.

»Diese Logik musst du mir schonmal erklären«, sagte die Eule in süffisantem Ton. »An welchem Punkt unserer Diskussion ist dir denn sowas aufgegangen?«

»Der... ich... was für'n Punkt?« der Bär blickte irritiert zu ihr hinauf.

»Nun lass ihn doch in Ruhe«, sprang der Fuchs ihm gutmütig bei. »Muss man denn bei jeder Gelegenheit seine eigene höhere Bildung raushängen lassen und andere damit demütigen? Tu ich doch auch nicht!«

»Pfff, da lachen ja die Hühner! Was willst du Waldschrat denn da groß raushängen lassen? Willst du etwa meine Hochschulbildung mit deiner...«

»Es reicht, Madame. Seien Sie gefälligst froh, dass die ›Waldschrate‹ und sonstigen minder Gebildeten Sie hier gastfreundlich aufgenommen haben und Sie nach Ihrer Facon leben lassen. Wenn Ihnen irgendwas nicht passt, steht es Ihnen völlig frei, in Ihr nobles Athen zurückzukehren!«

Die Eule fauchte und ließ zwei Dampfwölkchen aus ihren Ohren schießen. Bevor sie etwas erwidern konnte, räusperte sich vernehmlich das Wiesel.

»Also, ich kann mich nicht länger aufhalten«, sagte es und prüfte mit einem kurzen Blick den Stand der Sonne. »Hab eine wichtige Nachricht zu überbringen und bin schon spät dran.«
»An wen?« fragte der Fuchs neugierig.
»Das ist geheim! Seit wann verletze ich das Postgeheimnis?!«
»Kommst du auf dem Rückweg nochmal vorbei?« fragte der Bär freundlich.
»Warum nicht? Wenn ihr dann noch hier seid.«
»Aber klar!« rief der Bär, sah vom einen zum andern und ließ auch die wieder aufgeplusterte Eule dabei nicht aus. »Hier bleiben wir jetzt erst mal. Irgendwie hab ich so im Gefühl, dass...«
»Schon gut, schon gut – du wiederholst dich, Meister. Wenn ich es vor dem Abend noch schaffen soll, dann muss ich mich jetzt sputen! Bis später – und derweil wünsche ich viel Glück!« Das Wiesel schoss davon und hinterließ dabei eine neue Staubwolke.

Der Fuchs erhob sich und streckte ausgiebig sämtliche Glieder. Dann schüttelte er sich und warf einen Blick auf seinen gepflegten, buschigen Schwanz. Zufrieden mit dem tadellosen Zustand desselben legte er ihn sorgfältig um sein Hinterteil und ließ sich wieder nieder. Auch der Bär unternahm ein paar Dehnübungen und drückte gründlich das Kreuz durch, bevor er wieder auf dem Baumstumpf Platz nahm. Die Eule machte eine kurze Abendwäsche und putzte ihr Gefieder. Dann reckte sie die Flügel, legte sie wieder ordentlich an und ließ den Blick ins Nirgendwo schweifen.

Für eine Weile herrschte friedliches Schweigen. Schließlich sagte der Fuchs:
»Also – wo waren wir stehengeblieben?«

DIMITRIS NOLLAS

Mantzikert[*]

Herr Richter, Exzellenz!
Ich stehe vor Ihnen, weil ich meine Frau umgebracht
habe. Ja, ich hab' es getan. Nach einer Auseinandersetzung, die zu nichts führte, warf ich sie aus dem Fenster. Es ist nun mal passiert. Sie müssen meine Gründe hören, die mich dazu gebracht haben, und es sind eine ganze Menge.
Vorsicht! Ohne Gefühlsausbrüche, nur die nackten Tatsachen.
Im Jahr als Ağca das Attentat auf den Papst beging, waren wir nach Detmold gezogen, und ich besuchte die erste Klasse des Gymnasiums, eine für mich neue Schule. Dort hatte einer auf meine Schulbank das Wort ›Mörder‹ eingeritzt. Ohnehin hatten sie mich am ersten Tag in der Schule mit Tritten traktiert. Sie nahmen nicht die Fäuste, um mir eine rein zu hauen, sondern sie gaben mir einen Tritt wie einem Hund. Ich verlor die Beherrschung, doch wie kann ein Kind in diesem Alter beherrscht sein! Ich nahm sie nicht für voll, das war's dann wohl, und schlug meinem kräftigen Mitschüler die Faust mitten ins Gesicht. Der, überrascht wie er war, fing an zu bluten.
Tatsachen, du Dummkopf, Tatsachen, welche die Tat betreffen. Mein Faustschlag, das ist mir erst jetzt bewusst, hatte nicht nur einen von denen zum Ziel, die mich beleidigt hatten, sondern diese

---

[*] Mit dem Namen dieser Stadt unweit vom Vansee verbindet sich eine der größten im Jahr 1071 erfolgten Niederlagen eines byzantinischen Kaisers (Romanos IV Diogenes) durch die türkischen Seldschuken.

ganze idyllische Scheißstadt, mit dem leuchtend tiefschwarzen Wald, der sie umgab – war das ein Wald oder eine von diesen unendlichen gepflegten Parkanlagen? - und die nichts aus ihrer Lethargie reißen konnte. Ein ganztägiger Tiefschlaf, der, wenn man ihn mit dem Mittagsschlaf von all meinen Verwandten im Dorf vergleicht, eher dem Tod glich.

Brigitte lernte ich zufällig auf der Universität kennen, am Ende des vierten Semesters, kurz vor den Sommerferien. Sie hatte eine Arbeit abzugeben mit dem Thema „Die Rolle der Janitscharenbataillone bei der Belagerung Wiens." Sie plante bereits ihre Doktorarbeit über die Osmanische Eisenbahnstrecke bis Bagdad mit der finanziellen Unterstützung und unter Aufsicht vom Kaiserreich. Es war schicksalhaft, dass wir uns trafen. Sie kam zu den Festen der türkischen Vereine und zu den Kulturveranstaltungen, da das Thema ihrer Arbeit mit unseren Ländern zu tun hatte, und häufig tauschten wir unsere Ansichten aus.

Eines Tages hatte sie gesagt: »Schau was für ein Zufall, mitten im selben Jahrhundert ist sowohl das Osmanische als auch das Deutsche Kaiserreich zusammengebrochen«.

Ich wollte ihr sagen, dass die Seldschuken dreihundert Jahre des Verfalls gebraucht haben, um zur Bewegung der Jungtürken zu gelangen und unterzugehen. Als sie ihre Kriege und die Überfälle einstellten und sich um die Verwaltung der eroberten Gebiete bemühten, begann der Niedergang. Brigitte konnte einfach nicht verstehen, dass die Staaten im Orient nicht so schnell zu Grunde gehen wie etwa die deutschen Staaten, welche, nachdem Bismarck sie in einem großen deutschen Staat vereinigt hatte, innerhalb von fünfzig Jahren auseinander fielen. Das hab' ich ihr nicht gesagt. Es waren die Tage, als die Mauer einstürzte und wir die deutsche Wiedervereinigung feierten. Ich sagte ihr, ich lad' dich auf einen Drink zu mir nach Hause ein, die ruhmvollen Zeiten jener beiden Kaiserreiche wieder aufzurichten. Sie war noch Jungfrau, in diesem Alter, die blöde Ganz, und so begann diese Geschichte.

Ich bin hier geboren und aufgewachsen, auch wenn ich als Kind einige Zeit in den Schulferien die Sommer im Dorf meines Vaters in der Nähe von Bursa verbrachte. Von dort war er mit fünf weiteren Dorfbewohnern aufgebrochen, um in Deutschland reich zu werden.

Ihr gefiel die Idee, dass ich von der Gegend der ersten Hauptstadt der Seldschuken kam. Es erregte sie, wie sie sagte, dass ich von dem Ort käme, von dem aus alles seinen Anfang genommen hatte. Mich selbst verband rein nichts mit dem Ort meiner Herkunft außer einem kleinen Stich, einem undefinierbaren Schmerz, den ich jedes Mal tief in meiner Brust empfand, wenn ich mir die Tage als kleines Kind in Erinnerung rief, an denen ich durch die Gemüsegärten rannte, oder die Obstgärten, die Bäume mit den reifen Pfirsichen und Kirschen, die Weingärten mit den Vogelfallen und die Steinwürfe gegen die Hunde. Und ein merkwürdiges Schuldgefühl überfiel mich, wenn meine gleichaltrigen Spielgefährten mich aufzogen wegen meiner kleinen Freundinnen, »deutsche Mädchen! ... alles Nutten ,... Schweinefresserinnen mit kleinen Ärschchen!« Und ich meinte mich rächen zu können dadurch, dass ich sie anschrie: »Ihr Wichser, ihr seid doch nur neidisch, ihr Wichser. Bringt mal euren Pimmel in Fahrt, geht mal richtig ran!«

Ich habe eine Buchhalterschule besucht und abgeschlossen, obwohl ich eigentlich immer von einem vollen Studium der Geschichte geträumt habe. Vielleicht verstand ich mich deshalb so gut mit Brigitte. Das war im Sommer '92. Kurz darauf, ohne dass ich mit Sicherheit sagen kann, wieso ich zu diesem Entschluss kam – es war ein plötzlicher Entschluss – bin ich in meine Heimat zurückgekehrt. Ich war es einfach leid, nicht nur meine Angehörigen, sondern auch ein paar inzwischen neu angekommene Verwandte dauernd reden zu hören, das hier sei nicht unser Platz, und wenn sie etwas Geld auf die Seite gelegt hätten, würden sie in die süße Heimat zurückkehren.

Als könnten sie auch die Uhr zurückdrehen. War doch dieses Paradies, das sie sich vorstellten, wie das aus meinen Kinderjahren und gehörte denen, die es täglich lebten, aber nicht denen, die von dieser Zeit abgeschnitten waren. Ich kenne viele, die mit diesem Gedanken starben und die man in eine Kiste verfrachtete, um sie am Ort ihrer Träume zu begraben.

So kam ich damals auf den Gedanken, es wäre nicht schlecht zu versuchen, in meinem Land Fuß zu fassen – inzwischen hatten wir geheiratet und ich hatte ein Angebot einer großen deutsch-türkischen Versicherung – und Brigitte war einverstanden. Sie sagte, »Omar, es lohnt sich, das zu versuchen. Und wenn du's bereust, ist das besser jetzt als nach zwanzig Jahren.« Sie selbst sagte, sie werde sehen was sie zu tun hätte.

Mein Gott! Welche Ruhe. Aber auch, was für ein Sumpf! So als ob sich seit dem letzten Mal, als ich dort war, nichts verändert hätte. Dieselben Freunde, dieselben Cafés, dieselben Gespräche. Und doch zugleich wie merkwürdig, wo ich doch seit der ersten Nacht, die wir in unserer Wohnung verbrachten, die mein Bruder für uns gefunden hatte, wusste, dass dieser Sumpf der Ermattung nichts für mich war.

Brigitte hielt den Kontakt zu der Universität und dem Professor, der ihre Doktorarbeit betreute – der üblicher werdende Zugang zum Internet erleichterte ihr die Arbeit – und in den zwei Jahren, die unser Aufenthalt dauerte, fuhr sie des Öfteren nach Münster. Mir gefiel es nicht, wenn sie weg war. Einmal wollte sie für zehn Tage weg und kam erst nach einem Monat wieder zurück, ein andermal erkrankte ihre Mutter, dann wieder ihr Vater. Die wurden krank, und mir ging es gegen den Strich. Die Lösung brachte wieder einmal die Firma. Man bot mir eine Stelle in der Gegend von Braunschweig/Lüneburg an, als Leiter für die Abschlüsse mit der türkischen Kundschaft. Und so kehrten wir zurück. Wir kehrten dorthin zurück, wo wir beide hingehörten.

Nicht dass Ihnen das merkwürdig aufstößt, wenn ich von Hingehören spreche, denn wenn Brigitte hier einmal hingehört, so gehöre ich zweimal hierhin. Denn ich habe Deutschland zu meiner zweiten Heimat erkoren. Nicht wertmäßig als zweite, sondern wie eine doppelte Mutter. Vielleicht konnte ich mich deshalb nie entscheiden, ob ich Türke oder Deutscher sei. Die Geschäfte liefen gut und ich verdiente gutes Geld. Die meisten Kunden von mir, Arbeiter und gutgläubig, kauften, auch wenn sie konservativ waren, alles was wir als neues Versicherungsangebot auf den Markt brachten. Ich konnte sie überzeugen. Oft schob ich Produkte und Programme an, die für den Kunden mit einem hohen Risiko verbunden waren. Risiko mit hohem Verlust, aber sehr wahrscheinlich auch mit hohem Gewinn.

Ein paar von denen habe ich auch auf dem Gewissen. Doch das belastet mich nicht, und ich war mir keiner Schuld bewusst. So ist das eben mit dem Geld.

Und dann betrog sie mich mit einem Syrer ... einem Sarazenen! Der Typ war Dozent für Geschichte am Lehrstuhl, wo Brigitte ihre Doktorarbeit schrieb, und sie hatte den kennen gelernt, als sie zwischen Bursa und Deutschland hin- und herpendelte.

Dich, du fieser Sarazene, dich hab' ich nicht umgebracht, dich, dich werd' ich ficken. Auch vom Gefängnis aus werd' ich 'ne Möglichkeit finden, dich zu ficken.

Die Vorstellung, dass sie mir Hörner aufgesetzt hatte, solange ich mich mit ganzem Herzen ihr gewidmet hatte, war meine absolute Demütigung. Mein Ansehen, nein, meine ganze Existenz hatte sie mit ihrer Tat kaputt gemacht. Sie hatte nicht die Scheidung verlangt, sie hatte mich betrogen, solange wir zusammen waren. Das Tragische ist, mittlerweile war sie sogar zum Islam übergetreten, womit ich damals nie einverstanden gewesen war. Was soll das, mit uns geht's doch auch so gut. Du brauchst keine Muslimin zu werden, das bringt für dich andere Verpflichtungen mit sich, das wird schwierig für dich werden. Doch sie bestand darauf, weil sie, wie sie sagte, mich liebte und sie alles was mich betraf, mit mir teilen wollte. »Ich bin auch neugierig«, begründete und bestätigte sie ihren Entschluss.

Und jetzt sieht man ja, wo sie gelandet ist, es war die Neugier, die sie zu Grunde gerichtet hat.

Ich fasse zusammen, und werde das sagen, egal, zu wie viel Jahren Sie mich verurteilen: Was die Ehre eines Menschen betrifft, die Beleidigung seiner Person, das Bild, das er von sich selbst in der Gesellschaft abgibt und dessen Missachtung, das sind keine Sachen, die auf eine allgemeine und unpersönliche Weise zu regeln sind. Die passen nicht in eine Schublade, die für alle gilt.

An der Stelle bekam mein Verteidiger schon graue Haare, er sah aus, als ob er gleich umfallen würde, doch was sollen wir machen, man kann nicht jeden Prozess gewinnen.

Der Schmerz und meine Schuld sowie die Demütigung, welche die Bemühung mit sich bringt, mich davon zu befreien, haben mich vor Ihren Richterstuhl gebracht. Für dieses Leiden gibt es keine Medikamente. Deshalb habe ich nach dem Mord auch nicht das Weite gesucht, hab' mich nicht versteckt, ich wollte den Konsequenzen meiner Handlung nicht entfliehen.

Bei diesem Satz atmete mein Verteidiger auf.

Ich übernahm meine Verantwortung und stehe für das Rechtmäßige meiner Tat mit allen Folgen. Deshalb stehe ich vor Ihnen. Weil ich die deutschen Gesetze akzeptiere wie auch Ihre differenzierte Einschätzung dafür, was geschehen ist. Ich bitte um Ihre Nachsicht und möchte abschließend betonen, Sie müssen verstehen, dass jenseits aller Gesetze es für alle Menschen auch das Ich gibt. Ein Ich, das mich beobachtet und Rechenschaft abgibt nicht nur mir selbst, sondern auch diesem Etwas, was über mich hinausgeht.

Wie Sie sich ja natürlich selbst eingestehen müssen, dass der Wertekanon, den ich hier vertrete, irgendwann auch einmal die deutsche Kultur beeinflussen wird, wenn er nicht in Zukunft sogar ihr elementarer Bestandteil wird.

Aus dem Griechischen von
HANS EIDENEINER

ELENA PALLANTZA

Spuren im Schnee

»*Alles ist weit weg und glücklich
und der Schnee fällt von oben her ...*«
D. Savvopoulos

Kostas, ich bring dich um. *Kósta, tha se skotósso.* Ihre Stimme klang wie eine dunkle Trommel in der nächtlichen Stille. Er hatte es ganz sicher gehört, es war keine Einbildung. Für einen Augenblick hatte er geglaubt zu träumen. Doch in dem Traum, den er träumte, kam Vicky gar nicht vor. Es war ein abenteuerlicher Traum. Zufällig wurde er auch dort gerade bedroht, über Kontinente hinweg verfolgte man ihn. Die Verfolgungsjagd hatte in Deutschland begonnen und setzte sich in Istanbul fort. Er versteckte sich in Häusern von Freunden, in Schuppen und unterirdischen Garagen. Auf einer Party mit reichlich Drogen und langhaarigen Mädchen wurde er von dunkelhäutigen Männern mit zusammengewachsenen Augenbrauen eindringlich gemustert, was ihn vermuten ließ, dass er von PKK-Männern verfolgt wurde. Eines der Mädchen nähert sich ihm, orangefarbener Longdrink, Haut wie Schoko-Haselnuss, ›das ist bestimmt ein Köder‹, er stößt das Mädchen von sich, springt aus einem Fenster in den Innenhof, dort kickt ein Junge einen Ball vor sich hin, ›warum trägt der so eine altmodische Schiebermütze?‹, der Ball trifft ihn direkt in den Bauch, er sieht eine Strickleiter, steigt auf die Dachterrasse hoch – und dann war er wohl im spannendsten Moment aufgewacht und hörte es, ganz deutlich, ganz nah an seinem Ohr: »Kostas, ich bring dich um«.

Zuerst brauchte er eine Weile, um sich klarzumachen, wessen Stimme das war. Genauer gesagt, um sich einzugestehen, wessen Stimme es war. Es war die vertrauteste Stimme der Welt, nach den Stimmen seiner Eltern, die allerdings längst tot waren. Sooft er versuchte, sich die Stimme seiner Mutter ins Gedächtnis zu rufen, es gelang ihm nie. Er konnte ihren Klang nicht greifen. Er entglitt ihm, wie die Ölseife, die sie früher in seinem Elternhaus hatten. Er sah seine Kinderhände, ausgestreckt vor dem Hintergrund des marmornen Waschbeckens, kurze Finger, abgekaute Häutchen. ›Auch Odysseus in der Unterwelt breitet vergeblich die Arme aus, um den Schatten seiner Mutter einzufangen‹. Erst neulich hatte er seinem Sohn die Odyssee vorgelesen und war dabei dieser Szene wiederbegegnet. Die Bilder in dem Kinderbuch waren unangemessen realistisch. Es schien ihm, als ob die Mutter von Odysseus ihr Haar auf genau dieselbe Weise hochgesteckt trug wie seine Mutter. Möglicherweise hatten sie sogar dieselbe Stimme. Die Stimmen seiner Kinder wiederum waren ihm nicht so vertraut. Er hatte zu seiner Überraschung festgestellt, dass er sie nicht selten mit den Stimmen anderer Kinder verwechselte.

»Kostas, ich bring dich um.« Nein, hier gab es nichts zu verwechseln. Im Zimmer war sonst niemand. Meistens kommt sonst nachts das eine oder andere Kind und drängt sich dazu, heute nicht. Zwischen ihnen lagen zwanzig Zentimeter, höchstens, und dieser Satz. Er fühlte, wie sein Körper sich verkrampfte, von innen glühte, von außen fror. Trotzdem hielt er es für angebracht, sich nicht zu bewegen. So zu tun, als ob er schliefe, als habe er nichts gehört. Unter gar keinen Umständen durfte er jetzt irgendetwas tun, das sie reizen könnte. Er strengte sich an, normal zu atmen, sich auf seine Atmung zu konzentrieren, um sie zu kontrollieren. Er lauschte seinem Atem, er schien ihm einigermaßen überzeugend. Nur sein Herz klopfte wild, aber das

Herz hört man von außen nicht, oder? Er würde sich einfach nicht mehr rühren, bis etwas passiert. Aber was würde das sein? Würde sie ihre Hand ausstrecken? Würde sie ihn anstupsen? Ihn erwürgen? Ihn beißen? Ihm übers Haar streicheln? Eine Reaktion erzwingen? Nichts. Der Satz hinterließ eine undurchdringliche Leere. Was genau tat sie jetzt gerade? Sah sie ihn in der Dunkelheit an? Wie sah sie ihn wohl an? Voller Mitleid? Voller Hass? Eiskalt? Auf einmal bemerkte er, dass auch sie ganz normal atmete. Das kann doch nicht wahr sein, dass sie solche Worte über die Lippen bringt und danach wieder einschläft. Oder hat sie die ganze Zeit geschlafen? Hatte sie es vielleicht im Schlaf gesagt, träumte sie vielleicht, dass sie ihn umbrachte? Auch nicht gerade angenehm, aber das wäre immer noch tausend Mal weniger schlimm. Jedenfalls war es sicher ein Albtraum gewesen, sie würde ihn ihm morgen beim Frühstück erzählen. Oder sie würde ihm eine Email ins Büro schicken, morgens, mit Kindern, Obstbrei und hupendem Schulbus, ist ja meist kaum Zeit für Gespräche. Über Email können sie besser kommunizieren.

»Kostas, ich bring dich um. Kostas, ich bring dich um. Kostas, ich bring dich um.« Er wiederholte den Satz in seinem Kopf. Je öfter er ihn mit seiner eigenen Stimme hörte, desto undenkbarer schien ihm, dass ihn Vicky gesagt hatte. Also dass sie ihn gemeint, ihn bewusst ausgesprochen hätte. Erstens, Vicky liebt ihn. Das mag zwar in diesem Moment etwas lächerlich klingen, aber es ist die Wahrheit, sie liebt ihn sehr. Als sie noch in Thessaloniki studierten, kam sie einmal nachts zu ihm und schrieb mit roter Farbe *COSTA SIEMPRE* an die Hausfassade. Sie brachte Nikitas' ramponiertes Sofa, auf dem sie sich kennengelernt hatten, mit einem Lastwagen bis nach Athen. Er war allein auf die Party gegangen, Despina war krank. Es schneite draußen. Vicky saß allein auf dem Sofa. Er mochte ihre Haare. Er ging zu ihr, setzte sich neben sie, das Sofa kippte und brach das Eis. Er erzählte ihr, dass er sie sich schon seit dem ersten Semester notiert habe, er sagte nicht ›notiert‹, er sagte etwas anderes, es fällt ihm jetzt nicht ein, egal, dass er sie jedenfalls schon immer habe kennenlernen wollen. Das war nicht völlig gelogen. Schon im ersten Semester hatte er erfahren, wessen Tochter sie war, und beobachtete sie ab und zu im Hörsaal. Er fürchtete, dass Vicky merken könnte, wie er übertrieb. Plötzlich ging das Licht aus. Stromausfall. Es herrschte eine lustige Panik, gefüllt mit Geschubse, Stimmen und Gelächter. Im dichten Dunkel beginnt eine Zigarette in der Luft zu kreisen, er folgt ihr mit seiner eigenen, die beiden glühenden Punkte wirbeln in einem verrückten Tanz, die Zigarette gehört Vicky, ›bei der ersten Schwangerschaft war Schluss mit dem Rauchen, und auch mit den langen Haaren‹, und als die Lichter wieder angehen, küsst er sie hitzig, unter dem Gelächter und Beifall der Gäste, obwohl die meisten wissen, dass er eigentlich mit Despina zusammen ist. Als sie sich schließlich von dem Sofa lösten und die Wohnung verließen, war draußen auf der Straße alles von Schnee bedeckt. Ihm war nicht wohl dabei, als sie beim Gehen Spuren im frischen Schnee hinterließen.

Er sollte sich jetzt aber am besten an noch mehr solche Momente erinnern. Als ob er Indizien sammelte, um die Unmöglichkeit dieser Sache zu beweisen, als ob er eine Schutzweste aus guten Momenten herstellen würde. Und wenn es soweit ist, wird er sie alle einzeln aufzählen. Wie die Morgendämmerung nach ihrer Hochzeit. Sie heirateten auf Sifnos, zu der kleinen Kapelle gelangten sie übers Meer, mit der Motoryacht von Vickys Vater. Als alle weg waren, legten sie sich an den Strand. Vicky schlug vor, Anzug und Brautkleid ins Meer zu werfen, obwohl von einem bekannten Designer kreiert. Schweigend schauten sie den beiden Kleidern hinterher, die sich im Wasser aufblähten und immer weiter entfernten. Vicky schlief in seinen Armen ein. Er konnte kaum schlafen, es störten ihn die Steine, sein Kreuz, das Licht. Er muss es ganz dunkel haben, um schlafen zu können. So wie jetzt. Aber jetzt kann er auch nicht schlafen. Alles verrät ihn nacheinander, die Erinnerungen, ungeordnet, entschlüpfen wie

Schatten, sie wechseln das Lager, ›auf wessen Seite steht ihr eigentlich?‹, die Dunkelheit verspottet ihn, die Vernunft, sein Kissen, sein Arm, der eingeschlafen ist. Womit hatte sie geplant, ihn umzubringen, falls sie es geplant hatte? Wie sollte er sich davor in Acht nehmen? Würde sie ihm mit einem Stein den Schädel einschlagen? Ihn von einer Dachterrasse stoßen? Ihn von der Motoryacht aus ins Meer werfen? Vermutlich sollte er alle Arten ausschließen, die Kraft erfordern. Vicky ist so ein schmales Persönchen. Dann also mit einer Waffe? Ihr Vater besaß eine, er hatte sie ihm einmal vorgeführt. Würde sie ihm eines Abends bewaffnet im Hauseingang auflauern, während oben die Kinder schliefen? Würde sie den Fön in die volle Badewanne werfen? Oder etwa Gift in sein Glas tun? Gewöhnlich trinken sie aus demselben Glas, ein Getränk für beide, dieses Mal würde sie sich womöglich eine Ausrede ausdenken? Sie könnte auch das Auto manipulieren. Oder – noch schlimmer – sie könnte das Auto gegen irgendeine Wand fahren und mit ihm sterben, an einem ganz normalen Tag, während sie die Kifissiasallee Richtung Zentrum hinunterfahren, etwa bei der Unterführung auf der Höhe der staatlichen Telefongesellschaft. ›Möglicherweise wurde der Unfall durch einen Streit des Paares verursacht, wie bei Tomas und Teresa in *Die unerträgliche Leichtigkeit des Seins*.‹

Nein. Er darf sich nicht verrückt machen. Sie wird es nur so gesagt haben, »Kostas, ich bring dich um«, so wie seine Mutter immer sagte, wenn er Dummheiten machte. Das ist so eine Redensart, sie wird es im Schlaf gesagt haben, warum hat er das so wörtlich genommen? Vielleicht fühlt sie sich nicht wohl, vielleicht ist ihr heiß, das ist nun schon die dritte Nacht dieser Hitzewelle in Folge. Niemals könnte Vicky ihn umbringen. Despina schon, ja, die wäre fähig gewesen, ihn umzubringen. Sie hätte ja auch einen Grund gehabt. Solange er noch in Thessaloniki lebte, hatte er es ein bisschen im Hinterkopf, ein, zwei Mal meinte er unterwegs zu bemerken, dass ihm jemand folgte. Aber Vicky doch nicht! Und was dann? Würde sie ins Gefängnis gehen? Und die Kinder? Und warum, letztendlich? Was wäre das Motiv? Natürlich, Menschen können durchdrehen, das Gehirn ist zu allem fähig, allerdings kündigt man es dann nicht groß an, »Kostas, ich bring dich um«, man macht es einfach und fertig, und alle fallen aus den Wolken. Aber warum sollte Vicky durchdrehen? Was hat sie? Was hat sie nicht? Sie musste ihre Arbeit bei der Zeitung aufgeben, aber das war ihre eigene Entscheidung, ab dem Moment, wo sie ein drittes Kind wollte. Außerdem, da er in gewisser Hinsicht ihr Nachfolger geworden war, pflegte sie immer noch ihre Kontakte; ihr Bekanntenkreis, ihrer beider Bekanntenkreis, war mehr oder weniger derselbe geblieben, nichts hatte sich geändert, wer sollte sie auch ausgrenzen bei ihrem familiären Hintergrund? Und wenn sie Lust hat, kann sie nach wie vor schreiben, zu ihrer Selbstverwirklichung. Er sollte darüber nachdenken, ob er in letzter Zeit irgendetwas falsch gemacht hat. Ob ihm da irgendetwas entgangen ist? Etwas, das sie wütend gemacht hat? Na ja, das Übliche, er arbeitet viel, kommt spät nach Hause, will seine Ruhe, die Kinder hat fast ausschließlich sie übernommen. Aber deswegen bringt man doch niemanden um. Außerdem, das hatte er beinahe vergessen, vor lauter Angst kann er die Dinge schon gar nicht mehr richtig auseinanderhalten, bewundert ihn Vicky, erkennt seine Fähigkeiten an, sein Talent, sie war es ja, die ihm den Raum dafür gab. Aber das wichtigste Argument sind die Kinder, Vicky ist Mutter mit Leib und Seele, sie umarmt sie, küsst sie auf den Mund, frisst sie auf, verwandelt sich in eine einzige Gebärmutter und schließt sie wieder in sich ein, sie spricht ununterbrochen mit ihnen, ›diese Jungen werden die Stimme ihrer Mutter niemals vergessen‹. Seine Mutter schwieg stundenlang, vielleicht erinnert er sich deswegen nicht an ihre Stimme. Er sah ihre Hände, kalt und kantig, wie hölzerne Schwerter, dauernd beschäftigt. Abends wartete er auf sie für die Gute-Nacht-Geschichte, zählte die Mosaiksteine am Boden, um wach zu bleiben, bildete Sätze mit Alliterationen: »Ich fraß frische Frettchen. Ich stolperte über stinkende Steine«. Sie kam

immer spät, oder sie kam gar nicht. Er wartete und ging nicht einmal pinkeln vor lauter Angst, sie zu verpassen. Oft weckte sie ihn später auf, zornig, das nasse Laken musste ausgewechselt werden.
   Also. Zusammenfassung. Vicky liebt ihn. Vicky liebt ihre Kinder. Vicky schläft. Es besteht kein Grund zur Beunruhigung. Zumindest kann er sich einigermaßen sicher sein, dass sie ihn heute Nacht nicht mehr umbringen wird. Er braucht nicht weiter Wache zu halten. Er kann die Seite wechseln, sich entspannen. Er ist so müde. Er muss schlafen. Sonst übersteht er den morgigen Tag nicht. Er hat einen Haufen Dinge zu erledigen. Er muss schreiben. Er muss einen klaren Kopf haben. Er muss das bisschen Zeit, das ihm noch bleibt, schlafen. Er hat sich ja seit Stunden nicht bewegt. Stumm und starr wie ein Zinnsoldat. Wie lange eigentlich? Wird es schon Tag? Ein Motorrad fährt vorbei. Es wird also Tag. Es gibt Menschen, die ganz normal zur Arbeit fahren, ohne Angst. Kann ja sein, dass ihre Arbeit langweilig ist, sie in aller Herrgottsfrühe aufstehen müssen, aber dafür hat ihnen nicht ihre Frau gesagt, dass sie sie umbringen wird. Und was ist jetzt mit den Kindern? Ausgerechnet heute kommen sie nicht? Nein, nein, bloß nicht rückfällig werden. Er muss zur Ruhe kommen. Er ist in Sicherheit. Auch für ihn wird in ein paar Stunden alles normal sein. Sobald er Vicky am Morgen sehen wird, wird sich alles aufklären. Im Licht wird es sich aufklären. Ihm wird die Lächerlichkeit dieser Nacht bewusst werden. Am besten, er sagt ihr gar nichts davon. Er wird aufstehen, seinen Kaffee trinken, bei der Zeitung vorbeischauen, später schreiben gehen. Heute ist Donnerstag, am Nachmittag kann er ins Fitnessstudio. Eleni wird da sein. Sie wird auf dem Laufband schwitzen und ihn dabei anschauen. Er wird warten, bis sie mit dem Yoga fertig ist. Unter ihrem Sportzeug wird Eleni sexy Unterwäsche anhaben, die ihn noch immer reizt, wenn auch nicht mehr überrascht, trotz ihrer Vielfalt an Farben, Formen und Beschaffenheit. Vielleicht sollte er diesmal nicht noch mit zu ihr gehen. Er wird er-

schöpft sein. Sie können ja einfach um die Ecke noch was trinken gehen, niemand kennt ihn da in der Gegend. Im Bistro des Einkaufcenters. Das muss auch langsam aufhören. Es hat sich zu lange hingezogen. Warum heiratet dieses Mädchen eigentlich nicht? Sie gibt sich mit den Krümeln des Donnerstags zufrieden. Womöglich ist sie zu sehr Träumerin, um bei jemandem die Vorstellung eines Zusammenlebens hervorzurufen. »Sie ähnelt keiner unserer Mütter«, hat Nikitas mal gesagt.

»Kostas, ich bring dich um. *Kósta, tha se skotósso*«. Plötzlich stellte er fest, dass es in diesem Satz auch eine Alliteration gab. Wieso war ihm das nicht vorher aufgefallen? *Kóstasskotósso*. Sein Name passte zu dem Verb »umbringen«. Sie bestanden aus den gleichen Buchstaben. Und Vickys Wortspiel von damals, *COSTA SIEMPRE*, ist auch makaber, von einem anderen Blickwinkel aus betrachtet. War er vielleicht doch dazu ausersehen, umgebracht zu werden? Ist er jemandem etwas schuldig? Despina hat sich umgebracht, sie sprang aus dem vierten Stock. Aber wie kommt er jetzt darauf? Es ist lächerlich, da einen Zusammenhang zu sehen. Es ist so viele Jahre später passiert. Oder so viele Jahre früher. »Despina war schon immer irgendwie gestört, das weißt du ja«, hatte Nikitas mal gesagt, und er hatte recht. Dann sagte er noch, so eine glückliche Braut wie Vicky hätte er überhaupt noch nie gesehen, ihre Augen strahlten, sie konnte die ganze Hochzeit über nicht aufhören zu lachen. Woher all diese zutreffenden Bemerkungen von Nikitas? Beschattet er seine Frauen? Begehrt er vielleicht Eleni? Er kann sie haben, das wäre ihm nur recht. Ein schmerzloser Epilog. Damit wäre er auch mit Vicky wieder im Reinen. Kann es sein, dass Vicky von Eleni erfahren hat? Dass Nikitas es ihr erzählt hat? Oder begehrt Nikitas Vicky? Ob Vicky ihn etwa auch ...? Sind die beiden vielleicht längst ein Paar? ›Ausgerechnet mit diesem Beamten, mit diesem kleinen Pauker will sie mich betrügen?‹ Ist es denkbar, dass die was miteinander haben und ihn aus dem Weg schaffen wollen? Er sah die Kinderhände von Nikitas, wie sie ihn unter

Wasser zogen, ihm den Mund zuhielten, ihn etwas zu lange untertauchten, man hat ihn rausgeholt und auf den Sand gelegt, seine Mutter schrie, ›da war sie, ihre Stimme‹. Was stellt sich dieser Nikitas eigentlich vor? Seinen Platz einzunehmen? Was sagt er denn da? Wo kommt das alles her? Er ist durcheinander, übermüdet und denkt wirres Zeug. Er muss aufhören zu denken. Nicht mehr denken jetzt. Schluss damit. Er muss an die frische Luft. Er erstickt. Seine Schlafanzughose ist ganz durchnässt. Aufstehen. Ans Fenster gehen, die Gardinen öffnen. Es schneit. Wieso hatte er den Eindruck gehabt, es sei Hochsommer, als er schlafen ging? Er hat sich getäuscht. Er muss schnell machen. Er muss zum Fest. Alle werden da sein. Er muss aber schwimmen, um hinzukommen, es gibt kein Schiff. Er wird schwimmen, wie Odysseus. Was kommt denn da? Ein Hai. Er hat keine Angst vor ihm. Es ist ein guter Hai. Er trägt Vickys Brautkleid. Er hört schon die Geigen, die Flöten. Alles ist weiß. Despina dreht sich in der weißen Leere wie eine glühende Zigarette, sie winkt ihm zu, während sie wegfliegt, dann bellt sie. Er kann kaum etwas sehen, der Schnee ist zu dicht. Was ist das schon wieder? Ein Mensch oder ein Baum? Es ist Eleni, versteinert in der Haltung eines Baums. Ihre Arme sind ausgebreitet wie Äste. Er geht wortlos an ihr vorbei. Jetzt befindet er sich in der Rodonstraße, in der Nähe seines Hauses. Auf der Straße ein Haufen spielender Kinder, seine Kinder sind auch dabei, er hat sie erkannt, obwohl ihnen jemand die Haare geschoren hat. Sie töten unschuldige Passanten mit ihren Fußbällen. Er rennt, um zu entkommen, um nicht getroffen zu werden. Er ist nackt und rennt. Nur ja keine Spuren hinterlassen. In einem weißen Zug sitzt seine Mutter, ganz allein. »Komm her«, sagt sie zu ihm, »steig ein, es ist schön«. Er springt.

Aus dem Griechischen von
CAROLIN MADER

98

MICHALIS PATENTALIS

Stillgestanden

Die Geschichte, die ich euch erzählen werde, ist durch und durch wahr. So wahr wie auch die Ansicht, Gott habe die Welt erschaffen. Sie bedarf keinerlei Beweise, um bestätigt zu werden, es genügt allein, wenn man an sie glaubt.

Es war an einem warmen Spätnachmittag im August. Nick der Stillgestanden ging mit kleinen Schritten in der Zelle der Haftanstalt Korydallós auf- und ab. ›Stillgestanden‹ war Nicks Spitzname, denn jedes Mal, wenn ihn ein Polizist sah, rief er ihm zu: stillgestanden! Nick blieb einen Moment lang wie ein Lichtmast der Staatlichen Stromversorgungsgesellschaft stehen und lief dann auf einmal weg, so dass er der Verhaftung entkam. Das alles jedoch nur bis zu jenem Tag, als die Ordnungskräfte ihm in einer engen Sackgasse von Athen eine Falle stellten, aus der kein Entkommen mehr war.

Nick war von Berufs wegen arbeitslos. »Aus ideologischen Gründen«, wie er zu seinen Freunden sagte, die ihn fragten, warum er keine Anstellung im Staatsdienst angestrebt habe, wie so viele junge Menschen in seiner Heimat. »Der Schwiegersohn von Marx hat auch nicht gearbeitet«, brachte er sie zum Schweigen und zog dabei das Buch *Das Recht auf Faulheit* von Paul Lafargue aus der Innentasche seiner Jacke.

Doch außer faul dahin zu philosophieren, hatte Nick eine weitere Schwäche. Er stand auf rothaarige Frauen. Er wusste selbst nicht, wann genau er sich diesen Makel angeeignet hatte, aber sobald er eine Frau mit roten Haaren auf der Straße sah, lief er ihr hinterher. Anschließend kam er ihnen so nah, dass er mit seiner Hand ihren entflammten Schopf berühren konnte, wobei er den Duft der roten Haare, die es ihm gelang auszureißen, gierig einsog. In diesem Moment landete eine Handtasche gefüllt mit lauter weiblichen Utensilien auf Nicks Kopf, und das brachte Nick wieder auf den Boden der harten Tatsachen zurück.

Das alles geschah bis zu jenem schrecklichen Tag, an dem Nick hinter Gitter geführt werden sollte. Es war bereits Nacht geworden, Nick saß in einem Café des noblen Stadtteils Kolonáki und genoss, bei einem Frappé und dem Stummel einer selbstgedrehten Zigarette, die Sterne auf der weiten Himmelsterrasse. Plötzlich erschien vor ihm eine zwei Meter lange Rothaarige, die einer Stute ohne Zündkerzen ähnelte. Nick stand sofort von seinem Stuhl auf und nahm wie ein hypnotisiertes Pferd die Verfolgung seines Idols auf. Doch zu seiner großen Überraschung schlug ihn die Rothaarige nicht mit der Tasche auf den Kopf, sondern griff nach seiner Hand und steckte mit einer gewaltsamen Bewegung ihre Zunge in Nicks Mund, der auf Grund dieser nicht vorsehbaren Entwicklung weit offen blieb.

Was danach folgte, wurde im Polizeibericht der örtlichen Abteilung für Kriminalitätsbekämpfung, auf Nicks Aussage basierend, festgehalten. Die Rothaarige, die, wie sich im Nachhinein herausstellte, eine Luxusprostituierte war, brachte Nick zu ihrem Appartement und, nachdem sie ihn bis zu den Hängen der Wolllust beritten hatte, verlangte sie ihren Lohn. Als Nick versuchte, ihr zu erklären, er sei ein Schüler von Lafargue und folgerichtig habe er kein Geld, da griff die Rothaarige zu einem Küchenmesser, während sie die Mutter, die ihn geboren hatte, beschimpfte. Das Messer glitt auf den aufgeplatzten Holzboden und bohrte sich unter ihre linke Brust. Der Polizist, der den Vorfall aufgenommen hatte, ließ sich nicht von der Aussage des Täters überzeugen und so fand sich Nick lebenslänglich im Gefängnis wieder.

Fünf Jahre waren seit jenem schrecklichen Tag seiner Verhaftung vergangen und Nick der Stillgestanden begann, in den vier Wänden seiner Zelle, die nach Schimmel und Urin stank, gefährlich in den Bereich der Phantasie abzuheben im Schwebezustand zwischen Depression und Irrsinn. Die Zelle hatte ein kleines Fenster mit dicken Gittern, die gerade einem schwachen Sonnenstrahl erlaubten, die Dunkelheit zu durchbrechen. Ungefähr in der Mitte der linken Wand gab es ein Waschbecken, einen Spiegel und einen Wasserhahn, der ständig tropfte, was nervtötend war. Neben dem Waschbecken befand sich ein Klosett aus Metall. An der Nachbarwand, direkt gegenüber der Gittertür gab es einen Tisch und einen Stuhl. Auf dem Tisch waren verstreut Zeitungen und Zeitschriften, ein Klebeband, Zigarettenschachteln, eine Klopapierrolle und eine halbleere Milchflasche. An der rechten Wand, lehnte ein Eisenbett mit Matratze, einem Kissen und einer Decke. Auf dem Boden waren dutzende zerrissene Plakate übereinander und erinnerten so an eine Papierschlacht im Fasching. Plötzlich wurde die Zellentür aufgeschlossen, ein Wächter mit dickem Bauch und Glatze und mit einem großen, gelben Umschlag in der Hand trat herein.

»Na du, Stillgestanden, schau her, besagte Person ist wieder da«, sagte er ironisch und begann zu lachen.

Nick rieb sich einen Moment lang das Gesicht mit seinen Händen, und nachdem er zwei Schritte nach vorne gemacht hatte, riss er ungeduldig den Umschlag an sich. Er fing an, mit sorgfältigen Bewegungen den Inhalt auseinanderzufalten, als würde er seine eigenen Eingeweide auseinandernehmen. Es handelte sich um ein großes Plakat von Nicole Kidman. Mit Tränen in den Augen begann er, zu ihr zu sprechen:

»Herzlich willkommen. Endlich bist du da! Ich dachte, du hättest mich schon vergessen. Einen ganzen Tag habe ich auf deinen Besuch gewartet. Natürlich kamst du auch des Nachts, unerwartet in meinen Schlaf. Du trugst schwarze Handschuhe aus Seide und Schuhe mit hohen Absätzen. In meinem Kopf knarrte der Boden durch deine Schritte. Dann zogst du dich gehorsam aus und als du die Schenkel hobst, berührten Deine Fußsohlen die Wände meines Schädels. Ich streckte die Hand aus, um Dich zu berühren, doch da schmolz Dein Gesicht dahin durch das Licht, das heimlich in meine Augen drang. Aber jetzt bist Du endlich da. Einen Moment ...«

Nick legte das Plakat auf den Boden. Er nahm das Klebeband vom Tisch, und nachdem er mit den Zähnen kleine Stücke abgetrennt hatte, klebte er das Plakat an die Wand neben das Bett. Anschließend nahm er den Stuhl und eine Zigarettenschachtel, setzte sich ruhig gegenüber das Plakat, und nachdem er die Zigarettenschachtel Nicole entgegengestreckt hatte, begann er ein Selbstgespräch.

»Zigarette? ... Ich weiß, es ist nicht deine Marke. Du rauchst dünne Zigaretten mit weißem Filter, die zu deinen weißen Fingern passen.«

Er holte ein Feuerzeug aus seiner Tasche und zündete sich die Zigarette an. Einen Moment lang schwebte sein Blick im Nichts. Dann drehte er sich zum Plakat und fuhr fort.

»Weißt du, kurz bevor ich hierher kam, hatte ich beschlossen, mit dem Rauchen aufzuhören. Ich las jeden Tag in den Zeitungen über die Schäden, die das Rauchen verursacht und bekam Angst. Rauchen tötet, Rauchen verursacht Krebs, Rauchen ist der langsame Tod ... Am Anfang hat mich das alles natürlich nicht erschreckt. Zum Teufel damit, hatte ich mir gedacht. Tötet etwa die Luft, die wir in Athen einatmen, nicht? Müssen wir demnach aufhören zu atmen? Bis mir eines belanglosen Abends die Zigaretten ausgegangen sind. Also ging ich zum Kiosk auf der anderen Straßenseite, von dem ich wusste, dass er die Nacht durch aufhatte, um mir eine Packung Zigaretten zu kaufen. Auf dieser verdammten Packung stand nun mit großen Buchstaben, dass Rauchen Erektionsprobleme verursacht. Ich erschrak. Was heißt hier erschrak, beinahe wäre ich auf der Stelle tot umgefallen. Da nahm ich mir den Kioskbesitzer vor. Mensch, gib mir doch eine andere Packung, mit Krebs oder mit Herzinfarkt meinetwegen, sagte ich ihm wütend. Von dieser Marke habe ich keine andere Packung, der Herr, sagte mir der Kioskbesitzer aufgebracht. Es gab in der Nähe keinen anderen Kiosk und so kehrte ich nach Hause zurück. Die ganze Nacht lang rührte ich die Zigarettenpackung nicht an. In jener Nacht beschloss ich, mit dem Rauchen aufzuhören. Doch eine Woche später landete ich im Gefängnis. Seitdem sind fünf Jahre vergangen. Ich fürchte mich nunmehr vor nichts. Ich rauche drei Packungen am Tag ...

Aber, lassen wir doch das Thema Zigaretten und Rauchen bei Seite. Sag mal, was hab ich gehört? Du hast dich von Tom getrennt? Ich weiß nicht mehr, in welcher Zeitschrift ich es gelesen hab, jedenfalls hat es die ganze Welt erfahren: *Das Ende der Ehe von Hollywoods Traumpaar Nicole Kidman und Tom Cruise.* Und dann fing man an, schmutzige Wäsche in der Öffentlichkeit zu waschen ... Ich wusste natürlich, was passiert war, aber was hätte ich tun können? Wie soll ein Häftling zu den Zeitungen gehen und behaupten, dass alles was dort abgedruckt wird, gelogen ist, und dass er die Wahrheit über die Trennung des Paares kennt? Und du, Nicole, du hattest wohl keine Ahnung, aber warum hast du nicht jemanden gefragt? Was? Du hast es dir gedacht? Also da muss ich dir sagen, dass du keine Ahnung von Männern hast. Weißt du, was ihr größtes Vergnügen ist? Reinstecken! Nein, denk nicht sofort an Sex. Nimm doch zum Beispiel den Fußball. Warum, meinst du, spielen Männer so leidenschaftlich Fußball? Zweiundzwanzig Mordskerle versuchen neunzig Minuten lang einen Ball ins Tor zu stecken! Sie schlagen sich, fallen hin, ziehen sich an den Haaren nur mit einem einzigen Ziel: ihren Masochismus ins Tor zu befördern. Den Höhepunkt bilden natürlich die Leute auf den Rängen. Massenorgasmus: *Steck ihn endlich rein, Du Arschloch!* Oder: *Wir haben ihnen drei reingesteckt!* Manche unter ihnen antworten mit Wörtern, die von *reinstecken* abgeleitet werden, oder mit Andeutungen: *Jetzt kriegst ihn und zwar eiskalt! Wir haben ihnen den Arsch aufgerissen, diesen Schwuchteln. Hast du gesehen, wie er ihn reingesteckt hat?* Sollte jedoch das Spiel zu Ende gehen, ohne dass jemand den Ball ins Tor befördert hat, beginnen sie sich gegenseitig Fäuste ins Gesicht zu befördern. In der Liebe ist es auch nicht anders. Hast du schon mal Männer miteinander über Frauen sprechen gehört? *Ich hab sie mir vorgeknöpft und sie auseinandergerissen. ich hab ihn ihr reingesteckt und sie in den Himmel befördert,* oder *Hier kriegst du ihn, du Schlampe,* was nichts anderes bedeutet als ein gewaltsames Eindringen. Du wirst mir sicherlich entgegenhalten, dass nicht alle Männer so denken. Es gibt auch sensible, romantische Männer mit Niveau und Wissen. Doch in diesem Punkt irrst du dich gewaltig. Alle Männer denken mit dem Verb *reinstecken,* nur nennen es manche anders. Lies die griechischen Dichter und du wirst verstehen. *Ich habe eine Transfusion an ihrem Körper vorgenommen, ich glitt wie ein Fisch in den blonden Haarbüschel* oder *ich entdeckte die dunkle Höhle, in die ich die Überreste des Glücks hinein schob.* Das ist es, was du in Deiner Ehe mit Tom nicht begriffen hast. Du dachtest, dass sein wilder, unbändiger Blick mit einem tapferen Kämpfer zu tun hatte, der um die geheimen Fruchtstiele deines Herzens kämpfte. Du öffnetest deine Beine wie eine Orangenscheibe und hießest ihn willkommen. Und er steckte. Er steckte hinein, was hineinpasste. Einen Dreimaster, einen Lastwagen voller Wassermelonen, einen Stapel dreckiger Wäsche und am Schluss auch seine Mutter. Und als du vollgestopft warst, begann er sich zu langweilen. Was danach kam, das weißt du viel besser als ich. Du wurdest schwanger, er fürchtete sich vor der Verantwortung … Am Ende bekamt ihr Motten. Es war zu Ende.«

Nick erhob sich vom Stuhl. Er warf die Zigarette ins Klosett und griff sich einen Plastikbecher vom Waschbecken. Anschließend ging er zum Tisch, öffnete die Milchflasche und füllte den Becher. Er setzte sich wieder auf den Stuhl und nahm einen Schluck Milch.

»Mmm! ...« seufzte er genüsslich und fuhr mit seinem Redeschwall fort.

»Weißt du, dass Alkohol das einzige ist, was Männer freiwillig in sich zulassen? Sie mögen es, ihn schluckweise zu trinken, ihre Wunden damit süß zu betäuben und am Ende die Nacht hinauszubeschwören, in dem sie auf der Straße mit Blechbüchsen eine Art Fußball spielen. Alkohol verbirgt, Nicole, ganze Geschichten in einer Flasche. Er ist nicht tot wie das Wasser.«

Er nahm zwei kleine Schlucke hintereinander, als würde er das Klagelied eines weiblichen Seelöwen saugen.

»Was soll's, lass uns nicht über andere Dinge reden. Wir sprachen über dich.«

Er stellte die Flasche auf den Boden.

»Es ist gut, dass du gekommen bist.«

Er schaute auf das Plakat in der unterwürfigen Art und Weise eines Verliebten, der beim Anblick seiner Geliebten dahin schmilzt.

»Jedenfalls hast du dich gar nicht verändert. Dein Gesicht desinteressiert mit zwei ehrgeizigen Augen, die unanständig die Nase umschlingen. Dein Mund eine wollüstiger Zelle und deine Brüste weiße Laken, die bei jedem Windstoß aufgebläht werden. Deine Haare rot wie der Sonnenuntergang, der sich in die Meerestiefe niederlegt.«

Plötzlich schaute er auf die Uhr, die er an der linken Hand trug.

»Es ist an der Zeit. Bald werden die Lichter ausgedreht. Wir müssen schlafen gehen.«

Mit beiden Händen zum Plakat hin gestreckt begann er Nicoles Brüste zu streicheln. Auf einmal spritze von den beiden papiernen Brüsten Milch herunter. Nick geriet außer sich. Er versuchte mit den Fingern dem Fließen der Milch Einhalt zu gebieten. Doch vergeblich. Sein Gesicht, seine Hände, der Fußboden, alles war voll von der weißen Flüssigkeit, die sich von den beiden Brüsten des Plakats ergoss. In einer Art Trance begann Nick zu schreien.

»Warte doch, warte einen Augenblick, bis ich die Flasche geholt hab!« Er hob die halbvolle Flasche vom Boden. »Warte doch, so schaffe ich es niemals ...« Anschließend hielt er die Flasche unter die eine Brust und seinen Mund unter die andere. In einem Zustand des Deliriums trank Nick und phantasierte.

»Gib, gib mir zu trinken, um meine einsamen Träume zu betäuben, die Tränken meines Verschleißes voll zu tanken, das Summen deines Orgasmus zu genießen. Gib mir, gib mir zu trinken, um den Geist meiner Mutter, die als Gespenst nackt vor mir steht und im Begriff ist, mich zu verschlingen, zu betäuben; um den Wächter des Paradoxen aufzusaugen, der in den Korridoren meines Hirns spaziert.«

Über und über mit Milch begossen begann Nick das Plakat mit den Fingernägeln zu zerreißen und brüllte:

»Genug, es reicht, ich ertrinke ja, du Hexe, du alte Wölfin, du niederträchtiges Schuldgefühl, du gierige Sehnsucht, du tote Aphrodite ...«

Und plötzlich fiel er auf die Knie und hielt dabei das zerrissene Plakat in seinen Händen. Mit ruhiger Stimme, als wäre vorher nichts passiert, fuhr er fort:

»Kennst du noch ein weiteres Vergnügen der Männer?«

Er ließ das Plakat zu Boden fallen, stand langsam auf und ging zum Bett. Er deckte sich zu. Dann steckte er beide Hände unter die Decke. Ein trübes Licht drang vom Gefängnisgang in die Zelle. Die Decke begann, sich auf und ab zu bewegen. Am Ende stieß er einen Seufzer der Befriedigung aus.

»Endlich bist du gekommen! ... Wir reden morgen wieder! ... Gute Nacht, Nicole.«

»Gute Nacht«, antwortete ihm eine Frauenstimme, die in seinem Kopf auf und ab ging.

So erschöpft schlief Nick der Stillgestanden tief und fest bis zum nächsten Morgen, an dem ihm der Wächter den gelben Umschlag mit Nicoles Plakat drin bringen würde.

Das ist die wahre Geschichte von Nick dem *Stillgestanden*. Und wenn Sie mir nicht glauben, Gott ist mein Zeuge ...

Aus dem Griechischen von
SOPHIA GEORGALLIDIS

SEVASTOS P. SAMPSOUNIS

Hier kommst du nicht durch, Maria ...

Montag, 25. März 1963.
Alle fünf Minuten strömten Lebensgüsse vom Himmel. Alle fünf Minuten schlich Gottes Fluch an Eva auch in ihren Körper, wie eine Schlange. Vom Herzen zum Becken und wieder zurück. Alle fünf Minuten.
Sie dachte an ihr Dorf: *Kipi bei Evros – Kipi heißt Gärten –, kurz vor Ostern, ihr Vater schlachtet. Das Messer in seinen gegerbten Händen, ein schneeweißes Lämmchen blökt, das Blut fließt dampfend auf den Zementboden.* »Me sfásun – Ich werde geschlachtet!« schrie sie ganz laut, die Leiden der Natur, kalter Schweiß, töteten sie! Zweifel am eigenen Denken – das Geheimnis der Existenz – ließen sie es bereuen: Wie kam es nur, dass sie Mutter werden wollte? Ihr Mund ganz trocken, »Sta xéna! – In der Fremde!« brüllte sie, eine Krankenschwester schaute ihr in die Augen.
»Es ist alles in Ordnung! Gleich ist es so weit, Frau Papardela!« beruhigte sie die Hebamme. Marianthi verstand kein Wort. Marianthi – die Marienblüte – brummte, hatte plötzlich Durst, versuchte sich mit den Regenströmen zu trösten, die auf die Fenster fielen; durchsichtig. Die Korridore ihres Hirns das

reine Labyrinth: Soll sie atmen? Soll sie die Zähne zusammenbeißen? Soll sie die Muskeln anspannen? Sie betete und brach bei der Anrufung »Mutter Gottes!« in Schluchzen aus.

Sie stellte sich ihre Mutter vor, wie sie mit bedecktem Kopf in der Kirche Kerzen anzündete. Die Krankenschwestern redeten mitfühlend auf sie ein, das spürte sie, auch wenn sie kein Wort Deutsch verstand. Mit gespreizten Beinen im weißen Raum fragte sie sich, ob ihr Mann in der Opel-Fabrik wohl benachrichtigt worden war.

August – mit Neunzehn – heiratet Sie Christos; Oktober kommt sie mit ihm nach Frankfurt; November, Arbeit in der Adler-Webspinnerei; Juli ist sie schon in anderen Umständen. Alles raste um sie herum. Gestern war sie noch ein Mädchen, heute stöhnte sie laut, um Mutter zu werden. Scheinwerfer über ihr, Schläuche an den Seiten, und da unten in ihrer Gebärmutter, fuchtelten Hände, Finger, Worte herum.

»Pressen, pressen und nochmal pressen, Frau Papardela!«, sagte ihr die Hebamme immer wieder. Marianthi sah sie traurig an. Dann begriff sie, was die Fäuste und die sonstigen Gesten der weiß gekleideten Dame zu bedeuten hatten. Sie traf ihre Entscheidung. Am Mariae Verkündigungstag hielt sie ihre Gedanken im Zaum, atmete noch einmal tief ein und ließ das Wesen, dass in ihrem Bauch wohnte frei. Dieses zerriss die Wände ihres Gebärmutterhalses.

»Ein Mädchen, es ist ein Mädchen!« sagte ihr die Hebamme, aber das einzige, was Marianthi begriff, war die Last, die von ihrem Innern weggeglitten war. Sie hörte das Weinen. Sie hob verzweifelt den Kopf, um das Wunder zu erblicken, sah mit Schrecken, wie man ihr ein kleines, verschmiertes Bündel an die Brust legte. Weder Freude noch Kraft verspürte sie. Sie fragte sich noch nicht ein Mal, ob sie ein Mädchen oder ein Junge entbunden hat. Sie wurde ganz betrübt, die Tränen flossen bereits, und ein merkwürdiges Durstgefühl quälte sie wieder. Die Krankenschwestern streichelten sie, sprachen mit ihr, zeigten ihr den

Säugling, von dem es auf ihre Brust hinab tröpfelte, doch sie schaute verwirrt um sich.

Zwei Hände nahmen das Baby und hoben es hoch. Sie konnte gerade noch das Geschlecht des Neugeborenen entdecken. Ihre Augen erstrahlten, »Eftychía« sagte sie mit sanfter Stimme, – Eftychía bedeutet Glück – Eftychía hieß auch ihre Schwiegermutter, Marianthi würde die Sitten und Gebräuche ihres Dorfes auch in der Fremde fortsetzen. Sie und ihr Mann wollten ohnehin nur zwei Jahre in Deutschland bleiben, ein bisschen Geld bei Seite legen, einige Morgen Land in der Evros-Ebene kaufen und in der Nähe ihrer Schwiegereltern ein Häuschen bauen. Alles war schon vorher geplant. »Ihr sollt Kinder kriegen, solange ihr noch jung seid«, hatte ihnen die Schwiegermutter Eftychía geraten, bevor sie nach Deutschland fuhren, »und macht euch keine Sorgen, ich werde sie schon großziehen ...«

Sie schaffte es noch, die Nabelschnur zu sehen. Im nächsten Moment schnitt schon eine Schere das Band zwischen Mutter und Tochter durch. Ein neuer Regenguss strömte wieder entlang den Klinikfenstern. Eine durstige Marianthi dankte der Mutter Gottes, lehnte den Kopf nach rechts und überließ sich der Heiligen Erschöpfung, die es eilig hatte, ihren Geist zu holen. Kurz bevor eine Frühlingsnacht über ihre Lider triumphierte, stellte sich Marianthi vor, wie die kleine Eftychía unter dem Vordach ihres Hauses ihre ersten Schritte unternehmen würde – ein weiß getünchtes Häuschen mit roten Dachziegeln, mit Blumenbeeten und einem Frühlingsgarten, innerhalb einer vertrauten Nachbarschaft, in Kipi bei Evros. Und plötzlich bot ihr Eftychía ein Glas Wasser an. Sie spürte, wie ihr Durst gelöscht wurde. Das alte griechische Kinderlied über Maria, die zu den Gärten mit den duftenden Veilchen gehen möchte, kam ihr im Sinne – wie ein gesungener Traum:

»*Wohin gehst du nun, Maria, hier kommst du nicht durch. Wohin gehst du nun, Maria, doch jetzt kommst du durch...*«

Mittwoch, 24. Dezember 1980
Alle fünf Minuten verlor Eftychía Papardela-Müller ihre Sinne. Seit nunmehr fünf Minuten fiel auch sanft der Schnee. Sie schaute zu den großen Fenstern, sah die Schneeflocken tanzen und murmelte leise: »Ich bin in einer Schneekugel drin«. Marianthi saß neben ihr und rieb ihr die Hände. Obwohl sie sich darüber ärgerte, dass ihre Tochter Deutsch sprach, schluckte sie ihre Worte und Gedanken hinunter und ermutigte sie dazu, sich dem grausamen Schicksal der weiblichen Natur zu fügen und weiterzumachen.

»Wo ist mein Klaus?« fragte Eftychía immer wieder mit erröteten Augen.

Marianthi hielt es nicht mehr aus: »Was willst du von ihm?« bemerkte sie trocken, »Männer ertragen die Geburtsvorgänge nicht. Ich bin doch hier!« bestätigte sie und hätte gern die Uhr zurückgedreht, wenn es nur möglich gewesen wäre.

Sie hatte es bereut, ihre Tochter noch als Säugling bei ihrer Schwiegermutter gelassen zu haben. Sie hatte es auch bereut, sie mit elf Jahren, als die Alte erkrankte, nach Deutschland geholt zu haben. Marianthi war nicht darauf vorbereitet, die Pubertät eines Kindes durchzuhalten. Ihr Tagesrhythmus: Von der Wohnung zur Arbeit und von der Arbeit nach Hause. Dort ging ihre ganze Energie. Das war das Ziel ihrer Auswanderung. Das Haus in Kipi war fast fertig, in zwei Jahren würde sie alles zusammen packen und zurückkehren, sagte sie. Das hätte sie schon vor zwei Jahren tun sollen, das wusste sie, dann hätte Eftychía sich nicht mit dem Deutschen eingelassen. Welche Zukunft könnte denn eine solche Beziehung haben? fragte sie sich und war sicher, dass sie kein gutes Ende haben würde. »Fehler werden hier und heute gebüßt«, stöhnte sie und beschwerte sich bei Christos, als trüge er die Schuld daran, dass ihre Tochter sie anfangs *Tante* nannte. Auf keinen Fall gab sie zu, dass sie selbst einen Fehler begangen hätte. »So waren die Zeiten damals«, rechtfertigte sie die Situation Eftychía gegenüber, wenn diese laut wurde und stur behauptete, ihre Eltern liebten sie nicht. »Krieg du erst mal selbst Kinder und dann kannst du über Liebe reden«, entgegnete sie verbittert. Dann deckte sie stolz den Tisch mit unzähligen leckeren Gerichten und sagte: »Setz dich hin, stopf dich voll und halt die Schnauze!« Damit beendete sie die Diskussion.

Und es war, als hätte Evtychía Marianthis Worte in ihr Gehirn eintätowiert. Noch bevor sie siebzehn wurde, noch bevor sie die Schule beendet hatte, wurde sie schwanger. Sie erklärte, Klaus heiraten zu wollen. »Mein Gott, welch ein Unglück ist nur über uns hereingebrochen!«, bekreuzigte sich Marianthi und ihr ging nicht in den Kopf, einen deutschen Schwiegersohn zu bekommen. »Liebes Kind, süßes Kind, hör doch zu ...« bettelte sie ihre Tochter an, »du bist viel zu jung!« berrit sie ihr, »lass es abtreiben« befahl sie ihr, doch Eftychía änderte ihre Meinung nicht. »Gibt es denn keine griechischen Jungs?« schrie Marianthi sie an und bezeichnete Klaus als den ›Xenos‹ – den Fremden, Tag ein, Tag aus.

»Du bist der Xenos in diesem Land!« schrie Eftychía zurück, und eines Tages lief sie von Zuhause weg. Eine Woche später fand man sie mit Müh und Not und mit Hilfe der Polizei. Marianthi raffte sich zusammen und eines schönen Samstagnachmittags brachte sie Eftychía, als Braut gekleidet, aus ihrer Wohnung heraus. Sie begleitete ihre Tochter zur Kirche des Profitis Elias hin, mit einer Band aus Klarinetten und Geigen! Sogar einen Dudelsackspieler hatte Sie für diesen Anlass ausfindig gemacht. Traditionen ihrer Heimat. Hauptsache, sie blamierte sich nicht vor den Augen der griechischen Gemeinschaft. Das Kind musste einen gesetzlich eingetragenen Vater haben. Auch wenn der ein Ausländer war.

»Diese Schmerzen«, seufzte Eftychía und wechselte ständig ihre Körperlage von der einen zur anderen Seite. Marianthi litt um so mehr wegen all dem, was passiert war, und bei jedem Herzschlag zahlte sie ihren Anteil dafür. Ihre Träume schienen nunmehr Alpträume geworden zu sein, und der Arzt, der Eftychías Gebärmutter da unten untersuchte, setzte noch eins drauf. Er ordnete Kaiserschnitt an. Die Situation war ernst, genauso wie die Zukunft auch.

Fünf Minuten später fand sich Marianthi auf dem langen Gang der Klinik wieder und angelehnt an der kalten Fensterscheibe bat sie die Heilige Mutter Gottes darum, einzuwirken, dass alles gut laufe. Klaus, der inzwischen auch schon gekommen war, ging hinter ihr unruhig auf und ab. Sie hatte weder Kaffee noch Wasser annehmen wollen von seinen Händen. Der Schnee fiel unaufhörlich an diesem Heiligabend, als der Arzt endlich die frohe Botschaft brachte:

»Herzlichen Glückwunsch, Herr Müller, Ihre Frau hat ein gesundes Mädchen auf die Welt gebracht«

»Gott sei Dank!« murmelte Marianthi, bekreuzigte sich und lief zu ihm. »Und, wie ist die Name von Kind?« fragte sie und stellte sich vor ihren Schwiegersohn. Ihre ganze Seele hing nun an diesen deutschen Lippen. Die griechischen Sitten und Gebräuche mussten eingehalten werden. Sie hatte dafür gesorgt, dass sich Klaus orthodox taufen ließ und als Zeichen der Dankbarkeit dafür, »dass ich euch ernähre«, hatte sie einige Tage zuvor zu Eftychía gesagt, erwarte sie, dass sie das Kind nach ihr benennen.

»Christina«, antwortete Klaus froh, und Marianthi wurde plötzlich von einem Nebel umhüllt. »Sie wird Christina heißen«, wiederholte Klaus zum Arzt gewandt, während Marianthis Welt auf einmal mit erfrorenem Schnee bedeckt wurde. So wie da draußen, genauso so sah es in ihrem Innern aus.

Samstag, den 3. Oktober 2009.
»Es wird ein Waage-Kind werden«, sagte die mollige Eftychía, süß wie eine Nachtigall, während sie in einer Astrologie-Zeitschrift blätterte.
»Mag es werden, was es will, nur gesund soll es sein«, sagte Marianthi, bekreuzigte sich dabei und schaute aus dem Fenster zum herrlich blauen Himmel von Frankfurt.
»Sie darf nie vernachlässigt werden«, murmelte ihre Tochter vertieft in ihrer Lektüre, verloren in ihrer eigenen Welt.
»Mensch, Eftychía, du regst mich auf mit diesen Sternzeichen!« rief Marianthi in schrillem Ton. Sie stützte ihren Gehstock fest auf den blitzsauberen Klinikboden und stand entschlossen auf. Sie machte zwei langsame Schritte und wünschte sich, laufen zu können, doch sowohl das künstliche Gelenk als auch ihr Schwergewicht waren ein Hindernis für die Erfüllung ihrer Wünsche.
»Ach ja, dieses Deutschland ist an allem schuld«, rief sie leidvoll in den Warteraum hinein, »es hat mich zu einem Krüppel gemacht«, und blitzartig kamen ihr die Jahre in den Sinn, als sie von einem Extra-Job zum anderen lief, um Geld beiseite legen, das Haus in Kipi bauen und Christina großziehen lassen zu können. Ihre Enkelin bemühte sich im Kreissaal keuchend, ihr Kind auf die Welt zu bringen – ihr Ehemann Georg war bei ihr. »Der Apfel fällt nicht weit vom Stamm«, schrie anfangs Marianthi verbittert ihre Enkelin wegen ihres deutschen Ehemanns an und hatte es nie eingesehen, dass sie nicht ihren Namen bekommen hatte. »Sie hat den Namen meines Vaters bekommen«, hatte ihr Eftychía während der Taufe schroff gesagt, und Marianthi hielt

die Klappe. Sie konnte es einfach nicht ertragen, dass Christina perfekt Deutsch und nur mit großer Mühe Griechisch sprach und legte sich deswegen mit Eftychía an. »Wir leben in Deutschland, deutsch soll sie lernen«, antwortete diese auf Deutsch.

»Zum Glück«, sagte Marianthi einige Jahre später und erzählte stolz den Griechinnen in der Stadt »meine Enkelin hat einen deutschen Mann geheiratet, der Griechenland so sehr liebt, dass er Griechisch lernt«. Und sie wagte es, ausgedachte Geschichten zu erzählen, in denen eines Tages Christina und Jórgos, so nannte sie nunmehr Georg, für immer nach Griechenland umsiedeln würden. »Träum nur weiter«, sagte Eftychía und schüttelte hinter ihrem Rücken den Kopf. Doch Marianthi gab die Hoffnung nicht auf.

Und nun wartete sie darauf, im selben Kreißsaal, in dem sie selbst ihre Tochter Eftychía und diese ihre Tochter Christina auf die Welt gebracht hatten, Urgroßmutter zu werden. Eine alte Frau, gestützt auf drei Pfeilern.

»Ich bin in Deutschland zu einem Krüppel geworden!« seufzte Marianthi.

»Keiner hält dich hier. Geh doch endlich nach Griechenland zurück!«, wiederholte hinter ihr Eftychía die alte Leier auf Deutsch.

»Du mit deinem Deutsch!" ärgerte sich Marianthi »als würdest du es absichtlich tun«.

»Deutsch ist meine Sprache!«

»Du bist Griechin, verdammt nochmal, und wirst für immer Griechin bleiben!« brüllte die alte Frau und zeigte mit dem Finger auf ihre Tochter. Hielte sie jetzt eine Waffe in der Hand, hätte sie das mollige Wesen vor ihr erschossen.

Eftychías Augen blitzten im Warteraum. Voller Hass wühlte sie in ihrer Handtasche herum und wie ein Zauberer holte sie eine Plastikkarte aus ihrem Portemonnaie heraus, stand auf, stürmte auf die erschreckte Marianthi zu und mit Begeisterung klebte sie ihr fast eine grünliche Karte aufs Gesicht.

»Das ist mein Personalausweis. Siehst du es? Schau genau hin! Staatsangehörigkeit, Deutsch!«, schrie sie und zeigte ihr die Buchstaben auf der Karte. »Verstehst du? Soll ich es dir auch auf Griechisch sagen? Imä germanida und ich spreche Deutsch!« Letzteres betonte sie dann doch auf Deutsch.

Die Sonnenstrahlen blendeten sie.

»Ich glaub es nicht! Mein Gott!« schrie Marianthi. Mit einem zweifelnden Finger berührte sie die phosphorisierende Oberfläche aus Plastik und sah sich Eftychías Foto an, das auf dem Ausweis abgedruckt war. Sie bemerkte die Unterschrift ihrer Tochter. »Wann hast du das denn machen lassen?« fragte sie verzweifelt.

»Vor einigen Monaten!«

»Und warum? Ich glaub es nicht!«

»Weil ich endlich auch irgendwohin gehören möchte!«

»Oh mein Gott, was für ein Unglück ist bloß über uns hereingebrochen!«, bekreuzigte sich Marianthi. »Ja, Menschenskind, bist du nun völlig verrückt geworden?«

»Ich bin zur Gesinnung gekommen, meinst du wohl!« sagte ihre Tochter und betonte selbstsicher jedes einzelne Wort.

»Und was ist mit deinem griechischen Ausweis?« fragte Marianthi. »Hast du ihn einfach weggeworfen? In den Müll? Schämst du dich denn überhaupt nicht?«

»Ich habe auch den griechischen behalten«, antwortete Eftychía etwas sanfter, und mit viel schnelleren Bewegungen als vorhin zog sie eine weitere Plastikkarte aus ihrem Portemonnaie und legte sie in Marianthis zitternde Hände. »Hier bitteschön, der Beweis!«

Marianthi stöhnte, sie erkannte den vertrauten griechischen Personalausweis. Ihr Blick schwankte zwischen dem himmelblauen und dem hellgrünen Dokument. »Wie ist es nur möglich, dass ein Mensch zwei Ausweise hat?«

»Und doch ist es!« antwortete Eftychia in sicherem Ton. »Ich habe die deutsche Staatsangehörigkeit bekommen und auch die griechische beibehalten. In einem vereinten Europa ist alles möglich!«

»Das heißt? ...« Marianthi versuchte, ihre Gedanken zu sammeln.

»Das heißt: In Deutschland bin ich Deutsche und in Griechenland Griechin. Genauso wie ich mich fühle!« sagte Eftychía.

Marianthi brauchte immer Zeit, um sich manche Dinge zu vergegenwärtigen. Schon immer hatten ihr Änderungen in ihrem Leben zu denken gegeben. Die Jahre liefen neben ihr her wie ein Expresszug, und die Arthritis hatte ihre Knorpel verschlissen. Sie war bereits Rentnerin, aber immer noch in Deutschland. Und das Haus in Kipi möbliert und fest verriegelt. Der Putz fiel von den Wänden, es tropfte von der Decke. Jeden Sommer musste sie Renovierungen in Auftrag geben. Jeden Winter, zurück in Frankfurt, dachte sie an den nächsten Sommer. Eftychía würde nicht ins Dorf zurückkehren. Obwohl Marianthi es geschafft hatte, sie von Klaus zu trennen, obwohl sie versuchte, sie mit unzähligen Griechen zu verkuppeln, Eftychía wollte nicht wieder heiraten. Sie ging zwar Beziehungen ein, trennte sich jedoch wieder. Marianthi ärgerte sich aufs neuem. »Du wechselst die Männer wie deine Unterhosen« schrie sie sie an und sagte ihr, sie soll überschüssiges Gewicht abnehmen. »Das ist mein Bier« antwortete Eftychía. Marianthi hatte ihr einen Friseursalon eröffnet, Marianthi schickte ihr Kundinnen. Marianthi hatte ihr eine Wohnung gekauft, Marianthi kümmerte sich um ihr Kind. Das alles konnte sie tun. Sie wollte sie nur glücklich sehen.

Das Leben fiel wie ein schwerer Samtvorhang an ihrem Fenster. Sie ging mit dem auch nunmehr alten Christos mehr schlecht als recht zu griechischen Tanzfesten und sonntags zur Kirche. Und Christina gründete jetzt auch ihre eigene Familie. In Deutschland. Mit einem deutschen Ehemann, der sie wortwörtlich auf Händen trug. An Sonntagen, Ostern und Weihnachten sammelte sie alle um ihrem Tisch herum. Alle sprachen Deutsch miteinander, sogar der alte Christos versuchte es, nur Marianthi redete, schrie und quatschte nach wie vor auf Griechisch, hörte in voller Lautstärke aufgedreht die Lieder von Kazantzidis – besonders jenes berühmte *Bitter ist es, das Wasser in der Fremde* – und hörte nicht auf, beim Essen die Teller mit Spezialitäten aus Thrakien, ihre Heimatregion, vollzustopfen.

Als sie aus Kipi weggegangen war, konnte sie nur Brot backen. In Deutschland lernte sie, Christos, Eftychía und Christina zuliebe ausgezeichnete griechische Gerichte zuzubereiten. Von deutscher Küche wollte sie gar nichts hören. »Niemand soll Kipi vergessen«, sang sie, sobald sie sich in der Küche ausbreitete, als würde sie irgendetwas antreiben, ein Gefühl zu befriedigen, für das sie ganz allein zuständig war – da war sie sich ganz sicher.

Sie bemerkte das Übergewicht ihrer Tochter, die schwarze Kleidung, die sie immer trug und ihre von der Dauerwelle beschädigten Haare. Irgendwie wurde ihr plötzlich bewusst, dass auch Eftychía ständig Hunger hatte, weil sie sie so erzogen hatte. Vom Augenblick der Geburt an hatte sie ihrer Tochter das selbe Virus übertragen. Das Virus der Fressgier. Die Heerschaft über ihren Körper zu haben, mal als Durst, mal als ungesättigten Hunger. Ein Virus, für dessen Fortbestand sie selbst jahrelang gesorgt hatte.

»Mama, begreifst du, wie ich mich fühle?« fragte Eftychía mit stark erröteten Augen.

Marianthi zählte ihre Jahre in Deutschland nach: Siebenundvierzig. Tausend siebenundvierzig Wörter wollte sie gerade losspucken, doch Eftychías Tränen hielten sie zurück, denn sie erklärten ihr, dass alles, was sie jetzt gesagt hätte, eine unbefriedigte Sehnsucht unterstreichen würde.

Marianthi öffnete ihre Arme weit, ließ den Gehstock beiseite fallen und ließ es zu, dass ihre Tochter ihren Kopf ehrfürchtig an ihre nunmehr flache Brust lehnte. Sie bedeckte mit beiden Händen Eftychías Schultern und streichelte zum ersten Mal zärtlich ihr Kind.

»Ich liebe es, dich über Gefühle sprechen zu hören, mein Mädel«, flüsterte Marianthi, und auf ihren Lippen zeichnete sich ein alter unerfüllter Wunsch ab. »Dein Griechisch ist ausgezeichnet für eine deutsche Frau«, fügte sie hinzu und brach in Tränen aus, die aus dem Grund ihrer Seele hervorquollen. Eine Seele, die sich danach sehnte, in Gärten mit Veilchenduft zu weilen. Kipi, die Gärten bei Evros waren ihr immer so nah, dachte sie, und das Schluchzen erschütterte ihren Körper wie einen Vulkan.

»Verzeih mir, meine Eftychía, verzeih mir...« murmelte sie und konnte sich nicht satt freuen, einen süßen Traum in ihren Armen zu halten. Einen Traum, der seit siebenundvierzig Jahren jeden einzelnen Herzschlag von ihr beherrschte. Einen Traum wie ein Kinderlied:

»Zu den Gärten werd' ich gehen, hier komm ich nicht durch! Zu den Gärten werd' ich gehen, doch jetzt komm ich durch! ...«

In diesem Moment ging die Tür im Warteraum auf und ein junger Mann, Georg Bach, lief voller Freude und Begeisterungsschreie zu den beiden molligen Frauen, die mit Tränen in den Augen sich immer noch in den Armen lagen und sich gegenseitig stützten:

»Es ist ein Mädchen! Mamá, jajá, ékume korítsi, ékume éna Marianthi! – Mutter, Großmutter, haben Mädchen, haben ein Marianthi.«

Aus dem Griechischen von
SOPHIA GEORGALLIDIS

STAVROS STAVRIANIDIS

Ich bin Schriftsteller

Ich mache meine Augen auf in dem nackten Zimmer und ich schaue zur Decke. Mit der rechten Hand taste ich die Kommode neben mir ab, das einzige Möbelstück in dreieckiger Form. Ich will die Uhrzeit von meiner Armbanduhr ablesen. Vor dem Schlafengehen habe ich sie dorthin gelegt. Ich werfe aber etwas hinunter auf den Fußboden. Ein dumpfes Geräusch. Ich knipse die Nachttischlampe an, die wie ein guter Engel über meinem Kopf die ganze Nacht gewacht hat und ich schaue nach. Es ist ein Buch.

Ich erkenne es sofort an seinem Cover. Ich lächle. Ich habe es geschrieben, sage ich zu mir selbst. Ich bin Schriftsteller. Das habe ich sogar etwas lauter gesagt und ich stehe vom Ledersofa auf, dem einzigen Luxus im riesigen Zimmer.

Ich plustere mich auf wie eine Henne, plötzlich regt sich etwas in mir, und ich sage es nochmal: »Ich bin ein Schriftsteller!«

Ich ziehe schnell meine Sachen an, renne hastig zum Spiegel und drücke meine Visage darauf für den letzten Schliff. Dabei schaue ich fragend denjenigen an, der mich aus dem Spiegel anblickt.

»He, sag ich zu ihm, was siehst du mich so an? Ich bin Schriftsteller, kennst du mich nicht?«

Er lacht und ich spüre - auf einmal, ich weiß nicht so genau - den Drang, aus dem Zimmer zu gehen, mich aus dem Staub zu machen. Irgendetwas zieht mich irgendwohin, ich weiß nicht was es ist. So wie ein kleines, schnaubendes Boot, das den Hafen verlässt, um in tiefe Gewässer und auf das offene Meer hinaus zu fahren. Das Dummerchen!

Ich bin bereits auf der Straße, anständig angezogen, mit einer Aktentasche unter dem Arm wie die Gelehrten und ich gehe in Richtung Bahnhof.

»Ich bin Schriftsteller«, sage ich zu mir, wahrscheinlich laut, weil ...

»Ich auch«, höre ich da eine Stimme neben mir sagen, die mich überrascht und gleichzeitig ärgert. Ich schaue mich um, ein armseliger Typ.

»Kann nicht wahr sein«, sag ich zu ihm, »ich bin der einzige«, und ich gehe weiter. Er neben mir her.

Na ja, irgendwie hab ich mich mit ihm abgefunden.

Im Waggon sind viele Menschen versammelt, auch die mit Aktentaschen, sie schauen mich komisch an.

»He«, sag ich zu meinem Begleiter, »was gucken die mich so an, kennen die mich nicht? Ich bin Schriftsteller, wie auch du von dir behauptest« -das habe ich inzwischen akzeptiert-.

»Sie sind es auch«, antwortete er mir.

»Das kann nicht sein, so viele! Ich bin doch der einzige ... Na gut, du auch«, denke ich in mir.

Während der Fahrt steigen an verschiedenen Stationen mehr Menschen ein, immer mehr. Der Zug platzt aus allen Nähten, sag' ich Euch!

Am Hauptbahnhof treffen wir auf noch mehr Menschen. Ich habe den Eindruck, dass sie mich alle böse anschauen, weil ich genau das mache, was auch sie machen.

»Ich bin Schriftsteller«, sag ich wieder und wieder - ich traue mich nicht mehr zu sagen, ›der Einziger‹ - und habe Mühe mit ihnen Schritt zu halten.

Am Gebäude, das wir nach zehn Minuten Fußmarsch im Zentrum der Stadt XYZ schweigend und abweisend zueinander erreichen, öffnet sich eine Tür, und plötzlich versuchen alle diese Aktentaschenträger und ich, -ohne Rücksicht auf Verluste- hinein zu stürmen, alle drängeln und sprechen in einem Kauderwelsch durcheinander. Ein Stimmenwirrwarr, sag' ich Euch, wie in einer Judenschule.

Fast alle kommen rein, nur ich bin noch draußen, wie üblich. Ich weiß nicht, wie ich das immer schaffe: Jemand steht hinter mir, gibt mir einen gutüberlegten Stoß, wirft mich zu Boden und huscht an mir vorbei.

Nun sind alle drinnen, außer mir.

Ich stehe auf und drücke mein Gesicht an die Glastür. Ich schlage mit meinen Fäusten gegen die Scheibe.

»He! Macht mir auf, ich bin auch Schriftsteller, ihr könnt mich doch nicht draußen lassen«, -eine innere Stimme sagt mir, daß alle Schriftsteller sind, außer mir-.

Am oberen Fenster zeigt sich eine aufgebrachte Gestalt.

»He! Was schlägst du denn gegen die Tür? Du störst diejenigen hier drin. Wenn du wirklich der bist, der du sein willst ...« - er sagt nicht das Wort ›Schriftsteller‹ - »... dann stell einen Antrag, Mensch!«

»An wen?«, frage ich und schau nach oben.

Ich kriege keine Antwort, das Fenster geht zu. Und damit ist auch meine Hoffnung weg, dass ich die da drinnen überzeuge, mir aufzumachen.

Ich bleibe draußen allein, traurig, in einem elenden Zustand, im wahrsten Sinne des Wortes verloren. Ich schaue mich um. Nichts, kein Mensch weit und breit. Ich stecke die Hände in die Hosentaschen, meine Aktentasche ist auch weg. Möglicherweise hat der sie mir geklaut, der mich umgestoßen hat. Und dabei waren darin jede Menge Manuskripte und Beweise, die zeigen würden, dass ich Schriftsteller bin.

In meiner Verzweiflung schreie ich wieder: »Mensch, ich bin Schriftsteller!« Doch niemand hört mich auf dem Heimweg. Aber komisch, ich hab das Gefühl, dass viele Augen mich von überall beobachten. Auf dem Bahnhof steige ich in den Zug und setze mich auf den selben Platz wie vorher, ganz allein im Abteil, denn drinnen war es genauso wie draußen, keine Menschen weit und breit. Aber wieso spüre ich deren Atem und den meines Begleiters im Gesicht? Echt komisch!

An der fünften Station steig ich aus und meine Schritte führen mich zum Zimmer, leer wie meine Seele. Während ich den Schlüssel in das Türschloss stecke, nehme ich Abschied von meinem unsichtbaren, aber spürbaren Begleiter, der die ganze Zeit neben mir gelaufen ist wie bei unserer ersten Begegnung. Ich lächle bitter.

»Tschüss«, sag ich zu ihm, »aber du musst mir glauben und du musst hinnehmen, dass ich Schriftsteller bin, so wie du. Ich bin dir nicht böse wegen des Stoßes.«

Ich bekomme keine Antwort, wozu denn auch, es lohnt sich nicht, da ist niemand sonst. Ich gehe die Treppen hoch und betrete das leere Zimmer.

Ich liege auf dem wertvollen Ledersofa und schaue zur Decke. Irgendetwas sticht mich in die Seite, ich greife danach.

»Du Spinner«, sag ich zu mir, »du bist mit deinem Buch im Schoß eingeschlafen. Eingeschlafen bist du verrückter und verträumter Schriftsteller«, flüstern meine Lippen.

Und dies hören: Ich, das wertvolle Sofa, die dreibeinige Kommode und die Nachtlampe, mein guter Engel über meinem Kopf.

Aus dem Griechischen
von MARIA-ELENA ELEFTERIE und HELGE BINDER

LOUKIA STEFOU

4:33'. Musik der Stille

4:33' Musik der Stille für Klavier. Er wusste, das Stück war auch für ein großes Orchester geschrieben. Heute jedoch nur für ein Klavier. Der Pianist war sehr berühmt. Ein hervorragender Interpret von Chopin. Im zweiten Teil würde er die *Nocturnes* vorführen. Er allerdings wollte lieber das ›4:33‹ hören, die musikalische Komposition von Cage, von der er so viel gelesen hatte ...

Er hatte das Stück noch nie gehört. Also durfte er es sich nicht entgehen lassen. Und da war auch noch Chopin. Die Konzertkarten waren fast sofort ausverkauft, und er hatte lange Schlange stehen müssen, um seine zu bekommen. Er war neu hier in dieser Stadt des Nordens und hatte bis jetzt noch keine Musikveranstaltung besucht. Er wollte unbedingt die Philharmonie sehen. Den Ort, der von Musiklegenden wie Karajan geprägt war, sehen und betasten ...

Das Gebäude bezauberte ihn sofort. Schon immer glaubte er an die Macht des Raums. Egal, ob eine natürliche Landschaft oder ein menschliches Werk, der Raum brandmarkt uns immer. Er gibt uns den Umriss, in dem wir unsere Gefühle festlegen.

Er setzte sich auf seinen Platz in der zweiten Reihe des Großen Saals, der sich langsam füllte, und wartete gespannt. Die Menschen bewegten sich hin und her wie eine bunte und laute Welle. Zu seiner Rechten näherte sich langsam und vorsichtig ein Paar durch den Gang seiner Sitzreihe, und er dachte sich, dass dies wohl auch ein Problem sei, wenn man so schnell wie möglich in die Atmosphäre des ›Stücks‹ eintauchen möchte und deshalb als Erster Platz nimmt. Verlegen, als wäre er daran schuld, dass sie nur schwer vorwärtskamen, konzentrierte er sich auf die Wölbungen des Gebäudes. Ein biegsames Gelb. Eine leichte, gerundete Schwere. Mit einem Dach, das sich tief nach außen in die Leere erstreckte. Kleine beleuchtete Fensterchen wie Bienenkörbe. Und ein unbeschreiblicher Glanz von den polierten Fußböden. Treppen als würden die harmonisch gegliederten Ränge von außen her nach oben steigen.

Das Licht dämpfte sich unmerklich langsam. So sanft, dass er sofort seine Augen schloss, um sich zu konzentrieren und sich dessen bewusst zu werden, was er vorhin noch erblickte hatte und jetzt nur noch um sich ahnte. Das Licht erlosch, und die Formen verharrten in seinem Gedächtnis. Sie waren da, weil er sie noch vernahm. Er schloss die Augen und konzentrierte sich auf die Klänge. Das Publikum beruhigte sich langsam auch. Alles schien etwas anzukündigen. Absolute Finsternis und bloße Geräusche, die langsam verrebbten, als hätten alle miteinander vereinbart, den Pianisten durch die Stille zum Vortreten und Spielen zu bringen. Er hielt seinen Atem an und seine Augen zu und strengte sich an, den Atem des Menschen, der gleich vor ihnen auf die Bühne treten würde, wahrzunehmen. Gespannt drückte er seine Hände fest aneinander. Eine leuchtende Zunge erstreckte sich blitzartig durch die Dunkelheit und wies auf die Tür, die seitlich der Bühne aufging; die Stille füllte sich sofort mit Applaus. Um nichts zu verpassen, öffnete er unverzüglich seine Augen. Eine schwarze Figur. Als Erstes eine Hand, dann die Bewegung eines Beins, das linke zuerst, dann ein Körper. Ein männlicher. Lange braune Haare, kleine schwarze Lesebrille. Nur die Partitur weiß. Eine tiefe Verbeugung. Vor dem Klavier. Und das Publikum kehrte langsam zur Stille zurück. Als Zeichen der Anerkennung einer wortlosen Übereinstimmung.

Eine schwarze Figur am schwarzen Klavier. Sein Flügel weit geöffnet. Der Pianist setzte sich und zog diskret eine kleine Uhr aus seiner Tasche. Er öffnete ihren Deckel und legte sie auf den Vorderdeckel des Klaviers. Vor sich. Links direkt neben der Uhr schlug er die Partitur auf. Sorgfältig legte er die Seite zurecht, und dann schloss und öffnete er langsam seine Fäuste, als müsste er selbst seine Finger betrachten. Um sich zu vergewissern, dass sie ihn nicht im Stich lassen würden. Er erhob sich und setzte sich wieder hin. Legte sich erneut die Seite zurecht. Das Publikum rührte sich nicht. Aus den hinteren Reihen hörte man bloß ein leises Husten und einen kurzen Seufzer. Das Publikum machte den ›Empfang‹ frei. Als hätte es einen Besucher erwartet, der eben eingetroffen war, und es begleitete ihn in den großen Saal mit dem Kronleuchter.

Der Pianist atmete tief im Scheinwerferlicht und in der Stille ein. Er bewegte leicht seinen Kopf, richtete seinen Oberkörper in einen fast spitzen Winkel auf und mit Armen ausgebreitet wie Flügel fing er an.

Die Dunkelheit über dem Publikum füllte sich mit einer endlosen dickflüssigen Leere. Das war das Einzige, was man hören konnte: die Dunkelheit und eine dickflüssige Stille. Auf der Bühne eine Starre. Er zählte mit dem Pianisten die lautlosen Sekunden mit. Die Frau neben ihm schlug ihre Beine übereinander. Das Rascheln ihrer seidenen Strümpfe begleitete unmerklich das Schleifen ihres Kleids und das stumpfe Reibegeräusch ihres Rückens gegen die Sitzlehne. Er hielt seinen Atem an und musste zugeben: Das kurze Aufschlagen ihrer Absätze auf den Boden hatte in seinen Ohren willkommen geklungen. Er fragte sich, ob es an der Akustik des Raums lag, dass er den Eindruck hatte, genauer zu hören. Oder hing vielleicht unser Gehör von unserer Konzentration ab?

Der Pianist hob seine Hand, die rechte, über die Tasten und schlug schnell die nächste Seite der Partitur auf. Seine linke Hand schien unmerklich die Elfenbeinader zu berühren. Um keine Sekunde der lautlosen Melodie zu verpassen. Kampfbereit, aber unbewegt. Und als dann blitzartig die rechte Hand die Partitur streifte und deren Seite wie eine einst prunkvolle Gartentür in rostigen Scharnieren knarrte, begann das Publikum zu husten, sich zu bewegen, zu lachen, um dann wieder zu verstummen. Als würde es den Stillstand des Absoluten nutzen und eine Pause mit ausgestoßenem Geflüster einlegen. Und dann wieder nichts. Um die Stille zu hören. Mit Respekt und Aufmerksamkeit. Mit Hingabe.

In der nächsten Minute wurde noch ein Blatt nach links umgeschlagen, und es lieferte seine Kehrseite dem unbarmherzigen Licht des Scheinwerfers aus. Der Blick des Pianisten haftete fieberhaft daran, und seine Finger waren nervös über die Tasten gekrümmt. Liebende, die ihre Körper zur Liebesabstinenz zwangen, um nur ihre Seelen zu berühren und deren verborgene Grazie kennenzulernen. Er in der zweiten Reihe wälzte sich auf seinem Sitz und krempelte vorsichtig seinen linken Ärmel hoch, wie ein Orthopäde, der wohl weiß, dass der Arm des Jungen gebrochen ist, und sein Blick gleich dem seines Sohnes. Er schaute auf seine Uhr.

Der Oberkörper des Pianisten dehnte sich, und er reckte sich über das Klavier, um eine weitere Seite umzuschlagen. Wieder mit seiner rechten Hand und blitzartig. Das Publikum stöhnte, und sein Atem schien auf einen Rhythmus eingestimmt. Als wolle es diese ebenmäßige Wiederkehr von Tönen auf keinen Fall stören. Nicht den Rhythmus der Musik, sondern den des ganzen Saales.

Er ließ seinen Blick durch die Runde gleiten, und er füllte sich mit Menschen. Die meisten schauten auf die Bühne, das Klavier und den Pianisten, auf das reglose Paar. Zeugen jenes märchenhaften Augenblicks, als die Prinzessin sich mit der Spindel in den Finger sticht und gemeinsam mit der Hexe, die die Spindel hält, und dem gesamten Hofstaat versteinert. Hier gab es jedoch keine Hexe. Und nichts Böses, das ein mutiger Mann hätte austreiben können. Die Stille war nicht steinern. Sie schien unglaublich, war aber existent. Das wollte Cage erreichen. Genau das. Eine Harmonie, die keines Rhythmus bedurfte. Und die von der Seele als Musik angenommen werden musste. Wahre Musik. Abstrakt.

Und plötzlich liefen seine Gedanken wie Lichtstrahlen zurück zu seiner Heimat. Auf die antike Agora in einer mondhellen Nacht. Ein anderer Ort, eine andere Bestimmung. Eine weibliche Figur. Groß. Haare lang und dunkel. Ein unentwirrbares Knäuel, genau wie ihre Seele. Eine göttliche Stimme. *Hartino to Fengaraki ... - Mondlein aus Pappe ...* Wie kam das jetzt auf einmal? Was hatte ihn dazu gebracht, die gelbe Wölbung der Philharmonie zu verlassen und zum Relief der Agora mit dem Mondschein und der göttlich leidenden Stimme zu reisen? *An me pisteves ligaki, tha tan ola alithina.* - Es wäre alles echt, wenn du mir glauben würdest.« Er ließ seinen Kopf etwas tiefer sinken und schloss seine Augen fest. Harmonie. Wie kann man sie bestimmen? Und die Musik? *Was ist unsere Heimat?* Vielleicht Musiknoten? Vielleicht Klänge und Farben und Erinnerungen?

Er reiste schnell wieder in die Gegenwart. Aus dem Damals in sein Jetzt. Es war, als wäre er verloren in dem Dazwischen der Zeit und seines Selbst. Er wusste nicht mehr genau, wo er war und was er hörte. Alles Konkrete war abstrakt. Raum, Zeit und Rhythmus. Und der Klang. Flery Ntantonakis Stimme. Seine Heimat des Mondes auf der Agora. Und die Stille um ihn jetzt. In der Philharmonie mit den gelben Wölbungen. Ein anderer Raum, eine andere Bestimmung. Klänge. Stille. Gelb. Blass. Mond. Innen drin. In diesem weit offenen Raum der Agora. Was soll man über Schönheit glauben, wenn man sie nicht zu hören bekommt?

Seine Lider flatterten, dem Rhythmus seines gleichmäßigen Atems folgend. Langsam entdeckte er die anderen um sich herum und fragte sich, was sie wohl in diesem Moment hörten. Wo sie sich befanden,... Er fing an, die Stille mitzuzählen, mit seinem ganzen Leib, ohne eine Sekunde zu verpassen. Er konzentrierte sich auf die Bühne: Mit Schwung beugte sich der Pianist über die Tastatur, um das Crescendo auszuführen. Dann neigte er sich nach links und erhob sich. Erleichtert, dass er es geschafft hatte. Das Publikum außer Atem. Die Bühnenlichter gingen aus. Dunkelheit und dann wieder Licht wie ein Blitz. Mit dem Mond aus der Ferne ein Bewusstsein betrachtend. Auf der Agora.

Der Pianist zusammengekrümmt in einer tiefen Verbeugung. Eine schwarze Figur vor dem Klavier mit seinem geöffneten Inneren. Die Menschen im Rauschzustand. Einen größeren Ausbruch hatte er nie erlebt. Sie applaudierten und applaudierten. Fast so lange, wie auch die Stille gedauert hatte. Er ging, ohne den Chopin-Teil zu hören. Er rannte schnell zur Friedrichstraße, um die Buchhandlung rechtzeitig, bevor sie zumachte, zu erreichen.

Um nach Papier zu greifen ...

Aus dem Griechischen von
RETA MAVROGIORGI

ELENI TOROSSI

Rehhagelismen

Wahnsinn! Ich schaue durchs Kellerfenster hinein und sehe ihn tatsächlich dort unten. Er sitzt mit hängendem Kopf auf einer Bank. Er scheint keine Notiz von seiner Umgebung zu nehmen. Ich beobachte ihn von oben in aller Ruhe. Er hat den Nacken eines Stiers, das Haar kurzgeschoren. Das ist die Gelegenheit, auf die ich schon so lange gewartet habe. Ist doch super, dass er gerade hier ist, in den Räumen der Zeche Helene! Aber was will er eigentlich in den leeren Umkleideräumen? Hier stinkt es nach Schweiß und ranzigem Schuhfett. In der Luft hängt noch das Poltern und Johlen der Mannschaft nach dem Spiel. Otto scheint in seine Gedanken versunken zu sein. Dann hebt er den Kopf, lässt seinen Blick über die Spinde schweifen, senkt ihn wieder und bleibt still. Als würde er beten. Ja - ich habe lange auf diesen Moment gewartet, aber was jetzt? Wie soll ich ihn auf mich aufmerksam machen? Er scheint irgendwie traurig zu sein. Ich kann doch nicht auf einmal erscheinen und sagen: »Hallo, ich bin der und der«.

Ich sage es erst einmal euch: Ich bin Omiros, noch nicht ganz dreizehn, lebe in Essen und habe schon immer an Märchen und Wunder geglaubt. Nicht nur, weil es Otto sagt, sondern weil wirklich manchmal Wunder geschehen. Zum Beispiel, dass ich ihn heute hier vor meiner Nase habe. Zum Beispiel, dass meine deutschen Nachbarn mich in letzter Zeit anlächeln und mir mit zwei Fingern das Victory-Zeichen machen, als wäre ich der Sieger.

Jetzt nach dem Triumph bei der Europameisterschaft gelten alle Griechen als Helden. Jetzt streichen mir die Nachbarn oft über den Kopf, wenn sie mir begegnen. »Mit Geduld kommt bald auch Anerkennung«, sagt Otto. So auch ich. Ich übe Geduld und sammle Rehhagelismen, also alle seine Sätze, die ich gut finde. Vor allem die, die witzig sind.

Während er dort sitzt und grübelt, erzähle ich euch weiter:

Meine Großeltern kamen 1965 hierher. In dieser Zeit war Otto schon zwei Jahre lang in der Bundesliga. Zuerst kam mein Großvater aus seinem Dorf Kokkinopló. Danach sind ihm auch alle anderen aus dem Dorf gefolgt. Mir scheint, dass der ganze Berg Olymp inzwischen verwaist ist, dafür ist jetzt Essen voll mit uns Kokkinoplíten. Ursprünglich sind wir Walachen, inzwischen aber Germanowalachen, wie uns Opa nennt. Meine Mutter heiratete auch einen aus Kokkinopló, und zwar sehr früh, mit siebzehn, und sehr schnell, weil ich schon in ihrem Bauch steckte. Wir wohnen in Altenessen. Früher wohnten lauter Bergarbeiter hier und sie waren sehr arm. Wir sind nicht so arm. Mein Papa arbeitet bei Krupp. In unserem Stadtteil ist der Himmel oft bedeckt, und die Fassaden der Häuser aus braunen Klinkersteinen sehen aus, als würden sie weinen, wenn es regnet. Das alte Kohlebergwerk, die Zeche Helene, ist jetzt zu einem Sport- und Kulturzentrum umfunktioniert worden. Hier ist auch der Fußballverein Helene untergekommen. In diesem Fußballverein begann Otto seine Karriere. Als er klein war, lebte er im selben Viertel wie wir. Wer hätte damals gedacht, als er bei TuS Helene begann, dass er einmal so viel mit Griechen zu tun haben würde? Und dass er mit anderen zehn Millionen Griechen begeistert tanzen und springen würde?

Meine Nase klebt an der Glasscheibe. Otto sitzt immer noch dort. »Manchmal verlieren wir und manchmal gewinnen die anderen!«, sagt er. Gut, was? Solche unsinnigen Dinge sagt er. Er hat einen komischen Humor. Einen seiner Sätze wiederhole ich immer wieder, wenn ich schlecht gelaunt bin: »Wir spielen unser bestes Spiel, solange wir keinen Gegner haben. Wenn du aber den Gegner dir gegenüber hast, dann spiel erst recht dein bestes Spiel.«

Schon als ich sehr klein war, habe ich in den Innenhöfen der Zeche Helene gespielt. Ich stieg in die Loren, ritt über die Lederriemen der Maschinen und manchmal hatte ich das Gefühl, als ob aus dem hohen Schornstein ein tiefes Stöhnen käme. Als wäre darin ein uraltes Ungeheuer oder ein Riese.

Ich blicke wieder durchs Fenster. Otto sitzt immer noch da, wie angenagelt. Auf dem Bürgersteig gegenüber geht unser Nachbar, Herr Kuhn, vorbei. Er grüßt mich, zwinkert mir zu, hebt seine Hand und macht das Victory-Zeichen. Seit unsere Nationalmannschaft gewonnen hat, sind wir Griechen sehr ›in‹ und sehr ›cool‹ und ... »Ihr werdet es auch bei den Olympischen Spielen schaffen und auch bei der Fußballweltmeisterschaft und überall«, hat Herr Kuhn gestern behauptet. Das sagen jetzt alle Deutschen. Jetzt beachten sie sogar taubstumme Knirpse. Das habe ich vergessen zu sagen. Als ich geboren wurde, waren meine Ohren tot, ich konnte keine Geräusche hören. Mama weinte ständig, als sie es bemerkte. Papa war immer beschäftigt. Ich wuchs auf in meiner eigenen Welt. Sehr früh begann ich, in Omas und Opas Garten mit einer Coca-Cola-Dose Fußball zu spielen. Ich kickte sie ständig hin und her. Auf dem Gras hörte man den Lärm nicht. Als später der Garten zementiert wurde und ich mit meiner Dose dort spielte, schrien alle, dass ich sofort damit aufhören soll. Opa schenkte mir dann einen Ball. Seitdem übe ich ständig mit ihm, und mein Traum ist es, vom Verein TuS Helene aufgenommen zu werden.

In den letzten Jahren verfolge ich ständig, was Otto macht. Und das schon, seit ich zehn Jahre alt bin, also noch bevor er als Trainer nach Athen ging.

Es gefällt mir, wenn er sagt: »Das Märchen geht weiter.« Oder: »Das Wunder wird schon geschehen!« Ich mag es, dass er an Wunder glaubt. Viele von den niedrigen Häusern in unserer Nachbarschaft sind von ihm gestrichen worden. Als er mit fünfzehn seinen Vater verlor, hat er eine Malerlehre gemacht, erzählte mir meine Mutter, die gerne möchte, dass ich auch eine Malerlehre mache. »Ist ein praktischer Beruf«, sagt sie, »es wird immer jemand gebraucht, der die Häuser anstreicht, und bei dieser Arbeit braucht man nicht zu hören.« Ich will aber Fußballer werden. Und ich glaube nicht, dass es hinderlich ist, dass ich nicht höre. Das Wichtigste beim Fußball ist eben, den Ball im Flug genau verfolgen zu können, nicht ihn zu hören. Obwohl, na ja, Pele konnte einmal auf Carlos Alberto, der hinter ihm lief, reagieren, ohne sich umzudrehen. Aber Pele ist Pele, was sage ich jetzt? Überdurchschnittlich! Zum Glück bin ich der Schnellste in meiner Schule. Ja, ich laufe sehr, sehr schnell, und sicher wird das auch in Zukunft meine Stärke sein. Ich werde den Fehler in meinem Gehör mit der Schnelligkeit meiner Augen ersetzen. Das Einzige, was ich möchte, ist, dass Otto mir Ratschläge gibt, dass er sieht, wie ich spiele, mir sagt, wie er meine Geschwindigkeit findet.

Aber nun, schau dir den mal an! Der sitzt dort und sitzt und sitzt, wenn ich doch nur wüsste, worüber der nachdenkt? Ich habe ihn noch nie so gesehen. Ich beobachte ihn oft ... Heimlich. Am Wochenende ziehe ich oft in Richtung Baldeneysee. Dort befindet sich das Haus von Otto und Beate. Ich pirsche mich leise an ihren Gartenzaun, verstecke mich hinter einigen Büschen und beobachte, was sie tun. Bei gutem Wetter gehen sie raus und frühstücken auf der Gartenterrasse. Vor dem ersten

Kaffeeschluck macht er einen Kopfstand, damit er in Form bleibt. Wahrscheinlich trainiert er seinen Rücken und sein Gleichgewicht. Seitdem probiere ich das Gleiche jeden Morgen in meinem Zimmer. Einmal kam Mutter herein und war völlig platt. Nach dem Kopfstand richtet Otto sich auf, streckt seine Arme, beugt seinen Körper vor und zurück, springt hin und her und singt. Ihr fragt jetzt bestimmt, woher ich es weiß, da ich nicht höre. Bei Otto verstehe ich alles. Er bewegt eben seine Lippen, seine Hände, da brauch ich nicht zu hören. Natürlich habe ich alle seine Bewegungen im Fernsehen genauestens studiert. Auch seine Lippen, als er versucht hat, unsere Nationalhymne zu buchstabieren. Otto singt bei jeder Gelegenheit. Ich würde mit ihm gerne einmal das Kirchenlied *Der Allkämpfenden* singen, das wir gerade in der Schule gelernt haben. Das Lied wird ihm bestimmt gefallen. Wie ich es ihm vorsingen werde? Tja, wie es eben aus meinem Mund kommt. Sehr melodisch wird es nicht klingen, ich weiß. In der Taubstummenschule lerne ich mit Hörgerät hören, sprechen und singen. Herr Stephan, mein Lehrer, meint, dass ich mit dem Sprechen gerade große Fortschritte mache. Dieses Kirchenlied habe ich auf eine CD überspielt. Ich hoffe, Otto einmal in dem griechischen Lokal, in das er oft mit Beate geht, anzutreffen um ihm die CD zu schenken. Er geht oft mit seiner Frau zum Griechen auf dem Hügel über dem Baldeneysee. In der Nacht des großen Sieges, also als die Griechen die Europameisterschaft gewannen, fand dort im *Hügoloss* ein Riesenfest statt. Der griechische Wirt kündigte sogar an, dass er eine Statue von Otto bei einem Steinmetz in Thessaloniki in Auftrag geben wird, um sie vor seinem Laden auf dem Hügel aufzustellen. Das hat mir Vater erzählt. Aber als Otto mit seiner Beate von Sylt zurückkehrte und es erfuhr, war er entsetzt. Er sei doch noch nicht tot – meinte er ...

Tja, vielleicht wollte er sich heute an seine Jugend, an seine ersten Spiele bei TuS Helene erinnern und sitzt deswegen hier. Er war auch zwölf Jahre alt, als er hier begann. Ich werde bald dreizehn. Nur er kann es schaffen, den Verein davon zu überzeugen, dass sie mich nehmen, auch wenn ich gehörlos bin. Aber vorher muss ich ihm natürlich zeigen, wie ich spiele und wie schnell ich bin. Sollte ich mich jetzt vielleicht trauen und in die Umkleideräume hineingehen? Ihn überraschen? Und wenn er sich ärgert? Und was soll ich ihm sagen? Beim Hören meiner unmöglichen Stimme wird er sich erschrecken. Bestimmt dreht er sich um und geht schnell weg. So wie die meisten. Man muss sich an meine Stimme erst etwas gewöhnen, um zu verstehen, was ich sage. Neee! Ich werde nicht in die Umkleideräume hinuntersteigen. Unmöglich! Ich will ihn nicht bei seinen Gedanken stören. Ich werde also an der Mauer entlang schleichen, durch das Eingangstor an der Sperre vorbeigehen, bis ich auf dem Fußballfeld bin. Der Pförtner kennt mich, er ist mein Freund, der sagt nichts. Ich kicke oft hier am Nachmittag. In letzter Zeit zeigt auch er mir das Victory-Zeichen. Wenn ich Glück habe, wird Otto mich hören und vielleicht aus Neugierde herauskommen, um zu sehen, wer spielt.

Ich marschiere in Richtung Fußballfeld, lege meinen Ball auf den Boden und beginne zu schießen. Es vergeht nicht viel Zeit, und ich sehe tatsächlich, wie er nach draußen kommt. Erst wirft er mir einen gleichgültigen Blick zu. Na klar, ich bin ja auch so klein. Er spaziert die Sitzreihen entlang. Mir zerspringt das Herz, es wird gleich brechen. Ich versuche meine Ruhe zu bewahren und weiterhin hinter dem Ball herzulaufen. Zwischendurch mache ich schnell einen Kopfstand, meinen besten. Ich verliere nicht einen Moment mein Gleichgewicht, und dann renne ich wieder hinter dem Ball her. Beim dritten Kopfstand sehe ich von unten, wie er lächelt. Und in diesem Moment begreife ich, warum er heute so plötzlich hierhergekommen ist. Heute ist doch der 9. August, heute ist sein Geburtstag! Er kam, um auf sein Leben zurückzublicken. So was mache ich auch an meinem Geburtstag, obwohl ich erst dreizehn bin. Ich schieße und beginne ein Phantasiespiel ohne Gegner. Ich dribble mit dem Ball im

Zickzack, wie ich es bei Ronaldo gesehen habe. Dann trete ich mit Wucht gegen ihn und ballere ihn mit Kraft nach vorne. Ich renne mit meiner unglaublichen Geschwindigkeit hinter ihm her. Ich sehe, wie Otto mich beobachtet, er lacht, hebt die Hände, steckt seine zwei Finger in den Mund, um zu pfeifen, ich spiele lässig weiter.

Er zieht die Augenbrauen zusammen, streckt die Hände nach oben, gibt mir Zeichen, dass ich auf einen Phantasiegegner achten soll. »Das beste Spiel ist, wenn es keinen Gegner gibt, und er erscheint doch unerwartet vor dir.« Also mache ich weiter mein bestes Spiel. Otto hat heute seinen Geburtstag, und das ist mein Geschenk. Ich spiele, was das Zeug hält. Er springt hoch, neigt seinen Kopf, macht das Zeichen für Kopfschuss, ich schieße den Ball hoch und vollführe einen unglaublichen Köpper wie Charisteas, dann einen Überschlag, erwische den Ball wieder, nochmal Köpper und kicke ins Netz.

Otto klatscht, er scheint jetzt nicht mehr traurig zu sein, er freut sich. Und je mehr er sich freut, desto mehr renne ich. Und nochmal gegen den Ball, und nochmal, und der fliegt in die Wolken. Otto springt über die Sitzreihen, rennt, schießt den Ball, ich fange ihn ab, bevor er ins Aus rollt, und kicke ihn wieder ins Netz. Otto rennt auf mich zu und umarmt mich. Wir springen vor Freude, tanzen fast.

Heute haben wir beide unseren Geburtstag.

GIORGOS VALASIADIS

Georg der Glocken-Heilige

»Nenn jemanden tausend Mal verrückt,
und er wird verrückt werden.«
Altes chinesisches Sprichwort

Zur Information für die wenigen, die mich nicht kennen: Ich stamme aus dem Bezirk Tatavla[4] in Konstantinopel, und meine Familie gehört zu denen, die über Hunderte von Jahren immer die Zeche gezahlt haben. Aus diesem Grund also habe ich mich vor vielen Jahren aufgemacht, ein neues Ithaka zu finden, und bin in Deutschland gelandet. Nach so manchen kleinen Abenteuern blieb ich schließlich in Frankfurt hängen. Ich nahm eine Arbeit an, in einer bekannten Automobilfabrik, wo ich Sakis kennenlernte, Sprössling von Flüchtlingen aus Konstantinopel, der Sozialarbeiter war, und damit auch Dolmetscher, und mit dem mich bis zum heutigen Tag eine feste Freundschaft verbindet.

Die Tage liefen ruhig dahin, ohne größere Sorgen, bis ich eines schönen Tages in jenem Herbst in den Schwimmbädern von Bad Homburg – einer Nachbarstadt von Frankfurt – ganz zufällig eine geschiedene Frau, älter als ich, mit zwei Kindern, kennenlernte und den goldenen Pfeil Amors im Herzen spürte. Und ab

---
[4] Griechisches Viertel in Istanbul bis 1923 (A.d.Ü.).

da begann mein Martyrium. Ich hätte nicht gedacht, dass dieser Bastard von Amor auf meine Geliebte nur einen verrosteten Eisenpfeil abgeschossen hatte, der sich, wie sich später erwies, nach einem Jahr auflöste, als ich zu einem Besuch meiner Familie in die Stadt[5] reiste. Denn nach meiner Rückkehr fand ich lediglich einen Brief von ihr. Ich öffnete ihn und begann zu lesen:

›*Ich bin feige. Ich habe nicht den Mut, dir zu eröffnen, was ich dir eigentlich persönlich sagen müsste. Ich habe Angst vor mir selbst, Angst, dass ich schwach werde. Angst, dass ich in deine Arme falle und meine Ausflucht vergesse, die ich zu euerm Besten für notwendig halte. Zum Besten der Kinder und zu deinem Besten. Ich habe Tage gebraucht, um mich zu der bitteren Entscheidung unserer Trennung durchzuringen. Es fällt mir alles andere als leicht. Aber ich darf nicht zur Sklavin meiner Gefühle werden und sowohl die Zukunft meiner Kinder als auch die deine zerstören, eine Sache, die mich nun schon seit einem ganzen Jahr quält,...*‹

Und ich stürzte hundertfältig in den Hades.

Gerade schaffte ich es noch, Sakis anzurufen, der unverzüglich kam und mir erklärte, dass er schon die ›Erste Hilfe‹ verständigt hätte. Er hatte den Satz noch nicht zu Ende gesprochen, als die Klingel ging und zwei Hünen hereinkamen, und als sie anfingen, mich abzutasten, tat sich die Erde auf und verschlang mich. Ich ging unter.

Als ich irgendwann wieder zu mir kam und die Augen aufschlug, befand ich mich weder in der Hölle, die ich wie den Beelzebub fürchtete, noch im Paradies, wie ich gehofft hatte. Ich lag ausgestreckt auf einem Bett, das Bett stand in einer schneeweißen Folterkammer, ausgestattet mit einer Reihe moderner Drehwerkzeuge mit bunten Lämpchen, Glöckchen, Pfeifen sowie anderer merkwürdiger Instrumente, von denen sich niemand eine Vorstellung machen kann. Und das Wichtigste von allem war, dass mein Körper mit all diesen Instrumenten verbunden

---

[5] Die Griechen nannten und nennen heute noch Konstantinopel schlicht „Die Stadt" (A.d.Ü.).

war. Ich war erledigt. Ich hielt mich still und machte mir in die Hosen vor Angst. Ich schloss die Augen und versuchte, meine Zehen zu bewegen, die sofort reagierten und mich mit einem beißenden Schmerz daran gemahnten, dass ich ein Gefangener war, dem, wie es schien, nicht einmal gestattet war, sich zu bewegen.

Ich aber, der clevere Tataoulone, unternahm den Versuch, auch meine Finger auszuprobieren – und fiel gründlich herein. Im selben Augenblick begannen Glöckchen zu bimmeln, schrille Sirenen zu kreischen, Lämpchen an- und auszugehen und Weiteres mehr. Ich erschrak bis ins Mark. Mir schien, als hätten sich alle diese verdammten Instrumente miteinander abgesprochen, mich an meine Gefangenenwärter zu verraten. Wie es denn auch geschah.

Die Tür ging auf, auch ich öffnete einen Spalt weit mein Auge und beruhigte mich etwas. Der blonde weibliche Engel, der hereinkam, war groß, dünn, weiß gekleidet, mit einem weißen Käppchen auf dem Kopf. Als er sich über mich beugte, um was weiß ich was zu untersuchen, stellte ich fest, dass er blaue Augen hatte, die mich auf die Erde holten. Ich träumte von jenen, „meinen", blauen Augen, die ich nun nie mehr in meinem Leben sehen würde. Ich war in die Realität zurückgekehrt. In das gefühl- und freudlose Leben, das keinen Sinn mehr für mich hatte. Ich begann wieder zu zittern. Der blonde Engel, der sah, in welcher Verfassung ich war, ging fort, um sogleich mit einer Flasche in der einen und einer Spritze in der andern Hand zurückzukehren. Er tauschte die Flasche gegen die andere, fast leere aus, die an einem Bügel über mir hing und über einen Schlauch mit meinem linken Arm verbunden war. Dann ergriff er meinen rechten, und bevor ich noch bis drei zählen konnte, spürte ich den Einstich in die Vene. Ich wurde in kürzester Zeit ruhig, um dann sofort wieder die Besinnung zu verlieren.

Ich erwachte im Bett zwar mit schweren Gliedern, aber leerem Hirn. Der Motor wollte nicht anspringen. Auch die Saiten der Seele waren schlaff und ungestimmt und somit im Missklang. Ich fragte mich, ob das Leben für mich einen Sinn hatte, und wenn ja, welchen? Wo mochte jetzt wohl meine Liebste sein, dachte ich. Wie es ihr wohl ging? Gingen die Kinder wieder in die Schule oder hatten sie noch Ferien? Ob sie mich wohl vermissten, so wie ich sie? Viele Fragen, keine Antworten.

Gegen Nachmittag, als ich nach irgendwelchen Untersuchungen in mein Zimmer zurückkam, sah ich Sakis Richas mit einem Mädchen, das ich nicht kannte, auf den Stühlen sitzen.

»Na, da ist er ja, der Herr Lazarus«, sagte er mit einem spitzbübischen Lächeln auf den Lippen. Er gab mir eine Zeitung und das Magazin „Der Spiegel" und stellte mich dem Mädchen vor, das ihn begleitet.

»Meine Freundin und Kollegin Elena Hoffmann.«

»Freut mich.«

»Ebenso, und gute Besserung«, sagte sie und reicht mir drei Nelken, die sie schon in einer Vase versorgt hatte.

»Ich habe mit dem Arzt gesprochen. Alle Untersuchungsergebnisse, EKG und so weiter, sind negativ. Du bleibst noch bis morgen hier, und dann hole ich dich ab, denn du musst die Resultate zu deinem Arzt bringen, vielleicht ist eine Therapie erforderlich«, informierte Sakis mich.

»Wie kannst du mich denn abholen, du arbeitest doch?«

»All das gehört zu meinem Aufgabenbereich. Mach dir darüber keine Gedanken.«

»Wir sehen uns«, sagte Elena mit einem reizenden Lächeln und einem festen Händedruck, als sie sich von mir verabschiedeten.

»Du hast Herzrhythmusstörungen« sagte mein Arzt. Als Ursache vermutete er *Überanspannung*. »Ich empfehle professionellen, moralischen Beistand«, fuhr er fort, drückte mir ein Rezept mit Gekritzel in die Hand und empfahl mir außerdem Ruhe und körperliche Betätigung und schickte mich nach Hause.

»Wer ist denn das Liebchen, was macht sie?« wollte ich unterwegs von Sakis über Elena erfahren.

»Sie ist Psychologin, und eine gute sogar. Sie kommt dich jetzt gleich besuchen, und bei der Gelegenheit können wir ein paar Reihen plaudern«, sagte er. Und als wir zu Hause angekommen waren: »Wenn wir uns jetzt hinsetzen und den Kuchen probieren, den Elena gebacken hat, lesen wir mal den Brief von Karen«, sagte er.

»Er muss es uns aber erlauben«, sagte Elena zu Sakis und, indem sie sich zu mir wandte: »Es ist eine Vertrauensangelegenheit. Ich kann gehen, wenn du nicht möchtest, dass ich es höre«, setzte sie hinzu.

»Ich kenne dich kaum, aber Vertrauen habe ich schon zu dir.«

»Falls es nötig sein sollte und du Hilfe brauchst, dann stehe ich zu deiner Verfügung.«

»Der Begriff Verrückter ruft bei mir eine allergische Reaktion hervor.«

»Wie erklärst du dir das?«

»Vielleicht hat es mit meiner Kindheit zu tun.«

»Vermutlich. Möchtest du mal in die Vergangenheit zurückgehen?«

»Ich will es riskieren!«

So begann meine Therapie mit Elena Anfang jenes Augusts, als ich sie besuchte. Sie empfing mich freundlich, bewirtete mich mit kalter Limonade, ich erklärte, dass ich mich nicht wie ein Verrückter fühle und sie bestätigte mir das. Ich wurde ruhig. Ich entspannte mich. Etwas später fand ich mich auf ihrer Couch ausgestreckt und über meine Kindheit reden. Sie brauchte mich nicht lange zum Hinlegen überreden, damit ich lockerer wurde.

»Fühl dich ganz wie zu Hause«, sagte sie.

Sie überzeugte mich. Ich schloss auch die Augen und begann im Wachen zu träumen:

Ich muss damals um die zehn gewesen sein, als ich anfing, männlicher zu werden. Gleichzeitig aber begannen auch meine

Torheiten zu reifen. Ich stellte fest, dass ich mich in der Schule ständig an Bienen heranmachte, die älter waren als ich. An die, die keine Schleifen mehr trugen, die ständig den Kamm in der Hand hielten, Springseil hüpften und den Jungs, die Fußball spielten, verstohlene Blicke zuwarfen und bei denen sich schon der Busen abzeichnete. Keine von ihnen schenkte mir Beachtung. Ich strengte mich an, sie zu beeindrucken – nichts. Die taten, als wäre ich Luft. Na gut, ich hatte begriffen, ich fing an, es ihnen auch zu zeigen, wie und wo ich auf sie traf. Natürlich handelten die Pummelchen mich als verrückt, aber ich wollte ja nur mit ihnen kabbeln, und sonst nichts. Harmlose, kindliche Spielchen also. Irgendwann aber kamen Klagen von den Eltern, und bei den meinen schrillten die Alarmglocken. Weil sie nicht wussten, was „Psychologe" bedeutet, haben sie es versaut. Zuerst also versuchten sie, mich zur Räson zu bringen, und als sie sahen, dass das nichts fruchtete, fingen sie an, nach der Ursache meines Benehmens zu forschen. Selbst mein Patenonkel war keine Beruhigung für sie.

»Mensch, hat nicht der Papa Giorgis, der Verrückte ihn getauft? Was erwartet ihr da, was aus dem Kind wird?«, sagte meine Großmutter Argyró, die Mutter meines Vaters.

»Ach was, Mama, auf seinen Onkel Giorgios, den Verrückten, kommt er«, sagte meine Mutter, und sie meinte den armen Cousin meines Vaters, der als seelisches Wrack 1943 aus dem Konzentrationslager zurückgekommen war.

»Alle die Giorgios heißen sind Narren. Hieß sein Großvater nicht auch Giorgios? Irgendwas wird er auch von ihm haben«, tat die Weiseste von allen kund, meine Amme Sultana. »Wir müssen dem Heiligen Georg, dem Glocken-Heiligen, ein Gelübde ablegen, möge seine Gnade groß sein.« Ich hatte mir jedoch nicht vorstellen können, was das für ein ›Gelübde‹ war, und als ich es zu ahnen begann, war es schon zu spät, um das Übel abzuwenden.

Am 23. April feierten wir den Heiligen Georg, einen der größten Schutzheiligen unserer Stadt, mit Litaneien, Dankgottesdiensten, Kirchweihfesten und vielem mehr. Das größte und bedeutendste Kirchweihfest aber war das auf der Prinzeninsel. Das Kloster des Heiligen Georg des Prinzen mit seinen Zellen erhebt sich in einer Höhe von etwa zwei hundert Metern, auf der höchsten Stelle der Insel, mit einem exzellenten Blick auf das Marmarameer. Und so also, am Vorabend des Heiligen Georg: den ganzen Tag Vorbereitungen zu Hause, vor allem von Speisen, mit Gebeten, Öllämpchen, Kerzen, Räucherwerk und ich weiß nicht mehr, was noch alles. Und all das in vier Taschen gestopft, neben der Haustür bereitgestellt zur Überfahrt. Früh, als der Vater gerade nach Hause gekommen war, gingen wir los. Auf dem Schiff, das wir genommen hatten, gab's reichlich Verrückte mit Kindern, so wie wir. Und auch die mit Taschen bepackt. Manche hatten, wie ich hörte, Verwandte auf der Insel und fuhren zu ihnen.

Gegen sechs, glaube ich, kamen wir auf der Insel an. Das Wetter war schön, denn der Heilige sorgt nach den Behauptungen der Fahrgäste immer für schönes Wetter für unsereins. Per Kutsche, - dem ›Paitoni‹, wie wir früher den Einspänner nannten - und danach mit Eseln, - das heißt, auf dem Esel nur die Taschen und ich, die andern zu Fuß -, erstiegen wir den Felsenhang, um auf den Gipfel zu gelangen. Das leichte Lüftchen, das dort wehte und die Kronen der Föhren streichelte, hieß uns willkommen. Wir sahen, wie die Sonne sich neigte und mit weichen Pinselstrichen den ganzen Horizont goldrot färbte, sahen den Schaum der kleinen Wellen, die sich auf den Felsen brachen, und rochen die Föhren, deren Duft sich von den andern Föhren der umliegenden Inseln unterschied.

Sowie wir ankamen, ließen wir die Taschen und was sonst wir noch mitgeschleppt hatten in den Zellen und gingen dann in die Kirche, um vor der wundertätigen Ikone des Heiligen zu beten, die mit silbernen Votivgaben geschmückt war. Die meisten davon waren Schellen. Weiße, schwarze, silberne, kupferne, kleine, große, runde, viereckige Schellen und was sich ein Menschenhirn noch alles ausdenken mag. Und dazwischen einige kleine Glocken. Wir kehrten in unsere Zellen zurück, um uns auszuruhen, bis die Sonne untergegangen wäre und die Liturgie begänne. An die Abendliturgie kann ich mich nicht erinnern. Ich schlief halb, vor dem Kirchenstuhl der Mama sitzend. Und immer noch halb im Schlaf ging ich zum Übernachten in die Zellen. Zusammengerollt schlief ich im Bett neben dem Papa.

In aller Frühe am nächsten Morgen, und nüchtern, musste ich zuerst zum Beichten gehen, um das Abendmahl nehmen zu können, und danach zum Popen für den Segen, damit die Mama nach all dem ihr Gelübde ablegen konnte. Nun erzählte ich auch dem Popen von meinen Unartigkeiten und den Streichen meiner Mitschüler und Mitschülerinnen, ohne mit einem Wort meine Grapschereien und meinen Ungehorsam zu erwähnen. Er gab mir Ratschläge, barg mich unter seiner Stola, las ein paar Gebete, spuckte dreimal in die Luft, befreite mich von der Stola, reichte mir zuerst ein Kreuz zum Kuss, danach das Buch, aus dem er las, und zum Schluss seine Hand. Dann nahm er mich an die Hand, führte mich zu der erhabenen Ikone meines Schutzheiligen, drehte mich dort dreimal herum, nahm ein Glöckchen, das an einem roten Band hing, sprach ein paar Gebete, schlug dreimal ein Kreuz damit vor der Ikone des Heiligen und befestigte es mit einer Sicherheitsnadel an meinem Hemdkragen mit dem Geheiß: »es niemals abzulegen«. Zum Schluss übergab er mich meiner Mutter, die ihm irgendetwas in die Hand drückte, als sie sie küsste. Irgendwann war die ganze heilige Zeremonie zu Ende, und wir gingen nach nebenan in die kleine Kantine für Tee, Kaffee und später zum Essen. Mit drei kleinen Fläschchen Weihwasser, eins für zu Hause, eins für den Patenonkel und eins für den Meister Themistokles und mit leeren Taschen machten wir uns auf den Rückweg.

Unterwegs hörte ich von zwei anderen Damen von der Insel, die uns begleiteten, wieso der Heilige Georg in den Septembertagen 1955[6] nicht zerstört worden war. Als die bewaffneten Volkshorden der Vandalen fast auf dem Gipfel angelangt waren, erschien unversehens ein weiß gekleideter, strahlender Reiter vor ihnen, mit einer blitzenden Lanze in der Hand und hinderte sie am Weitermarsch. Die Angst ließ sie davonstieben, und so entging die Kirche der Katastrophe. Diese und andere Geschichten hörte ich, bis wir am Steg des Dampfers - so nannten wir das Schiff - angekommen waren. Dazu bimmelte bei jedem meiner Schritte das Glöckchen am Hemdkragen, und mir ging meine Verwandtschaft mit dem Esel durch den Sinn, auf dem ich beim Aufstieg geritten war, und fragte mich, wie viele Eselinnen er in seiner Jugend wohl belästigt haben musste, da auch er ein solches Glöckchen wie das meine am Hals trug.

Eine ganze Zeit war vergangen, und es gab keine Veränderung in meinem Benehmen. Vielleicht war ich dafür verantwortlich, und deshalb hatte ich ein schlechtes Gewissen. Ich hatte nämlich das Glöckchen, das Tag und Nacht an meinem Hemd hing, seiner Funktion beraubt. Ich hatte es mit Watte ausgestopft, damit es nicht bimmelt und mich der Lächerlichkeit aussetzt. Schließlich war ich ein orthodoxer Christ und kein Anhänger der hinduistischen Jaina, die splitternackt und mit Glöckchen ums Fußgelenk herumlaufen, zur Warnung der Tiere, damit sie nicht auf sie treten. Da das Glöckchen, dem ich die Stimme genommen hatte, nicht die Bienen warnen konnte, um sich davonzumachen, bevor ich sie begrabschte, blieben die Gelübde meiner Mutter ohne Wirkung. Die Lehrer hatten nun genug und drängten meine Mutter, mich auf eine andere Schule zu schicken, da ich ungehörig und schamlos sei und die Mädchen belästige. Sie sagten nie, dass ich sie übel begrabschte. Und so war ich dann mit der Hilfe

---

[6] Das Pogrom von Istanbul: gewalttätige Ausschreitungen gegen die christliche, vor allem griechische Minderheit in der Nacht vom 6. auf den 7. September 1955 (A.d.Ü.)

meines Patenonkels im ›Zografeio‹ gelandet. Aber auch hier traf ich es schlecht. Ich hatte keine Freunde, niemand suchte meine Gesellschaft. Und so verkroch ich mich in mein Schneckenhaus und redete nicht. Und sie fingen also an, mich einen Verrückten zu nennen. All das hat mir vielleicht ein Trauma verschafft, was soll ich sagen?

»Ich weiß es nicht«, sagte ich und verstummte.

Während dieser ganzen Zeit machte Elena, die mit Block und Bleistift neben mir saß, Notizen. Als ich zu reden aufhörte:

»Gut«, sagte sie, »jetzt würde ich gern wissen, welche Verbindung zwischen deinen Kindheitsjahren und deiner heutigen Situation besteht?«

»Ich habe versucht zu analysieren, warum mir das Wort Verrückter Allergien verursacht und warum ich mich nicht für verrückt halte.«

»Warum?«

»Weil sich Millionen junger Männer und junger Frauen täglich in derselben oder sogar noch schlimmeren Lage befinden, wie ich von dir gehört habe. Also müssen die doch alle in Zwangsjacken herumlaufen.«

»Das Ergebnis ist also, dass du nicht verrückt bist, nicht wahr?«

»Genau.«

»Letzte Frage: Wer hat dich verrückt genannt?«

»Hm ... man hat mich doch zum Psychologen geschickt!«

»Der Psychologe ist dir dabei behilflich, deine Situation zu klären und selbst die Lösung des Problems zu finden, das dir zusetzt. Wenn du verrückt wärst, hätte man dich zum Psychiater geschickt, und in einem schweren Fall in die Psychiatrie. Möchtest du eine Limonade oder soll ich dir einen Tee machen?«

»Limonade, und ich danke dir.«

Ich weiß nicht, ob ich geheilt war oder nicht, bis zu jenem schmutziggrauen Oktobernachmittag im Jahr 2001. Das Einzige, woran ich mich erinnere, ist, dass ich von der Internationalen

Buchmesse mit Gastland Griechenland kam und dabei war, eine Fahrkarte für meine Heimfahrt nach Niederrat zu lösen. Die alte Dame mit dem weißen Haar und der Brille auf der Nase versuchte, hinter das Geheimnis des elektronischen Fahrkartenautomaten zu kommen, genau in dem Moment, als ich die Münzen für meine Fahrkarte einwarf.

»Wissen Sie vielleicht, was ich tun muss, um hier eine Fahrkarte nach Bad Homburg herauszubekommen?«, hörte ich eine bekannte, tiefe Stimme und sah die zwei schönen blauen Augen, die mich in meiner Jugend zum Gefangenen gemacht hatten.

»Ihr Frankfurt hier kannte ich sehr gut. Ich habe hier praktisch gelebt, in Niederrat, falls Ihnen das ein Begriff ist. Aber es hat sich seitdem sehr verändert, und jetzt erkenne ich es nicht mehr wieder«, fügte sie hinzu.

»Scusa, io no parla tedesca. Io sono italiano. Buona sera«, hörte ich mich sagen, und hetzte nahezu davon, damit sie die Tränen in meinen Augen nicht sah.

Aus dem Griechischen von
BRIGITTE MÜNCH

BIOGRAPHISCHES

Andronis, Thalia
Geboren 1966 in Münster (Westf.) als Tochter eines Griechen und einer Deutschen, verbrachte ihre Kindheit zunächst in Griechenland, dann in Deutschland. Sie studierte in Münster Soziologie, Ethnologie und Politikwissenschaft. Nach verschiedenen Tätigkeiten als PR-Journalistin, Medienpädagogin, Leiterin eines Bürgerfunkprojektes und als freie Journalistin ist sie seit 2004 freie Lektorin/Korrektorin im Fach-/Sachbuchbereich und in der Werbung. Seit 1995 lebt sie in Köln. Publikation: ›Mira-Mare‹ prosa-lyrische Erzählung (2001).

Delidimitriou-Tsakmaki, Eleni
Geboren 1938 in Zagliveri bei Thessaloniki verbrachte sie ihre Kindheit in Katerini. 1961 emigriert sie zusammen mit ihren Mann nach Deutschland. Ihr Leben gestaltete sich von Anfang an in beiden Ländern, die zusammen ihre Heimat bilden; heute lebt sie hauptsächlich in München. Veröffentlichungen: ›Die Stoffpuppe:‹ autobiographischer Roman (Vlg. Romiosini/Köln & Vlg. Lampsi/Athen, 1993); ›Die ewige Suche nach der Heimat‹ autobiographischer Roman (deutsch u. griechisch) (Vlg. Lampsi/Athen 1994); ›Tragikomische Szenen aus dem Leben der Migranten‹ Theatherstück (München, 1998); ›Aris, der Sohn des Emigranten‹ Novelle (Vlg. Romiosini/Köln, 1998 & Vrl. Dromon/Athen, 2005); ›Bäume, die keine Wurzeln haben - Zeugenaussagen von Migranten (auf Griechisch, 2001) und Lebenswege - Zeugenaussagen von griechischen Migranten in Deutschland (auf Deutsch, 2005) (beides Vlg. University Studio Press/Thessaloniki); ›Mama, komm bald wieder‹ Erzählung (Vlg. Dromon/Athen, 2004); ›In Delphi mit Iniochos‹ Erzählung (Vlg. Dromon/Athen, 2005); ›Reisende Vögel‹ Erzählung (Vrl. Dromon/Athen, 2007); ›Astropalamidas‹ Märchen (Vlg. Dromon/Athen, 2009).

Eideneier-Anastassiadi, Niki
Geboren 1940 in Kilkis, Griechenland. Studium der Klassischen, Byzantinischen und Neugriechischen Philologie in Thessaloniki und München, 1963-1964 als Stipendiatin des DAAD und 1964-1965 als Stipendiatin des Bayerischen Kultusministeriums. 1964-1971 freie Mitarbeiterin des griechischen Programms des Bayerischen Rundfunks. 1974-1983 Lehrbeauftragte für neugriechische Sprache und Literatur an der Universität Frankfurt. 1982 Gründung des Romiosini Verlags für zeitgenössische griechische Literatur in deutscher Sprache. Gründungsmitglied der Initiativgruppe Griechische Kultur in der Bundesrepublik Deutschland und der Gesellschaft (früher Vereinigung) der Griechischen Autoren in Deutschland; 1983-1989 stellvertretendes Mitglied des Rundfunkrats des WDR in Köln. Verheiratet, zwei Kinder. Lebt seit 1969 in Köln. Verfasserin zahlreicher Essays und Beiträge zur zeitgenössischen griechischen Literatur im In- und Ausland und Vorträge zu denselben Themen. Viele Übersetzungen vom Deutschen ins Griechische und umgekehrt.
Eideneier, Hans Prof. Dr. h.c.

Geboren 1937 in Stuttgart. Studium der Klass. Philologie, Byzantinistik, Geschichte, Historisch-Vergleichende Sprachwissenschaft an den Universitäten Tübingen, Hamburg, Thessaloniki (DAAD Stipendium) und München. Promotion bei Prof. H. - G. Beck. Ab 1969 Lektor für Neugriechisch an der Universität zu Köln. 1974 Habilitation für Mittel- und Neugriechische Philologie und 1975 apl. Professor. 1974 - 2002 Professor für Byzantinistik und Neugriechische Philologie an der Universität Hamburg. 2005 Ehrendoktor der Philosophischen Fakultät der Aristoteles - Universität Thessaloniki. Zahlreiche Veröffentlichungen zur sog. Byzantinischen Volksliteratür, zur griechischen Sprachgeschichte und zur Didaktik des Neugriechischen. Herausgeber der Reihe Neograeca Medii Aevi.

Georgallidis, Sophia

1957 in Sevasti/Nordgriechenland geboren; dort aufgewachsen; lebt seit 1971 in Deutschland. Nach dem Studium der Neugriechischen Philologie in Köln widmete sie sich den literarischen Übersetzungen, die sie in Zeitschriften und Anthologien aber auch als Monographien veröffentlicht. Sie ist Mitherausgeberin des Erzählbands ›Die Erben des Odysseus‹ und Herausgeberin der Anthologien ›Ausflug mit Freundinnen‹ und ›Sechzehn kleine griechische Verbrechen‹ (Vlg. Romiosini/Köln).

Giapapas, Sokrates

Er ist 1937 in Athen geboren. Er begann und, nach seiner Wehrdienstzeit in Griechenland, vollendete das Studium 1966 in der TU des damaligen West-Berlin, als Diplom Ingenieur in Maschinenbau und Verfahrenstechnik. Er hat als Geschäftsführer für große Firmen gearbeitet, sowohl in Deutschland, wie auch in Griechenland, bis zur seine Rentenalter 2004. Jetzt ist er Präsident des Zentrums für Entwicklung, Innovation und Technologie von Süd Brandenburg (Z.E.I.T.). Parallel dazu engagiert er sich in der Region Brandenburg und ist immer noch in ehrenamtlichen Aktivitäten tätig; ist Mitglied in vielen Vorständen dieses Landes; 2007 folgte seine Lektor Ernennung in der Universität von Warschau. Im gleichen Jahr wurden ihm vom Brandenburgischen Ministerpräsident Hr. Platzeck der Verdienstorden und die Europaurkunde 2010 des Landes Brandenburg verliehen. Seit Kindesalter schreibte er Dichtung und Prosa und er singt in einer deutsch-griechischen Band. Veröffentlichungen von Gedichtsammlungen unter anderem: ›Festival Portoheli‹ (Vlg. Daidalos, 1992), ›Vom Winde Verweht‹ (Vlg. Daidalos, 1993); ›Erdträume‹ (Etaireia Grafikon Texnon ABEL, 2001); ›Träume aus Portoheli‹ (Typografeio Diatton, Mai 2008).

Kontogiorgi, Areti

Sie ist 1974 in Athen geboren, absolvierte die Deutsche Schule in Athen und studierte Byzantinistik und Neugriechische Philologie an der Universität Hamburg. Ihre Arbeitsstationen: Griechisches Generalkonsulat Hamburg; Sonderforschungsbereich an der Universität Hamburg; Nationales Buchzentrum Griechenlands (EKEBI) und im Organisationskomitee „Frankfurt 2001", als Griechenland Gastland der Frankfurter Buchmesse war. Seit 2002 ist sie als freie Übersetzerin tätig.

Korneti, Elsa
Sie ist in München geboren und hat in Thessaloniki und Trier Wirtschaftwissenschaften studiert. Sie hat über zehn Jahren als Journalistin gearbeitet, heute ist sie als leitende Unternehmensberaterin tätig und lebt in Thessaloniki. Ihre Gedichte, Erzählungen, Essays, Buchkritiken und Übersetzungen erscheinen regelmäßig in angesehenen Literaturzeitschriften vor. Ihre Gedichte sind in Anthologien und in ausländischen Zeitschriften aufgenommen worden, übersetzt ins Englische und Bulgarische. Publiziert sind ihre Gedichtsammlungen in griechischer Sprache: ›In der Schraubenbande‹ (2007); ›Der ewige Mist‹ (2007); ›Ein Fischgrätenstraus‹ (2009).

Krommidas, Giorgos
Er ist 1936 in Kavalla/Nordgriechenland geboren und 1961 nach Deutschland auswandert. Er arbeitete unter anderem als Croupier, später würde er Inhaber von Spielcasinos. 1985 beginnt seine schriftstellerische Tätigkeit. 1988 und 1994 bekommt er das Arbeitsstipendium des Kultusministeriums NRW. Er schreibt sowohl Gedichte als auch Prosaminiaturen, Erzählungen und Romane in deutscher Sprache. Veröffentlichungen: ›Tagebuch einer Trennung‹ Gedichte (Edition Gelber Igel/Bonn 1987); ›Du aber, Lissi, hab keine Angst‹ Gedichte (Edition Gelber Igel/Bonn 1987); ›Ithaka‹ Erzählung (Vlg. Katzmarz & Fieberg/Bonn 1989, 2. Auflage Vlg. Avlos/Sankt Augustin, 1999); ›Die Liebe übrigens‹ Gedichte und Miniaturen (Vlg. Avlos/Sankt Augustin, 1994); ›Der Ölberg‹ Roman (Vlg. Avlos/Sankt Augustin, 1996); ›Die Flügel der Rotkehlchen‹ Roman (Free Pen Vlg. 2001, 2. Auflage, 2009); ›Monte Carlo‹ Kurzfilm nach der Kurzgeschichte ›Fröhliche Weihnachten‹ (2000).

Kyrimis, Petros
Er ist 1945 in Athen geboren; studierte Fernsehregie und Fotografie. In Griechenland wurde er bekannt vor allem durch seine Drehbücher fürs Kino und Fernsehen. Er begann sehr früh zu schreiben: Liedertexte, Gedichte, Erzählungen, Kindertheaterstücke, Novellen und Romane. Seine Literarischen Arbeiten, sind bereits mehrfach mit Auszeichnungen prämiert und in vielen Anthologien erschienen. Heute lebt er in Düsseldorf als Journalist und freier Autor. Veröffentlichungen: ›Das Herz der Amsel‹ Novelle (Vlg. Kastaniotis/Athen, 1998 & Romiosini/Köln, 2000); ›Geschichten des Vor und des Danach‹ Erzählungen (Vlg. Indiktos/Athen 2003); ›Männliche Genüsse‹ Kurzgeschichten (Vlg. Ellinika Grammata/Athen, 2004); ›Das weiß der Sonne‹ Novelle (Vlg. Ilektra/Athen, 2007); ›Herr der Klagen‹ Roman (Vlg. Ilekra/Athen, 2008).

Kyro Ponte
1972 in Esslingen geboren. Der studienhalber re-emigrierte Grieche ist promovierter Neurowissenschaftler und Linguist. Neben seinen neurowisseschaftlichen Arbeiten veröffentlichte er eine Reihe literarischer Texte, u.a. das Gedichtband ›Vier Gestalten, eine Liebe‹, BoD, 2009) und übersetzte die Kettenerzählung ›Das letzte Adieu‹ von Vassilis Vassilikos ins Deutsche (Vlg. Buntehunde, 2009). Er war Gründer des Literaturportals Inlitera aus dem 2007 die Anthologie Netzwerke hervorging, sowie eine Reihe von Interviews mit Autoren. Kyro Ponte ist verheiratet und lebt und arbeitet zwischen Tübingen und Stuttgart.

Mader, Carolin
Sie wurde 1972 in Tübingen geboren und lebt in Berlin; studierte Italianistik, Politologie und Germanistik in Freiburg, Perugia und Palermo und ist seitdem als Regisseurin, Übersetzerin und Lektorin tätig. Für ihre Inszenierungen ›Ithaka‹ und ›Medea‹ am Theater Dortmund erhielt sie 2007 den Künstlerinnenpreis Nordrhein-Westfalen für Nachwuchsregie.

Mainas, Alexios
Der griechisch-deutsche Dichter wurde 1976 in Athen geboren, wo er auch aufgewachsen ist. Er hat in Bonn Philosophie studiert, lebt in der Nähe von Köln und schreibt Literatur – zweisprachig. Er hält Lesungen in Griechenland und Deutschland, veröffentlicht in Zeitschriften und im Rundfunk und beschäftigt sich mit dem Werk neugriechischer Dichter. Demnächst erscheint im renommierten Athener Verlag Gavrielides seine Gedichtsammlung ›Der Inhalt des Übrigen‹.

Münch, Brigitte
Sie ist 1947 in Düsseldorf geboren und arbeitete mehrere Jahre in Buchhandlungen, Bibliotheken, sowie in Buch- und Zeitungsverlagen. Von 1980 bis 1985 arbeitete sie in Kairo/Ägypten als freie Mitarbeiterin bei Radio Kairo, im Local European Service als Übersetzerin, Sprecherin und Programmgestalterin für Deutsch, Englisch und Griechisch. Seit 1985 lebt sie ständig auf der griechischen Insel Naxos. Als Autorin, Übersetzerin griechischer Literatur ins Deutsche, sowie touristischer Broschüren und Reiseliteratur, hat sie zahlreiche Veröffentlichungen.

Nollas, Dimitrios
Er ist 1940 in Adriani bei Drama geboren und in Athen aufgewachsen. Er studierte Jura und Soziologie in Athen und Frankfurt/M. und berufsbedingt lebte er viele Jahren in verschiedenen Städten Westeuropas. Er arbeitete für den griechischen staatlichen Fernseher und beim privaten Fernsehsender als Programmberater. Von 1993 bis 1995 unterrichtete an der Pandeion Universität von

Athen Drehbuchschreiben im Fachbereich Kommunikation. Für sein Werk würde er mit vielen nationalen und internationalen Preisen ausgezeichnet. Veröffentlichungen: ›Fee von Athen‹ Novelle (1974); ›Polyxeni‹ Novelle (1974); ›Die zarte Haut‹ Erzählungen (1982); ›Die besten Jahren‹ Novelle (1984); ›Das fünfte Geschlecht‹ Novelle (1988); ›Ich träume von meinen Freunden‹ Erzählungen (1990); ›Das Grabmal am Meer‹ Roman (1992); ›Der Mensch der vergessen wurde‹ Roman (1994); ›Die beschlagenen Scheiben‹ Erzählungen (1994); ›Kleine Reisen‹ Reiseimpressionen (1998); ›Zauberhafte Lichtgestalt‹ Roman (2000); ›Von einen Bild zum anderen‹ Roman (2003); ›Der alte Feind‹ Erzählungen (2004); ›Tabakblätter‹ Essay (2006); ›Geschöpfe des Schiffsbruchs Novelle‹ (2009; ›Jedermanns Zeit‹ Roman (2010). Viele seiner Erzählungen wurden in Anthologien auf Deutsch mit aufgenommen, während 2005 eine Erzählsammlung von ihm zweisprachig im Verlag Romiosini Köln erschien.

Pallantza, Elena
Sie wurde 1969 in Athen geboren, hat griechische Philologie und interkulturelle Pädagogik in Athen, Freiburg und Köln studiert und lebt seit 2003 in Bonn, wo sie Neugriechische Sprache und Kultur an der Universität unterrichtet. Sie ist Korrespondentin der griechischen Literaturzeitschrift DIABAZO und Übersetzerin. Sie schreibt Prosa, vor allem Kurzgeschichten in griechischer Sprache. Ihre prämierte Erzählung ›Zacharias‹ ist im Erzählband »Anthologie griechischer Kurzgeschichten – Antonis Samarakis« erschienen (Vlg. Kastaniotis/ Athen, 2009).

Patentalis, Michalis
Geboren in Düsseldorf und in Prosotsani bei Drama aufgewachsen. Er hat unter anderem Musik und Psychologie studiert und im Rundfunk gearbeitet. Außerdem hat er sich mit Schwarz-Weiß-Fotografie beschäftigt. Seit 1996 arbeitet er in der Abteilung für Psychotherapie an der Universität Düsseldorf. Seine Werke wurden in sechs verschiedenen Sprachen übersetzt und seine Erzählung ›Rotkäppchen im Hochhaus‹ ist mit dem Antonis-Samarakis-Preis ausgezeichnet. Seine Erzählung ›Das wunderschöne Lächeln der Ann Evil‹ diente dem Regisseur A. Bafaloukas als Drehbuch. Veröffentlichungen: ›Die Kurzsichtigkeit einer Stadt‹ Gedichte (Vlg. Romiosini/Köln 1998); ›Gilete Contour‹ Gedichte und Erzählung (Vlg. Romiosini 2002); ‹Der Söldner Minotaurus› Erzählungen (Vlg. University Studio Press, Thessaloniki 2008).

Sampsounis, Sevastos P.
Geboren 1966 in Darmstadt, in einer griechischen Gastarbeiterfamilie aus Thrakien, reiste als ›Kofferkind‹ zwischen Deutschland und Griechenland. Heute lebt er in Frankfurt, ist Mitbetreiber des Cafe-Größenwahn und Inhaber des Größenwahn-Verlags Frankfurt am Main. Er ist Illustrator für Kinderbücher. Veröffentlichungen: ›Die Eroberungs-Messe‹ Gedichte (Vlg. Ploigos/Athen,

1995); ›Die gefährliche Gewohnheit des Fühlens‹ Roman (Vlg. B. Kyriakidis/ Athen 2005); Illustrationen für ›Astropalamidas‹ Märchen, der Schriftstellerin Eleni Delidimitriou-Tsakmaki (Vlg. Dromon/Athen 2009).

Stavrianidis, Stavros
1939 in Thessaloniki geboren. Er emigrierte 1964 zunächst in die Niederlande nach Arnheim und 1966 nach Deutschland. Von 1966 bis 1992 war er in der Chemie-Fabrik Glanzstoff in Heinsberg/Oberbruch beschäftigt, wo er heute noch wohnt. Nebenbei hat er sich als Maler betätigt, und seit 1992 betreibt er die Malerei neben der Schriftstellerei als Hauptberuf. Sein umfangreiches literarisches Werk ist noch unveröffentlicht, abgesehen von einigen Erzählungen von ihm, die in Anthologien mit aufgenommen wurden, und dem Erzählbändchen ›Unteroffizier Bekovic‹, das in Thessaloniki (Vlg. Paratiritis) auf Griechisch erschienen ist.

Stefou, Loukia
Geboren 1959 in Desfina/Phokis, studierte klassische Philologie in Athen und in der Freie Universität von Berlin. Heute lebt sie in Berlin und arbeitet dort bei der Europäischen Schule und als wissenschaftliche Mitarbeiterin beim Institut für neugriechische und Byzantinische Philologie der Freie Universität. Sie übersetzt Literatur auf Griechisch, schreibt Gedichte, Prosa, Kurzgeschichten und Romane. Ihre Übersetzung der römische Komödie ›Mercator‹ von Titus Maccius Plautus würde erfolgreich von Regisseur V. Kyritsis auf der Bühne des National Theaters in Athen aufgeführt.

Thomas, Maria
Sie ist 1983 in Berlin geboren und studierte neugriechische Philologie in Hamburg und Thessaloniki. Sie arbeiten im Verlagswessen und ist Freie Übersetzterin.

Torossi, Eleni
Sie wurde 1947 in Athen geboren und lebt seit 1968 in München. Sie studierte Politikwissenschaften an der Hochschule für Politik in München und arbeitet seit 1971 für den Bayerischen Rundfunk, in dem sie hauptsächlich Kulturbeiträge und Reportagen, aber auch Kindergeschichten und Hörspiele für mehrere Rundfunkanstalten schreibt, während sie in der Redaktion des Griechischen Programms derselben Anstalt bis zu seiner Schließung mitgearbeitet hatte. Viele ihrer Geschichten sind in zahlreiche Anthologien und Schulbücher mit aufgenommen worden. Für ihr Werk ist sie mit mehreren Preisen ausgezeichnet, unter anderem mit dem ARD Medienpreis CIVIS 2006. Veröffentlichungen: ›Freihändig auf dem Tandem‹ Literarische Texte von 30 Frauen aus 11 Ländern, Vlg. Neuer Malik/Kiel, 1985); ›Tanz der Tintenfische‹ Kinderbuch (Vlg. Neuer Malik/Kiel, 1986; Rowohlt 1989; Engl & Lämmel/Holzkir-chen; Patakis/Athen

2001); ›Knopflöcher und Elefanten‹, Kinderbuch (Vlg. Patakis/Athen 1998); ›Paganinis Traum‹ Märchen und Fabeln (Vlg. Neuer Malik/Kiel, 1988; Engl & Lämmel/Holzkir-chen, 1998; Exandas/Athen 1993; Kastor/Athen 2002); ›Zauberformeln‹ Erzählungen (Vlg. Romiosini/Köln, 1998); ›Die Papierschiffe‹ Kinderbuch (Edition Toni Pongratz/Hauzenberg, 1990); ›Begegnungen, die Hoffnung machen‹, (Vlg. Herder/Freiburg, 1993); ›Gangster, Dollars und Kojoten‹ Kindererzählung (Vlg. Engl & Lämmel/Holzkirchen 1999); ›Kleine Worte, große Worte‹ Gespräche (Vlg. Romiosini/Köln, 2001); ›Der Bernsteinbaum‹ Kinderbuch (Vlg. Kastor/Athen, 2001); ›Die Ballade von den Orangen‹, Roman (Exandas/Athen, 2003); ›Ein Fisch im Kakao‹ Kinderbuch (Vlg. Patakis/Athen, 2009);›Warum Tante Iphigenia mir einen Koch schenkte‹ Roman (Vlg. LangenMüller/2009); ›Julchen und Romeo‹ Kinderbuch (Vlg. Patakis/Athen, 2010). 2009 erhielt sie das Bundesverdienstkreuz für ihr Engagement im sozialen und kulturellen Sektor.

Valasiadis, Giorgos
Er ist 1940 in einer griechischen Familie in Istanbul geboren und wuchs im Stadtteil Kurtuluç auf; er absolvierte 1960 das Zográfion Gymnasium. Nach seinem Militärdienst in der türkischen Armee, heiratete er und emigrierte 1965 nach Deutschland, wo er ein Fachhochschulstudium in Frankfurt als Außenhandelswirt abschloss. Seit 1975 ist er deutscher Staatsbürger und lebt in Frankfurt/Main. Er schreibt in griechischer, türkischer und deutscher Sprache. Seine Erzählungen sind in zahlreichen Anthologien erschienen. Veröffentlichungen: ›Und über Tatavla fällt Schnee‹ Roman (Vrl. der deutschen Ausgabe: Dagyeli/Berlin, 2008; die griechische Ausgabe: Vlg. Gavriilides/Athen, 2002; türkische Ausgabe: Vlg. Dünya Yayincilik/Istanbul, 2005), ›Hamam‹ Roman (Vlg. Armida-Äora/Nikosia-Athen, 2008), auch dieser Roman erscheint demnächst in türkischer und deutscher Sprache: Pan Kitap/Istanbul und Dagyeli/Berlin).

GRÖSSENWAHN
VERLAG FRANKFURT AM MAIN
Lenaustraße 97
60318 Frankfurt
Tel.: +49 (0)69 48 00 29 92
Mobil: +49 (0)171 28 67 549
www.groessenwahn-verlag.de

GRÖSSENWAHN
VERLAG FRANKFURT AM MAIN

Lenaustraße 97
60318 Frankfurt
Tel.: +49 (0)69 48 00 29 92
Mobil: +49 (0)171 28 67 549
www.groessenwahn-verlag.de

der/Freiburg,1993) ›Gangster, Dollars und Kojoten‹ Kindererzählung (Vlg. Engl & Lämmel/Holzkirchen 1999), ›Kleine Worte, große Worte‹ Gespräche mit zeitgenössischen griechischen Autoren (Vlg. Romiosini/Köln, 2001), ›Το δέντρο με τα κεχριμπάρια‹ Kinderbuch (εκδ. Κάστωρ/Αθήνα 2001), ›Η μπαλάντα των πορτοκαλιών‹, μυθιστόρημα (Εξάντας/Αθήνα, 2003), ›Ένα ψάρι στο κακάο‹ παιδικό (εκδ. Πατάκης/Αθήνα, 2009), ›Γιατί η θεία Ιφιγένεια μου χάρισε έναν μάγειρα‹ μυθιστόρημα (εκδ. LangenMüller/2009), ›Ιουλίττα και Ρωμαίος‹ παιδικό (εκδ. Πατάκης/Αθήνα, 2010).

ζογραφία κυρίως. Το πολυάριθμο συγγραφικό του έργο, διηγήματα και μυθιστορήματα, παραμένει στο μεγαλύτερο μέρος του αδημοσίευτο, αν εξαιρέσουμε μια μικρή συλλογή διηγημάτων του με τον τίτλο ‹Λοχίας Μπέκοβιτς›, που δημοσιεύτηκε το 1998 στη Θεσσαλονίκη (εκδ. Παρατηρητής). Διηγήματά του ωστόσο έχουν συμπεριληφθεί σε γερμανικές και ελληνικές ανθολογίες.

Στέφου, Λουκία
Γεννήθηκε το 1959 στη Δεσφίνα Φωκίδας. Σπούδασε Κλασσική Φιλολογία στην Αθήνα και υποστήριξε τη διατριβή της στο Freie Universität του Βερολίνου (Institut für Griechische und Lateinische Philologie, Fach Neogräzistik), με θέμα «Die Neugriechische Metaphrase des Stefanites kai Ichnelates von Theodosios Zygomalas» (επιβλέποντες: Prof. Dr. J. Niehoff και Prof. Dr. M. Πεχλιβάνος). Με απόσπαση από την Ελλάδα, διδάσκει στο Κρατικό Ευρωπαϊκό Σχολείο Βερολίνου και ως επιστημονική συνεργάτις στο Ινστιτούτο Νεοελληνικής και Βυζαντινής Φιλολογίας στο Freie Universität. Γράφει ποίηση, δοκίμια, διηγήματα και μυθιστόρημα. Η μετάφρασή της ‹Ο Έμπορος› του T. M. Πλαύτου ανέβηκε σε σκηνοθεσία Β. Κυρίτση στο Εθνικό Θέατρο στην Αθήνα.

Τόμας, Μαρία
Γεννήθηκε το 1983 στο Βερολίνο και σπούδασε νεοελληνική φιλολογία στο Αμβούργο και στη Θεσσαλονίκη. Εργάζεται σε εκδοτικό οίκο και μεταφράζει από τα Ελληνικά στα Γερμανικά.

Τορόση, Ελένη
Γεννήθηκε το 1947 στην Αθήνα, ζει από το 1968 στο Μόναχο, όπου σπούδασε Πολιτικές Επιστήμες. Εργάζεται από το 1971 στον πολιτιστικό τομέα της Βαυαρικής Ραδιοφωνίας και ήταν μέλος της σύνταξης του Ελληνικού προγράμματος της ίδιας Ραδιοφωνίας ως στην κατάργησή του. Συνεργάζεται και με άλλα ραδιοφωνικά ιδρύματα. Γράφει παιδικά και εφηβικά βιβλία και στις δυο γλώσσες, διηγήματα για μεγάλους επίσης και στις δ ζο γλώσσες, ρεπορτάζ και ραδιοφωνικά έργα. Οι ιστορίες της έχουν δημοσιευθεί σε πλήθος ανθολογίες και σχολικά βιβλία. Για το έργο της έχει τιμηθεί με πολλά βραβεία, μεταξύ άλλων και με το ARD Medienpreis CIVIS 2006. Το 2009 τιμήθηκε με το γερμανικό Παράσημο Αξίας για την κοινωνική και πολιτιστική της προσφορά και δραστηριότητα. Δημοσιεύσεις: ›Freihändig auf dem Tandem‹ Literarische Texte von 30 Frauen aus 11 Ländern, Vlg. Neuer Malik/Kiel, 1985), ›Ο μελάνιος τρεχαντήρας ‹παιδικό (εκδ. Neuer Malik/Kiel, 1986; Rowohlt 1989; Engl & Lämmel/Holzkirchen; Πατάκης/Αθήνα 2001)›Κουμπότρηπες και ελέφαντες‹, παιδικό (εκδ. Πατάκης/Αθήνα 1998), ›Το βιολί του Παγανίνι‹ παραμύθια (εκδ. Neuer Malik/Kiel, 1988; Engl & Lämmel/Holzkirchen, 1998; Εξάντας/Athen 1993; Κάστωρ/Αθήνα 2002), ›Zauberformeln‹ Διηγήματα ελλ./γερμ. (Vlg. Romiosini/Köln, 1998), ›Die Papierschiffe‹ Kinderbuch (Edition Toni Pongratz/Hauzenberg, 1990), ›Begegnungen, die Hoffnung machen‹, (Vlg. Her-

Παλλαντζά, Έλενα
Γεννήθηκε το 1969 στην Αθήνα. Σπούδασε Ελληνική Φιλολογία και Διαπολιτισμική Εκπαίδευση στην Αθήνα, στο Φράιμπουργκ και στην Κολωνία. Από το 2003 ζει στη Βόννη όπου διδάσκει Νέα Ελληνική Γλώσσα και Πολιτισμό στο Πανεπιστήμιο. Συνεργάζεται με το λογοτεχνικό περιοδικό ΔΙΑΒΑΖΩ και ασχολείται με τη μετάφραση. Γράφει πεζογραφία, κυρίως διηγήματα, στα ελληνικά. Το βραβευμένο διήγημά της ‹Ο κύριος Ζαχαρίας› δημοσιεύτηκε στην «Ανθολογία Διηγήματος Αντώνης Σαμαράκης» (εκδ. Καστανιώτης/Αθήνα 2009).

Πατένταλης, Μιχάλης
Γεννήθηκε στο Ντύσσελντορφ και μεγάλωσε στην Προσωτσάνη Δράμας. Σπούδασε Θεωρία και Αρμονία της Μουσικής και Ψυχολογία. Ασχολήθηκε με την ασπρόμαυρη φωτογραφία και εργάστηκε στην ραδιοφωνία. Από το 1996 εργάζεται στον τομέα της Ψυχοθεραπείας στην πανεπιστημιακή κλινική του Ντύσσελντορφ. Λογοτεχνικά του έργα έχουν μεταφραστεί σε έξι γλώσσες και έχει διακριθεί στον πανελλήνιο διαγωνισμό για νέους συγγραφείς «Αντώνης Σαμαράκης» με το διήγημα ‹Η κοκκινοσκουφίτσα της Πολυκατοικίας›. Το διήγημά του ‹Το υπέροχο χαμόγελο της Άνν Εβίλ› προσαρμόστηκε σε σενάριο από τον σκηνοθέτη Α. Μπαφαλούκα. Δημοσιεύσεις: ‹Η μυωπία μιας πόλης› ποίηση (ελλ/γερμ. εκδ. Ρωμιοσύνη, 1998), ‹Gilete Contour› ποίηση/αφήγημα (ελλ/γερμ. εκδ. Ρωμιοσύνη 2002), ‹Ο μισθοφόρος μινώταυρος›, διηγήματα (εκδ. University Studio Press, Θεσσαλονίκη 2008). Διηγήματά του έχουν συμπεριληφθεί σε διάφορες ελληνικές και γερμανικές ανθολογίες.

Σαμψούνης, Σεβαστός Π.
Γεννημένος το 1966 στο Ντάρμσταντ, σε μια οικογένεια γκασταρμπάιτερ από τη Θράκη, ταξίδεψε για χρόνια ως το ‹παιδί-βαλίτσα› μεταξύ Γερμανίας και Ελλάδας. Σπούδασε οδοντοτεχνική και σήμερα ζει στην Φρανκφούρτη. Είναι συνέταιρος στο „Cafe-Größenwahn" και ιδιοκτήτης του εκδοτικού οίκου Größenwahn Verlag Frankfurt am Main. Εικονογραφεί παιδικά βιβλία και εργάζεται ως ελεύθερος λέκτορας για ελληνικούς εκδοτικούς οίκους. Δημοσιεύσεις: ‹Η ακολουθία της Αλώσεως› ποίηση (εκδ. Πλοηγός/Αθήνα, 1995, ‹Η επικίνδυνη συνήθεια να αισθάνομαι› μυθιστόρημα (εκδ. Β. Κυριακίδη/Αθήνα, 2005). Εικονογράφηση στο παραμύθι της Ελένης Δεληδημητρίου-Τσακμάκη, ‹Αστροπαλαμίδας, ο προστάτης των ζώων› (Δρόμων/Αθήνα, 2009).

Σταυριανίδης, Σταύρος
Γεννήθηκε το 1939 στη Θεσσσαλονίκη. Το 1964 μετανάστευσε στο Άρνχαϊμ της Ολλανδίας, και το 1966 στη Γερμανία. Από το 1966 ως το 1992 εργάστηκε στο εργοστάσιο Χημικών Glanzstoff στο Χάινσμπεργκ/Όμπερμπρουχ, όπου και ζει. Παράλληλα ασχολήθηκε με τη ζωγραφική, η οποία από το 1992 έγινε και το κυρίως επάγγελμά του, ενώ άρχισε και συνέχισε να γράφει και λογοτεχνία, πε-

τά του σε ραδιοφωνικές εκπομπές κι ασχολείται με το έργο Ελλήνων ποιητών. Υπό έκδοση στον εκδοτικό οίκο Γαβριηλίδης/Αθήνα είναι η ποιητική του συλλογή ‹Το περιεχόμενο του υπόλοιπου›.

Μάντερ, Κάρολιν
Γεννήθηκε το 1972 στο Τύπινγκεν και ζει στο Βερολίνο. Σπούδασε Ιταλική και Γερμανική Φιλολογία και Πολιτικές Επιστήμες στο Φράιμπουργκ, την Περούτζια και το Παλέρμο. Εργάζεται ως σκηνοθέτις, μεταφράστρια και επιμελήτρια κειμένων. Το 2007 διακρίθηκε με το βραβείο Καλλιτεχνών Νέας Γενιάς της Βόρειας Ρηνανίας-Βεστφαλίας για τη σκηνοθεσία της στα έργα ‹Ιθάκη› και ‹Μήδεια› στο θέατρο του Ντόρτμουντ.

Μυνχ, Μπριγκίττε
Γεννήθηκε το 1947 στο Ντύσσελντορφ και εργάστηκε αρκετά χρόνια σε βιβλιοπωλεία, βιβλιοθήκες, καθώς και σε εκδοτικούς οίκους βιβλίων και εφημερίδων. Από το 1980 ως το 1985 εργάστηκε στο Κάιρο της Αιγύπτου στον ραδιοφωνικό σταθμό Radio Kairo, στο Local European Service, ως μεταφράστρια, εκφωνήτρια και οργανώτρια προγράμματος στα γερμανικά, αγγλικά και ελληνικά. Από το 1985 ζει μόνιμα στη Νάξο. Έχει πολλές δημοσιεύσεις στο ενεργητικό της ως συγγραφέας, μεταφράστρια ελληνικής λογοτεχνίας στα γερμανικά, καθώς επίσης τουριστικών φυλλαδίων και ταξιδιωτικών εγχειριδίων.

Νόλλας, Δημήτριος
Γεννήθηκε το 1940 στην Αδριανή Δράμας και μεγάλωσε στην Αθήνα. Σπούδασε Νομικά και Κοινωνιολογία στην Αθήνα και στην Φραγκφούρτη. Λόγω εργασίας έζησε για πολλά χρόνια σε διάφορες πόλεις της Δυτικής Ευρώπης. Εργάστηκε για την ελληνική κρατική τηλεόραση και σε ιδιωτικά κανάλια ως διευθυντής προγράμματος. Από το 1993 ως το 1995 δίδαξε σενάριο στην Πάντειο Σχολή των Αθηνών. Διετέλεσε πρόεδρος του Εθνικού Κέντρου Βιβλίου. Για το έργο του έχει λάβει πολλά εθνικά και διεθνή βραβεία. Δημοσιεύσεις: ‹Η νεράιδα της Αθήνας› νουβέλα (1974), ‹Πολυξένη› νουβέλα (1974), ‹Το τρυφερό δέρμα› αφηγήσεις (1982), ‹Τα καλύτερα χρόνια› νουβέλα (1984), ‹Το πέμπτο γένος› νουβέλα (1988), ‹Ονειρεύομαι τους φίλους μου› αφηγήσεις (1990), ‹Ο τύμβος κοντά στη θάλασσα› μυθιστόρημα (1992), ‹Ο άνθρωπος που ξεχάστηκε› μυθιστόρημα (1994), ‹Τα θολά τζάμια› αφηγήσεις (1996), ‹Μικρά ταξίδια› ταξιδιωτικές εντυπώσεις (1998), ‹Φωτεινή μαγική› μυθιστόρημα (2000), ‹Από μια εικόνα στην άλλη› μυθιστόρημα (2003), ‹Ο παλιός εχθρός› αφηγήσεις (2004), ‹Φύλλα καπνού› δοκίμιο (2005). Ναυαγίων πλάσματα (2009) και Ο καιρός του καθενός (2010). Πολλά του διηγήματα έχουν μεταφραστεί και εκδοθεί στα γερμανικά σε διάφορες ανθολογίες, ενώ το 2005 εκδόθηκε από τον εκδ. οίκο Ρωμιοσύνη στην Κολωνία μια δίγλωσση συλλογή διηγημάτων του με τίτλο ‹Der alte Feind›.

αρχίζει να ασχολείται με την λογοτεχνία. Το 1988 και 1994 κερδίζει υποτροφία εργασίας από το υπουργείο πολιτισμού της Βόρειας Ρηνανίας-Βεστφαλίας. Γράφει ποίηση, δοκίμια, αφηγήσεις και μυθιστορήματα στη γερμανική γλώσσα. Εκδόσεις: ‹Ημερολόγιο ενός χωρισμού› ποίηση (εκδ. Edition Gelber Igel/Βόννη, 1987), ‹Εσύ όμως, Λίσυ, μη φοβάσαι› ποίηση (εκδ. Edition Gelber Igel/Βόννη, 1987), ‹Ιθάκη› μυθιστόρημα (εκδ. Katzmarz & Fieberg/Βόννη, 1989, $2^η$ έκδοση εκδ. Avlos/Sankt Augustin, 1999), ‹Παρεμπιπτόντως, ο Έρωτας› ποίηση και μινιατούρες (εκδ. Avlos/Sankt Augustin, 1994), ‹Το όρος των Ελαιών› αφήγηση (εκδ. Avlos/Sankt Augustin, 1996), ‹Τα φτερά του κοκκινολαίμη› μυθιστόρημα (εκδ. Free Pen 2001, $2^η$ έκδοση 2009), ‹Monte Carlo›, ταινία μικρού μήκους βασισμένη στο διήγημα ‹Χαρούμενα Χριστούγεννα› (2000).

Κυρίμης, Πέτρος
Γεννήθηκε το 1945 στην Αθήνα και σπούδασε σκηνοθεσία τηλεόρασης και φωτογραφία. Στην Ελλάδα έγινε γνωστός προπάντων από τις σκηνοθεσίες του για τον κινηματογράφο και την τηλεόραση. Άρχισε από νωρίς να γράφει στίχους, ποιήματα, αφηγήσεις, θεατρικά έργα για παιδιά, νουβέλες και μυθιστορήματα. Οι λογοτεχνικές του εργασίες τιμήθηκαν με βραβεία και συμπεριλήφθηκαν σε πολλές ανθολογίες. Δημοσιεύσεις: ‹Η καρδιά του κότσυφα› νουβέλα (εκδ. Κασταντιώτης/Αθήνα, 1998 & εκδ. Ρωμιοσύνη/Κολωνία, 2000), ‹Ιστορίες του πριν και του μετά› αφηγήσεις (εκδ. Ίνδικτος/Αθήνα, 2003), ‹Ανδρικές απολαύσεις› διηγήματα (εκδ. ελληνικά Γράμματα/Αθήνα, 2004), ‹Το λευκό του Ήλιου› νουβέλα (εκδ. Ηλέκτρα/Αθήνα, 2007), ‹Κύριε των λυγμών› μυθιστόρημα (εκδ. Ηλέκτρα/Αθήνα, 2008).

Κύρο Πόντε
Γλωσσολόγος και διδάκτορας Νευροεπιστημών, γεννήθηκε το 1972 στο Έσλινγκεν της Γερμανίας. Τα παιδικά και μαθητικά του χρόνια ως το 1979 τα πέρασε όμως στη Θεσσαλονίκη, την οποία έμελλε πάλι να εγκαταλείψει για σπουδές πρώτα στο Φράιμπουργκ και έπειτα στο Τύμπινγκεν. Εκτός από μια σειρά επιστημονικών συγγραμμάτων έχει εκδοθεί η ποιητική του συλλογή ‹Τέσσερις μορφές, ένας έρωτας› (BoD, 2009). Στις μεταφραστικές του δουλειές ανήκουν ‹Το τελευταίο αντίο› του Βασίλη Βασιλικού (εκδόσεις Buntehunde, 2009). Το 2007 ίδρυσε τη διαδικτυακή πύλη λογοτεχνίας Inlitera, από την οποία προέκυψε η ανθολογία Netzwerke, καθώς επίσης και μια σειρά συνεντεύξεων με λογοτέχνες. Ο Κύρο Πόντε είναι παντρεμένος. Ζει και εργάζεται μεταξύ Τύμπινγκεν και Στουτγκάρδης.

Μάινας, Αλέξιος
Ο ελληνογερμανικής καταγωγής ποιητής γεννήθηκε το 1976 στην Αθήνα όπου και μεγάλωσε. Σπούδασε Φιλοσοφία στη Βόννη, ζει κοντά στην Κολωνία κι ασχολείται με τη λογοτεχνία γράφοντας δίγλωσσα. Κάνει λογοτεχνικές βραδιές σε Γερμανία και Ελλάδα, δημοσιεύει σε περιοδικά, παρουσιάζει κείμενα και ποιήμα-

του Οδυσσέα>, <Εκδρομή με φίλες> και <δεκαέξι μικρά ελληνικά εγκλήματα> (εκδ. Ρωμιοσύνη/Κολωνία).

Δεληδημητρίου-Τσακμάκη, Ελένη
Γεννημένη το 1398 στο Ζαγγλιβέρι Θεσσαλονίκης, πέρασε την παιδική της ηλικία στην Κατερίνη. Το 1961 μετανάστευσε με τον σύζυγό της στη Γερμανία. Η ζωή τη διαδραματίστηκε από την αρχή ανάμεσα στις δύο χώρες-πατρίδες, σήμερα ζει κυρίως στο Μόναχο. Δημοσιεύσεις μ. ά.: <Η πάνινη κούκλα> αυτοβιογραφικό μυθιστόρημα (εκδ. Ρωμιοσύνη/Κολωνία & Λάμψη/Αθήνα, 1993), <Η απόφαση που δεν πάρθηκε> αυτοβιογραφικό διήγημα (εκδ. Λάμψη/Αθήνα, 1994), <Κωμικοτραγικές σκηνές από τη ζωή των μεταναστών> θεατρικό (Μόναχο/1998), <Άρης, το παιδί του μετανάστη> εφηβική νουβέλα (εκδ. Ρωμιοσύνη/Κολωνία, 1998 & εκδ. Δρόμων/Αθήνα, 2005), <Τα δέντρα που δεν ρίζωσαν> μαρτυρίες μεταναστών Γερμανίας, 2001, και στα γερμανικά με τίτλο: Lebenswege - Zeugnisse griechischer Einwanderer in Deutschland, 2005 (και τα δυο εκδ. University Studio Press/Θεσσαλονίκη), <Μαμά να ξανάρθεις> παιδικό αφήγημα (εκδ. Δρόμων/Αθήνα, 2004), <Στους Δελφούς με τον Ηνίοχο> παιδικό αφήγημα (εκδ. Δρόμων/Αθήνα, 2005), <Ταξιδιάρικα πουλιά> παιδικό ταξιδιωτικό αφήγημα (εκδ. Δρόμων/Αθήνα, 2007), <Αστροπαλαμίδας, ο προστάτης των ζώων> παραμύθι (εκδ. Δρόμων/Αθήνα, 2009).

Κοντογιώργη, Αρετή
Γεννήθηκε το 1974 στην Αθήνα, αποφοίτησε από τη Γερμανική Σχολή Αθηνών και σπούδασε Βυζαντινολογία, Νεοελληνική Φιλολογία και Ιστορία στο Πανεπιστήμιο του Αμβούργου. Θέσεις εργασίας: Ελληνικό Προξενείο Αμβούργου, Διεπιστημονικό Κέντρο Μελέτης της Πολυγλωσσίας στο Πανεπιστήμιο Αμβούργου, Εθνικό Κέντρο Βιβλίου (ΕΚΕΒΙ), καθώς επίσης και στην οργανωτική Επιτροπή «Φρανγκφούρτη 2001», όταν η Ελλάδα ήτανε τιμώμενη χώρα στην Διεθνή Έκθεση Βιβλίου. Από το 2002 εργάζεται ως ελεύθερη μεταφράστρια.

Κορνέτη, Έλσα
Γεννήθηκε στο Μόναχο. Σπούδασε Οικονομικά στα Πανεπιστήμια Μακεδονίας και Trier στη Γερμανία. Εργάστηκε πάνω από μια δεκαετία ως δημοσιογράφος. Σήμερα ζει και εργάζεται στη Θεσσαλονίκη ως διευθύνων σύμβουλος επιχείρησης. Ποιήματα, διηγήματα, δοκίμια, βιβλιοκρισίες και μεταφράσεις της δημοσιεύονται τακτικά σε έγκριτα λογοτεχνικά περιοδικά. Ποιήματά της έχουν περιληφθεί σε ανθολογίες και έχουν δημοσιευτεί σε ξένα περιοδικά μεταφρασμένα στα αγγλικά και στα βουλγαρικά. Έχει εκδόσει τις ποιητικές συλλογές: <Στη σπείρα του κοχλία> (2007), <Η αιώνια κουτσουλιά> (2007), <Ένα μπουκέτο ψαροκόκαλα> (2009).

Κρομμύδας, Γιώργος
Γεννήθηκε το 1936 στη Καβάλα και το 1961 μετανάστευσε στη Γερμανία για σπουδές. Εργάστηκε σε καζίνο, ενώ αργότερα έγινε ιδιοκτήτης καζίνων. Το 1985

υμένου/ειδικού βιβλίου όπως και στον τομέα της διαφήμισης. Δημοσιεύσεις: ‹Μοίρα-Μάρε› λυρικό δοκίμιο-αφήγηση (2001).

Βαλασιάδης, Γιώργος

Γεννήθηκε το 1940 στην Κωνσταντινούπολη και αποφοίτησε το 1960 από το εκεί Ζωγράφειον Γυμνάσιο. Αφού έκανε τη στρατιωτική του θητεία στον τουρκικό στρατό, παντρεύτηκε και, μετά τον διωγμό των Ελλήνων από την Κωνσταντινούπολη (1962/1964), μετανάστευσε το 1965 στην Γερμανία, όπου σπούδασε στην Ακαδημία της Φραγκφούρτης Διεθνές Εμπόριο. Από το 1975 έχει την γερμανική υπηκοότητα και ζει στην Φραγκφούρτη. Γράφει στα ελληνικά, τουρκικά και γερμανικά. Πολλά διηγήματά του έχουν συμπεριληφθεί σε ελληνικές και γερμανικές ανθολογίες. Δημοσιεύσεις: ‹Και στα Ταταύλα χιόνι› (εκδ. Γαβριηλλίδης/Αθήνα, 2002), βιβλίο που μεταφράστηκε και εκδόθηκε και στα τουρκικά (εκδ. Dünia/Istanbul, 2005, και στα γερμανικά, εκδ. Dagyeli, Berlin 2008), ‹Το χαμάμ› (εκδ. Αρμίδα-Αιώρα, Λευκωσία/Αθήνα, 2008), έργο που μεταφράζεται επίσης στα τουρκικά και γερμανικά.

Γιάπαπας, Σωκράτης

Γεννήθηκε το 1937 στην Αθήνα. Άρχισε και, μετά τη στρατιωτική του θητεία στην Ελλάδα, συνέχισε τις σπουδές στο Τεχνικό Πανεπιστήμιο του τότε Δυτικού Βερολίνου απ' όπου αποφοίτησε ως Διπλωματούχος Μηχανικός Διεργασιών ύλης το 1966. Εργάστηκε σε μεγάλες εταιρείες ως γενικός διευθυντής, τόσο στην Ελλάδα όσο και στην Γερμανία, ως την αφυπηρέτησή το 2004. Τώρα είναι πρόεδρος του τεχνολογικού κέντρο ανάπτυξης του νοτίου Βρανδεμβούργου. Παράλληλα ασχολήθηκε και ασχολείται με κοινωφελή έργα στην περιοχή του Βρανδεμβούργου, είναι μέλος πολλών συμβουλίων του κρατιδίου αυτού, ενώ το 2007 έγινε διδάκτωρ του πανεπιστημίου της Βαρσοβίας. Το 2010 του απονεμήθηκε το Βραβείο της Ευρωπαϊκής Ένωσης 2010 για τις υπηρεσίες του υπέρ της ανάπτυξης της ευρωπαϊκής ιδέας, ενώ την ίδια χρονιά παρασημοφορήθηκε από τον πρωθυπουργό του Βρανδεμβούργου Platzeck με το παράσημο τιμής του κρατιδίου. Από μικρός γράφει ποίηση και πεζά ενώ εξακολουθεί να δίνει ρεσιτάλ τραγουδιού με γερμανοελληνική ορχήστρα. Δημοσιεύσεις ποιητικών συλλογών μ.ά.: Φεστιβάλ Πορτοχελιού (εκδ. Δαίδαλος/1992), Ανεμομαζώματα-Αγγελοσκορπίσματα (εκδ. Δαίδαλος/1993), Γήινα όνειρα (Εταιρεία Γραφικών τεχνών Α-ΒΕΛ/2001), Πορτοχελιώτικα όνειρα, (Τυπογραφείο Διάττων, Μάιος 2008).

Γεωργαλλίδη, Σοφία

Γεννήθηκε το 1957 στη Σεβαστή Κατερίνης όπου και μεγάλωσε. Από το 1971 ζει στη Γερμανία. Σπούδασε Μεσαιωνική και Νεοελληνική Φιλολογία και αμέσως μετά άρχισε να ασχολείται με τη λογοτεχνική μετάφραση κειμένων από τα Ελληνικά στα Γερμανικά και αντιστρόφως. Μεταφράσεις της δημοσιεύθηκαν σε ανθολογίες και περιοδικά. Επίσης επιμελήθηκε τις ανθολογίες ‹Οι κληρονόμοι

Άιντεναϊερ-Αναστασιάδη, Νίκη

Γεννήθηκε το 1940 στο Κιλκίς. Φιλόλογος, απόφοιτος του Αριστ. Πανεπ. Θεσσαλονίκης, Μεταπτυχιακές σπουδές στο Μόναχο, καθ. H.-G. Beck. Ζει από το 1963 στη Γερμανία. Εργάσθηκε στους ραδιοφωνικούς σταθμούς Μόναχου και Κολωνίας και δίδαξε Νέα Ελληνικά και Λογοτεχνία στο Πανεπιστήμιο της Φραγκφούρτης. Το 1982 ίδρυσε τον εκδοτικό οίκο "ΡΩΜΙΟΣΥΝΗ - για τη διάδοση της νεοελληνικής λογοτεχνίας στον γερμανόφωνο χώρο", τον οποίο διευθύνει μέχρι σήμερα. Μεταφράζει σύγχρονη ελληνική λογοτεχνία στα γερμανικά καθώς και σύγχρονη γερμανική λογοτεχνία στα ελληνικά.

Άιντεναϊερ, Χάνς

Γεννήθηκε το 1937 στη Στουτγάρδη της Γερμανίας. Σπούδασε Κλασική Φιλολογία, Βυζαντινολογία, Νεοελληνική Φιλολογία, Ιστορία, Φιλοσοφία και Γλωσσολογία στα πανεπιστήμια Tübingen, Αμβούργου, Θεσσαλονίκης και Μονάχου. Το 1966 ανακηρύχτηκε Dr. Phil.του Πανεπιστημίου του Μονάχου. Από το 1969 δίδαξε στο Πανεπιστήμιο της Κολωνίας Βυζαντινολογία, Νεοελληνική Γλώσσα και Λογοτεχνία πρώτα ως λέκτορας, από το 1974 ως υφηγητής και από το 1975 ως καθηγητής της Μεσαιωνικής και Νεοελληνικής Φιλολογίας. Το 1994 ανέλαβε καθήκοντα τακτικού καθηγητή στην έδρα της Βυζαντινολογίας και Νεοελληνικής Φιλολογίας στο Πανεπιστήμιο του Αμβούργου, όπου και δίδαξε ως στο 2002. Διετέλεσε επισκέπτης καθηγητής το 1978/79 και το 1989 στο Πανεπιστήμιο της Θεσσαλονίκης, το 1981 στο Πανεπιστήμιο της Κρήτης στο Ρέθυμνο και το 1998 στο Πανεπιστήμιο της Κύπρου. Την Πρωτοχρονιά του 2003 του απονεμήθηκε ο Χρυσός Σταυρός Τιμής από τον Πρόεδρο της Ελληνικής Δημοκρατίας Κωνσταντίνο Στεφανόπουλο. Το Μάιο του 2005 ανακηρύχθηκε επίτιμος διδάκτωρ της Φιλοσοφικής Σχολής του Αριστοτελείου Πανεπιστημίου της Θεσσαλονίκης. Το 2007 του απονεμήθηκε το παράσημο ΣΟΛΟΙ από το Υπουργείο Παιδείας και Πολιτισμού της Κυπριακής Δημοκρατίας.Στα δημοσιεύματά του έχει κατά κύριο λόγο ασχοληθεί με φιλολογικά προβλήματα της μεσαιωνικής δημώδους γραμματείας, εκδόσεις κειμένων της πρώιμης νεοελληνικής, τη διδασκαλία των νεοελληνικών σε γερμανόφωνους, καθώς και με μεταφράσεις νεοελληνικής λογοτεχνίας στα γερμανικά.

Ανδρώνη, Θάλεια

Γεννημένη το 1966 στο Μύνστερ από πατέρα Έλληνα και μητέρα Γερμανίδα, πέρασε την παιδική της ηλικία στην Ελλάδα και στην Γερμανία. Σπούδασε στο Πανεπιστήμιο του Μύνστερ Κοινωνιολογία, Εθνολογία και Πολιτικές Επιστήμες. Μετεκπαιδεύτηκε ως δημοσιογράφος Δημοσίων Σχέσεων. Εργάστηκε σε εταιρεία Δημοσίων σχέσεων, ως Media-παιδαγωγός και υπεύθυνη σε κέντρο επιμόρφωσης ενηλίκων, καθώς και ως ελεύθερη δημοσιογράφος. Σήμερα κατοικεί στην Κολωνία και από το 2004 είναι ελεύθερη επιμελήτρια στον τομέα εξειδικε-

ΒΙΟΓΡΑΦΙΚΑ

τερές μου. Ούτε μια στιγμή δεν χάνω την ισορροπία μου. Την τρίτη φορά που ήρθα τα πάνω κάτω τον βλέπω να με κοιτάει και να χαμογελάει αχνά. Ετούτη τη στιγμή μου 'ρχεται η φαϊνή ιδέα για την ξαφνική του παρουσία εδώ, στο γήπεδο της Χελένε. Εννιά Αυγούστου δεν είναι σήμερα; Έχει τα γενέθλιά του! Ήρθε να κάνει τον απολογισμό του. Τον κάνω κι εγώ μερικές φορές κι ας είμαι μόνο δεκατρία παρά κάτι. Απολογισμό λοιπόν κι αυτός.

Σουτάρω κι αρχίζω ένα φανταστικό παιχνίδι δίχως αντίπαλο. Κάνω τρίπλες με τη μπάλα, όπως είδα να κάνει ο Ρονάλντο. Της δίνω μια, αυτή ορμάει προς τα μπρος με δύναμη κι εγώ τρέχω με τη φοβερή μου ταχύτητα να την προλάβω. Τον βλέπω να κοιτάει, να χαμογελάει, να σηκώνει τα χέρια, να βάζει τα δάχτυλα στο στόμα για να σφυρίξει, εγώ το χαβά μου, εκείνος σμίγει τα φρύδια και ξανά τα χέρια προς τα πάνω, μου κάνει νόημα να προσέξω έναν φανταστικό αντίπαλο: *το καλύτερο παιχνίδι είναι όταν δεν υπάρχει αντίπαλος και βγαίνει ξαφνικά μπροστά σου. Τη δουλειά σου εσύ!* Έχει τα γενέθλιά του κι αυτό είναι το δώρο μου. Συνεχίζω ακάθεκτος, εκείνος πηδάει ψηλά, κουνάει το κεφάλι λοξά, μου δίνει νόημα για κεφαλιά, κλοτσάω τη μπάλα, σηκώνεται, της δίνω φοβερή κεφαλιά σαν τον Χαριστέα, ρίχνω μια κατακόρυφο στον αέρα, ξαναπρολαβαίνω τη μπάλα, της ξαναρίχνω κεφαλιά και τη χώνω στο δίχτυ. Ο Όττο χτυπάει παλαμάκια, δεν φαίνεται τώρα θλιμμένος. Χαίρεται, κι όσο χαίρεται εκείνος τόσο εγώ τρέχω και δώστου ξανά την μπάλα και πάλι και πάλι, κι εκείνη πετάει στα σύννεφα.

Ο Όττο πηδάει δυο-δυο τις κερκίδες, τρέχει τώρα, κλοτσάει τη μπάλα, την προλαβαίνω εγώ πριν βγει άουτ και τη χώνω πάλι στα δίχτυα. Εκείνος έρχεται καταπάνω μου και μ' αγκαλιάζει. Τρανταζόμαστε από χαρά και χοροπηδάμε.

Σήμερα έχουμε κι οι δυο τα γενέθλιά μας.

δάσκαλός μου, ο κύριος Στέφαν, λέει ότι με την ομιλία κάνω πολλές προόδους. Λοιπόν έχω ετοιμάσει κι ένα CD με το τροπάριο. Έλεγα να τον πετύχω κάποτε στο ελληνικό που πάει με την Μπεάτε και να του το χαρίσω. Είναι ένα ελληνικό εστιατόριο πάνω στο λόφο της λίμνης κοντά στο σπίτι τους. Τη βραδιά της νίκης έγινε μεγάλη γιορτή εκεί. Ο Έλληνας ιδιοκτήτης ανακοίνωσε πως θα παραγγείλει το άγαλμα του Όττο σ' ένα μαρμαρά στη Θεσσαλονίκη για να το στήσει έξω από το μαγαζί. Αυτό μου το είπε ο μπαμπάς. Ο Όττο, μόλις επέστρεψε πριν λίγες μέρες με την Μπεάτε από τη νήσο Ζυλτ που έκαναν διακοπές, δήλωσε πως δεν του αρέσουν αυτά.

Να τον έπιασε άραγε σήμερα νοσταλγία για τα πρώτα του παιχνίδια στην TuS Helene; Ήταν κι αυτός δώδεκα χρονών, όταν άρχισε εδώ. Εγώ κοντεύω τα δεκατρία. Μόνο αυτός μπορεί να τους πείσει να με πάρουν κι ας μην ακούω. Στο παιχνίδι πρέπει να βγάζω τα ακουστικά. Πρέπει να του δείξω βέβαια πρώτα πώς παίζω και πόσο γρήγορος είμαι. Μήπως πρέπει να το πάρω τώρα απόφαση και να μπω κι εγώ στα αποδυτήρια; Κι αν θυμώσει; Και τι να του πω; Θα τρομάξει με τη φωνή μου και θα σηκωθεί να φύγει. Έτσι κάνουν οι περισσότεροι. Τη φωνή μου πρέπει να τη συνηθίσει κανείς για να καταλάβει τι λέω. Α, μπαα! Στα αποδυτήρια δεν θα κατέβω. Αποκλείεται. Δεν αντέχω να διακόψω τον Όττο από την περισυλλογή του. Λοιπόν θα κάνω τον γύρο του μαντρότοιχου, θα περάσω την κεντρική πύλη και το κιγκλίδωμα και θα μπω στο γήπεδο. Ο θυρωρός με ξέρει, είναι φίλος μου και δεν λέει τίποτα. Κλοτσάω συχνά εδώ την μπάλα τα απογεύματα. Τελευταία μού κάνει κι αυτός το σήμα της νίκης. Αν είμαι τυχερός και μ' ακούσει ο Όττο, θα έχει την περιέργεια να βγει έξω να δει ποιος είναι.

Μπαίνω στο γήπεδο ρίχνω την μπάλα κι αρχίζω να την κλοτσάω. Σε λίγο τον βλέπω πράγματι να βγαίνει. Μου ρίχνει μια αδιάφορη ματιά και περπατάει αργά πάνω στις κερκίδες. Η καρδιά μου χοροπηδάει στο στήθος μου και πάει να σπάσει. Το παίζω ατάραχος. Ρίχνω δυο τρεις κατακόρυφες στον αέρα από τις καλύ-

κούς. Παρόλο που κάποτε, όταν ο Πελέ αφουγκράσθηκε πίσω του το τρέξιμο του Κάρλος Αλμπέρτο, αντέδρασε σωστά για την περίσταση μόνο και μόνο με την ακοή, χωρίς να γυρίσει να κοιτάξει. Αλλά βέβαια ‹Πελέ› ήταν αυτός, τι λέμε τώρα; Έξω από τον μέσο όρο. Όμως κι εγώ είμαι ο πιο γρήγορος από όλους στο σχολείο. Ναι, τρέχω πολύ, αυτό θα είναι σίγουρα μελλοντικά το ατού μου. Θα αντικαταστήσω την έλλειψη της ακοής με τη γρηγοράδα και την παρατηρητικότητα. Μόνο που θέλω να με συμβουλέψει ο Όττο, να δει πώς παίζω, να μου πει πώς βρίσκει την ταχύτητά μου.

Κοίτα να δεις! Κόλλησε εδώ το άτομο! Κάθεται, κάθεται, μα τι να σκέπτεται, σα να 'ναι στενοχωρημένος. Ποτέ άλλοτε δεν τον έχω δει έτσι. Τον παρακολουθώ συχνά και να σας πω το μυστικό; Τα Σαββατοκύριακα το σκάω και τραβάω προς τη Μπαλντενάυ. Σ' αυτήν την λίμνη έχει το σπίτι του ο Όττο με την Μπεάτε. Πλησιάζω το φράχτη τους και κρυμμένος πίσω από κάτι θάμνους κοιτάζω τι κάνουν. Όταν έχει καλό καιρό, βγαίνουν και παίρνουν το πρωινό τους στον κήπο. Εκείνος πριν πιει την πρώτη γουλιά καφέ ρίχνει μια κατακόρυφο να έρθει σε φόρμα. Μάλλον εξασκεί τη μέση του και την ισορροπία του σώματός του. Από τότε που το πήρα χαμπάρι, κάνω κι εγώ μια κατακόρυφο κάθε πρωί στο δωμάτιό μου. Μια φορά μπήκε η μαμά και τρόμαξε. Μετά την κατακόρυφο κάνει κάποιες ανατάσεις, επικύψεις, τεντώνει τα χέρια, πηδάει πάνω κάτω και πιάνει μετά το τραγούδι. Θα με ρωτήσετε τώρα πώς το καταλαβαίνω αφού δεν ακούω. Του Όττο όλα του τα καταλαβαίνω. Κουνάει κάπως τα χείλια του, κάπως τα χέρια του, δεν χρειάζεται να ακούω. Εξάλλου έχω μελετήσει στην τηλεόραση όλες του τις κινήσεις. Σπούδασα τα χείλια του, όταν προσπαθούσε να συλλαβίσει τον εθνικό μας ύμνο.

«Σε-γνω-ρί-ζω-α-πό-την-κό-ψη-του-σπα-θιού-την-τρο-με-ρή». Ο Όττο τραγουδάει με το παραμικρό. Θέλω κάποτε να του τραγουδήσω την ‹Υπερμάχω›. Θα του αρέσει σίγουρα. Πώς θα την τραγουδήσω; Τσάτρα πάτρα. Πηγαίνω σε ειδικό σχολείο, μαθαίνω να μιλάω κι έχω αρχίσει να εκπαιδεύομαι και με ακουστικά. Ο

Στις αυλές του Zeche Helene έπαιζα από μικρός. Ανέβαινα στα βαγονέτα, καβάλαγα τα λουριά των μηχανών και πολλές φορές σαν να άκουγα ένα μουγκρητό να βγαίνει μέσα από το ψηλό τούβλινο φουγάρο. Σα να 'τανε θεριό.

Ρίχνω μια ματιά μες στο παραθυράκι. Ο Όττο κάθεται ακόμα εκεί, καρφωμένος στον πάγκο. Από το απέναντι πεζοδρόμιο περνάει ο γείτονάς μας, ο κύριος Κουν. Με χαιρετάει κλείνοντας το μάτι και υψώνοντας με τα δυο δάχτυλα το ‹βίκτορυ›. Από τότε που κέρδισε η Εθνική πήραμε τα πάνω μας, είμαστε πολύ cool εμείς οι Έλληνες και θα τα καταφέρουμε και στους Ολυμπιακούς και στο μουντιάλ και παντού, μου έλεγε προχτές. Έτσι λένε όλοι οι Γερμανοί, δηλαδή. Τώρα μάλιστα δείχνουν ρεσπέκτ και στους κωφάλαλους πιτσιρικάδες. Αυτό ξέχασα να σας το πω. Όταν γεννήθηκα ήμουν ένα μωρό δίχως αφτιά. Δεν άκουγα τους ήχους. Η μαμά όλο έκλαιγε. Ο μπαμπάς δούλευε. Εγώ στον κόσμο μου. Από τοσοσδά κλοτσούσα συνεχώς ένα κουτάκι κοκακόλας στον κήπο της γιαγιάς και του παππού. Είχαμε γρασίδι και δεν ακουγόταν. Αργότερα στρώσαμε τσιμέντο κι όταν έβγαινα να κλοτσίσω το κουτάκι, όλοι φώναζαν πως κάνει τρομερό θόρυβο. Μου χάρισαν μια μπάλα. Από τότε την κλοτσάω συνεχώς και όνειρό μου είναι να με πάρουνε στην TuS Helene, στην συνοικιακή ομάδα μας δηλαδή.

Τον Όττο τον παρακολουθώ συνέχεια τα τελευταία χρόνια. Από τότε που έγινα δέκα χρονών, δηλαδή πριν ακόμη αναλάβει εκείνος προπονητής στην Αθήνα.

Μ' αρέσει όταν λέει: «Το παραμύθι συνεχίζεται», ή το άλλο: «Το θαύμα θα γίνει, να είστε σίγουροι!». Γουστάρω τη σιγουριά του για θαύματα. Πολλά από τα χαμηλά σπίτια της παλιάς μας γειτονιάς έχουν μπογιατιστεί απ' αυτόν. Όταν στα δεκαπέντε έχασε τον πατέρα του, πήγε κι έμαθε την τέχνη του ελαιοχρωματιστή, λέει η μαμά, που θέλει να μάθω κι εγώ τη δουλειά του μπογιατζή, γιατί είναι πρακτική και δεν χρειάζεται να ακούς. Εγώ όμως θέλω να γίνω ποδοσφαιριστής. Και δεν νομίζω πως εμποδίζει που δεν ακούω. Το σπουδαίο στο ποδόσφαιρο είναι να βλέπεις όχι να α-

Τώρα μετά τη νίκη στο ευρωπαϊκό όλοι οι Έλληνες περνιούνται για ήρωες. Λοιπόν συχνά μου χαϊδεύουν το κεφάλι όταν με συναντούν, κάτι που πρώτα δεν έκαναν. «Με την υπομονή έρχεται κάποτε και η δικαίωση», λέει ο Όττο. Έτσι κι εγώ υπομονή. Μαζεύω ρεχαγκελισμούς, όσες φράσεις του έχουν πλάκα. Τις λέω έτσι γιατί μου θυμίζουν τους Ευαγγελισμούς και το ‹Τη Υπερμάχω› που μάθαμε στο σχολείο συλλαβιστά.

Όσο εκείνος κάθεται και συλλογιέται να σας πω κι άλλα: Οι παππούδες μου ήρθαν εδώ το ’65. Την εποχή εκείνη ο Όττο ήταν ήδη δυο χρόνια στην Bundesliga. Πρώτος ήρθε από το Κοκκινοπλό ο παππούς. Μετά ακολούθησαν κι άλλοι. Ήρθε και η γιαγιά που είχαν δώσει λόγο από τα πριν. Άδειασε ο Όλυμπος και γέμισε το Έσσεν Κοκκινοπλίτες. Είμαστε όλοι Βλάχοι, αλλά τώρα πια Βλαχογερμανοί, λέει ο παππούς. Η μαμά παντρεύτηκε κι αυτή Κοκκινοπλίτη και μάλιστα νωρίς-νωρίς, γιατί είχα τρυπώσει στην κοιλιά της. Μένουμε στη συνοικία Αλτενέσσεν των ανθρακωρύχων. Το κάρβουνο κι οι μαυρισμένα τοίχοι είναι ακόμα εδώ. Σκόνη μαύρη και χοντρή. Οι δρόμοι σκοτεινοί και συννεφιασμένοι, τα καφετί τούβλα των σπιτιών δακρύζουν. Το παλιό ανθρακωρυχείο Zeche Helene το έχουν φτιάξει κέντρο αθλητισμού για τον αθλητικό σύλλογο Helene, την Ελένη δηλαδή. Απ’ αυτόν εδώ το σύλλογο ξεκίνησε κι ο Όττο. Έμενε κι αυτός μικρός στην ίδια συνοικία. Ποιος να του το ’λεγε τότε που ξεκίνησε από την Ελένη πως θα ’χει κάποτε τόσα πάρε δώσε με την Ελλάδα και ότι θα χοροπηδάει ενθουσιασμένος με άλλα δεκαπέντε εκατομμύρια Έλληνες, δηλαδή δέκα στη χώρα μας κι άλλα πέντε σ’ όλο τον κόσμο.

Κολλάω το μούτρο μου στο τζάμι. Ο Όττο είναι ακόμα στην ίδια θέση. «Πότε χάνουμε και πότε κερδίζουν οι άλλοι», λέει ο μπαγάσας. Καλό ε; Τέτοια κουφά λέει. Έχει χιούμορ. Λέει κι αυτό που το επαναλαμβάνω μέσα μου όταν είμαι κακόκεφος και φτιάχνω: «Το καλύτερο παιχνίδι μας είναι όσο δεν υπάρχει αντίπαλος. Όταν όμως τον έχεις απέναντι, συνέχισε να παίζεις το καλύτερο παιχνίδι.»

ΕΛΕΝΗ ΤΟΡΟΣΗ

Ρεχαγκελισμοί όπως Ευαγγελισμοί

Τον παίρνει το μάτι μου από το στενόμακρο παραθυράκι των αποδυτηρίων. Κάθεται σ' ένα πάγκο με σκυφτό κεφάλι. Δεν με παίρνει είδηση, τον βλέπω από πίσω κι έχει σβέρκο δυνατό σαν ταύρου. Να η ευκαιρία που περιμένω τόσον καιρό, κάπου να τον ξεμοναχιάσω. Το αναπάντεχο είναι πως βρίσκεται τώρα εδώ, στους χώρους της TuS Helene. Τι θέλει όμως μέσα στ' άδεια αποδυτήρια; Βρωμάνε ιδρώτες και μπαγιάτικη βαρβατίλα. Πλανιούνται βουβές ιαχές και πνιχτά μουγκρίσματα. Συλλογιέται σκυφτός, περιεργάζεται ένα-ένα τα ντουλάπια και ξανασκύβει το κεφάλι. Σα να προσεύχεται. Την περίμενα πολύ αυτή τη στιγμή. Πώς όμως να τον πλησιάσω; Σα στενοχωρημένος μου φαίνεται. Πώς να του πω ποιος είμαι;

Να πω πρώτα σε σας ποιος είμαι: Ο Όμηρος, δεκατριών παρά κάτι. Ζω στο Έσσεν και πιστεύω στα παραμύθια και στα θαύματα. Όχι μόνο γιατί το λέει ο Όττο, αλλά γιατί πράγματι γίνονται θαύματα. Να όπως σήμερα που τον βρίσκω μπροστά μου. Όπως τελευταία που όλοι οι Γερμανοί γείτονες μού χαμογελούν πλατιά και μου δείχνουν δυο δάκτυλα με το σήμα της νίκης. Σα να είμαι εγώ ο ήρωας.

τώρα; Τι τον έκανε να φύγει από την κίτρινη καμπύλη της Φιλαρμονικής στο ανάγλυφο της Αγοράς με το φεγγάρι και τη θεϊκή πονεμένη φωνή; «Αν με πίστευες λιγάκι, θα 'ταν όλα αληθινά». Έσκυψε λίγο ακόμα το κεφάλι κι έκλεισε τα μάτια του σφιχτά. Την αρμονία. Πώς να την ορίσεις; Και τη μουσική; «Τι είναι η πατρίδα μας;» Μην είναι οι νότες; Μην είναι οι ήχοι κι οι χροιές κι οι αναμνήσεις;

Έκανε αστραπιαία το ταξίδι προς το τώρα. Από το πριν στο εδώ του. Ήταν σαν να 'χε χαθεί στο ενδιάμεσο του χρόνου και του εαυτού του. Δεν ήξερε πια πού ακριβώς βρισκόταν και τι άκουγε. Αβέβαια όλα τα οριστικά. Κι ο τόπος κι ο χρόνος κι ο ρυθμός. Ο ήχος. Η φωνή της Φλέρυς Νταντωνάκη. Η πατρίδα του φεγγαριού της Αγοράς. Κι η σιωπή γύρω του τώρα. Στη Φιλαρμονική με τις κίτρινες καμπύλες. Άλλος χώρος, άλλος προσδιορισμός. Ήχοι. Σιωπή. Κίτρινο. Χλωμό. Φεγγάρι. Εντός. Στον ολάνοιχτο χώρο της Αγοράς. Τι να πιστέψεις για την ομορφιά, αν δεν την ακούσεις;

Τα βλέφαρά του τρεμόπαιζαν ακολουθώντας πιστά τη ρυθμική του ανάσα. Σιγά-σιγά εντόπιζε τους άλλους γύρω του κι αναρωτιόταν τι άκουγαν εκείνοι. Πού βρίσκονταν;... Βάλθηκε να μετράει από μέσα του τη σιωπή, με το κορμί του, χωρίς να χάνει δευτερόλεπτο. Συγκεντρώθηκε στη σκηνή: ο πιανίστας έσκυψε με δύναμη στα πλήκτρα για να εκτελέσει το κρεσέντο κι ύστερα έγειρε στο πλάι και σηκώθηκε. Με ανακούφιση που τα κατάφερε. Ο κόσμος ξέπνοος. Έσβησαν και τα φώτα της σκηνής. Σκοτάδι και πάλι φως σαν αστραπή. Με το φεγγάρι ν' αγναντεύει τη συνείδησή του από μακριά. Στην Αγορά.

Ο πιανίστας διπλωμένος στα δύο. Μαύρη φιγούρα, μπροστά στο πιάνο με τ' ανοιχτά σπλάχνα. Κι ο κόσμος να παραληρεί. Ποτέ δεν είχε ακούσει πιο μεγάλο ξέσπασμα. Χειροκροτούσαν, χειροκροτούσαν. Σχεδόν όσο κράτησε και η σιωπή. Έφυγε, δεν κάθισε ν' ακούσει τον Σοπέν. Έτρεξε, μήπως προλάβει ανοιχτό το Βιβλιοπωλείο στη Friedrichstrasse.

Για να πιάσει στο χέρι του χαρτί ...

την παύση του ολόκληρου και να έκανε διάλειμμα, αρθρώνοντας ψιθύρους. Και μετά πάλι τίποτα. Για ν' ακούσει τη σιωπή. Με σεβασμό, με προσοχή. Με αφοσίωση.

Στο επόμενο λεπτό ακόμα μια σελίδα διπλώθηκε στ' αριστερά για να αφήσει την άλλη της πλευρά εκτεθειμένη στο ανελέητο φως του προβολέα. Το βλέμμα του πιανίστα πυρετικό πάνω της και τα δάχτυλά του αγκυλωμένα νευρικά πάνω στα πλήκτρα. Εραστές που επέβαλαν στο σώμα τους ερωτική αποχή για να αγγίξουν μόνο την ψυχή τους και να γνωρίσουν το κρυφό της μεγαλείο. Στη δεύτερη σειρά εκείνος, στριφογύρισε στο κάθισμά του κι ανασήκωσε με προσοχή το μανίκι στον αριστερό του καρπό, όπως ο ορθοπεδικός που ξέρει ότι το χέρι του παιδιού είναι σπασμένο και τα ματάκια του είναι ίδια με του γιου του. Κοίταξε το ρολόι του.

Το κορμί του πιανίστα αναδιπλώθηκε στο πιάνο για να γυρίσει ακόμα μια σελίδα. Πάλι με το δεξί κι αστραπιαία. Ο κόσμος αναστέναξε με την ανάσα συντονισμένη στον ίδιο ακριβώς ρυθμό. Σαν να μην ήθελαν να διαλύσουν αυτή τη συμφωνία. Όχι τη μουσική. Της αίθουσας.

Γύρισε τα μάτια του στο χώρο. Γέμισαν ανθρώπους. Οι πιο πολλοί κοιτούσαν στη σκηνή πιάνο και πιανίστα, δίδυμο σε ακινησία, θεατές της στιγμής εκείνου του παραμυθιού που η βασιλοπούλα τρυπήθηκε από τ' αδράχτι και πέτρωσε μαζί με τη μάγισσα που κρατούσε τη ρόκα και μαζί της όλοι οι άλλοι στο παλάτι. Εδώ όμως δεν υπήρχε μάγισσα. Ούτε κακό να το ξορκίσει ένας γενναίος. Η σιωπή δεν ήταν πέτρινη. Έμοιαζε απίστευτη, αλλά ήταν υπαρκτή. Αυτό ήθελε να πετύχει ο Cage. Ακριβώς αυτό. Την αρμονία που δεν περνάει από ρυθμό. Αυτή πρέπει να την πιστέψει η ψυχή σαν μουσική. Αληθινή μουσική. Χωρίς τίποτε συγκεκριμένο.

Και τότε το μυαλό του έφυγε κι έτρεξε σαν το φως πίσω στον τόπο του. Μες στην Αρχαία Αγορά μια φεγγαράτη νύχτα. Άλλος χώρος, άλλος προσδιορισμός. Γυναικεία φιγούρα. Ψηλή, μαλλιά μακριά και σκούρα. Μπερδεμένα κουβάρι αξεδιάλυτο, σαν την ψυχή της. Φωνή θεϊκή. «Χάρτινο το φεγγαράκι...». Πώς έγινε αυτό

μικρό ρολογάκι. Το άνοιξε και το απόθεσε πάνω στο άνοιγμα του πιάνου. Μπροστά του. Δίπλα από το ρολόι, στ' αριστερά άνοιξε την παρτιτούρα. Έστρωσε τη σελίδα προσεκτικά κι ύστερα άνοιξε κι έκλεισε τα δάχτυλά του δυνατά σαν να 'χε ανάγκη να τα δει κι ο ίδιος. Για να ηρεμήσει ότι δεν τον εγκατέλειψαν. Ανασηκώθηκε και ξανακάθισε. Έστρωσε ξανά την παρτιτούρα. Ο κόσμος σταμάτησε τελείως. Ακούστηκε πίσω μόνο ένας μικρός βήχας κι ένας αναστεναγμός. Το κοινό καθάριζε την ‹υποδοχή›. Σαν να περίμενε έναν επισκέπτη κι εκείνος έφτασε και τον περνούσε στη μεγάλη σάλα με τον πολυέλαιο.

Κάτω από τον προβολέα, ο πιανίστας πήρε βαθιά ανάσα μέσα στη σιωπή. Κούνησε ελαφρά το κεφάλι του, ίσιωσε το σώμα σε μια γωνία στα όρια της αμβλείας κι απλώνοντας τα μπράτσα σαν φτερά ξεκίνησε.

Ένα απέραντο πηχτό κενό κάλυψε το σκοτάδι πάνω από το ακροατήριο. Αυτό ακουγόταν μόνο: το σκοτάδι και η πηχτή σιωπή. Ακινησία επί σκηνής. Μέτραγε κι αυτός σαν τον πιανίστα δυνατά μες στο μυαλό του τα άηχα δευτερόλεπτα. Η διπλανή του σταύρωσε τα πόδια της. Το τρίξιμο από τις μεταξωτές της κάλτσες συνόδεψε ανεπαίσθητα τον ήχο από το κύμα στο φουστάνι της και το απαλό πλατάγισμα της πλάτης της πίσω στο κάθισμά της. Κράτησε την ανάσα του και υποχρεώθηκε να το παραδεχθεί: τ' αφτιά του καλωσόρισαν το στιγμιαίο χτύπο του τακουνιού της πάνω στο παρκέ. Αναρωτήθηκε αν ήταν λόγω ακουστικής που νόμιζε πως άκουγε καλλίτερα. Ή μήπως η ακοή μας είναι αποτέλεσμα συγκέντρωσης;

Ο πιανίστας σήκωσε το ένα του χέρι, το δεξί, πάνω απ' τα πλήκτρα και γύρισε γρήγορα σελίδα στην παρτιτούρα. Με το αριστερό σχεδόν να ακουμπάει στη φιλντισένια φλέβα. Για να μη χάσει στιγμή την άηχη μελωδία. Ετοιμοπόλεμο. Αλλά ακινητοποιημένο. Και τότε με την αστραπιαία κίνηση του δεξιού του χεριού στην παρτιτούρα που ακούστηκε να γυρίζει σαν αυλόπορτα αρχοντικού με αλάδωτους αρμούς, ο κόσμος άρχισε να βήχει, να κουνιέται, να γελάει και να βουβαίνεται. Σαν να εκμεταλλευόταν

κόσμος πηγαινοερχόταν σαν πολύχρωμο και πολύβουο κύμα. Ένα ζευγάρι προχωρούσε με προσοχή άκρη-άκρη από τη μια πλευρά της σειράς στα δεξιά του κι εκείνος σκεφτόταν ότι είναι κι αυτό ένα κακό αν βιάζεσαι να πας πρώτος για να μπεις κι εσύ στο ύφος του ‹έργου›. Από αμηχανία, λες κι έφταιγε που δυσκολεύονταν να περάσουν στις θέσεις τους, βάλθηκε να σκέφτεται τις καμπύλες του κτηρίου. Κίτρινη λυγεράδα. Ανακουφισμένο κυρτωμένο βάρος. Με τη σκεπή να βαθαίνει ανοιχτά στο κενό. Φωτεινά μικρά παραθυράκια σαν κυψέλες. Και λάμψη απέραντη από τα γυαλιστερά πατώματα. Σκάλες, λες και οι αρμονικοί αναβαθμοί ξεκίναγαν απέξω.

Τα φώτα χαμήλωσαν σιγά κι ανεπαίσθητα. Τόσο απαλά που έκλεισε αμέσως τα μάτια για να συγκεντρωθεί και να συνειδητοποιήσει τι έβλεπε προηγουμένως που τώρα μόνο το υπέθετε. Το φως έσβηνε και οι φιγούρες ήταν εκεί όπως τις θυμόταν. Ήταν εκεί, γιατί τις άκουγε. Έκλεισε τα μάτια και συγκεντρώθηκε στους ήχους. Το κοινό καταλάγιαζε κι εκείνο. Όλα προμήνυαν κάτι. Απόλυτο σκοτάδι και μόνο ήχοι που έσβηναν σιγά-σιγά, σαν να είχαν όλοι συμφωνήσει πως με τη σιωπή θα έπειθαν τον πιανίστα να βγει μπροστά τους και να παίξει. Κρατούσε την αναπνοή του και είχε τα μάτια του κλειστά παλεύοντας να νιώσει την ανάσα του ανθρώπου που σε λίγο θα 'βγαινε μπροστά τους, πάνω στη σκηνή. Έσφιξε τα χέρια του με αγωνία. Σχεδόν ακαριαία μια γλώσσα φωτεινή έτρεξε γρήγορα μες στο σκοτάδι να δείξει την πόρτα που άνοιγε στο πλάι της σκηνής και αυτόματα η σιωπή γέμισε χειροκροτήματα. Άνοιξε αμέσως τα μάτια μη χάσει τίποτα. Μαύρη φιγούρα. Πρώτα ένα χέρι, μετά η κίνηση του ποδιού, πρώτα τ' αριστερό, μετά ένα σώμα. Ανδρικό. Μαλλιά μακριά, καστανά, γυαλιά μαύρα μικρά. Λευκό μόνο το χαρτί της παρτιτούρας. Μεγάλη υπόκλιση. Μπροστά από το πιάνο. Κι ο κόσμος σιγά-σιγά ξαναγυρνούσε στη σιωπή. Σημάδι αποδοχής της άγραφης συμφωνίας.

Μαύρη φιγούρα στο μαύρο πιάνο. Τόσο ανοιχτό στα πλευρά. Ο πιανίστας κάθισε και έβγαλε διακριτικά από την τσέπη του ένα

ΛΟΥΚΙΑ ΣΤΕΦΟΥ

4:33' Μουσική σιωπής

4:33' μουσική σιωπής για πιάνο. Ήξερε ότι ήταν γραμμένο και για μεγάλη ορχήστρα. Απόψε μόνο πιάνο. Ο πιανίστας ήταν μεγάλο όνομα. Θαυμάσιος ερμηνευτής του Σοπέν. Στο δεύτερο μέρος θα έπαιζε τα *Νυχτερινά*. Εκείνος όμως ήθελε περισσότερο να ακούσει το 4:33', τη μουσική σύνθεση του Cage, για την οποία είχε διαβάσει τόσα...

Δεν είχε ξανακούσει το κομμάτι. Δεν έπρεπε λοιπόν να το χάσει. Ύστερα ήταν κι ο Σοπέν. Τα εισιτήρια για τη συναυλία είχαν γίνει ανάρπαστα από καιρό κι ο ίδιος περίμενε πολλή ώρα στην ουρά μέχρι να κλείσει το δικό του. Ήταν καινούργιος σε τούτη την πόλη του Βορρά και δεν είχε πάει ποτέ σε μουσική εκδήλωση από τότε που ήρθε. Ήθελε οπωσδήποτε να πάει στη Φιλαρμονική. Να δει και ν' ακουμπήσει από κοντά το χώρο που είχαν σημαδέψει μύθοι της μουσικής, όπως ο Κάραγιαν.

Το κτήριο τον μάγεψε από την πρώτη στιγμή. Πάντα πίστευε στη δύναμη του χώρου. Τοπίο στη φύση ή έργο ανθρώπου, ο χώρος μάς καθορίζει. Μας δίνει το περίγραμμα για να εντοπίσουμε τα συναισθήματά μας.

Κάθισε στη θέση του στη δεύτερη σειρά της κεντρικής αίθουσας, που είχε αρχίσει να γεμίζει, και περίμενε με ανυπομονησία. Ο

κλειδαριά της εξώπορτας να μπω, αποχαιρέτησα την αόρατη, μα αισθητή παρέα μου που βάδιζε και αυτή δίπλα μου, όπως στην πρώτη μας συνάντηση. Πικρογέλασα.

«Γεια σου», του 'πα, «αλλά πρέπει να πιστέψεις και να το χωνέψεις ότι είμαι συγγραφέας όπως κι εσύ. Δεν σου κρατώ κακία για το σπρώξιμο.»

Δεν πήρα απάντηση, προς τι όμως, δεν άξιζε τον κόπο, άλλος δεν υπήρχε κανείς. Ανέβηκα τα σκαλιά και μπήκα στο άδειο δωμάτιο.

Ξαπλωμένος στον πολυτελή δερμάτινο καναπέ κοιτούσα το νταβάνι, κάτι μου τρυπούσε το πλευρό, το έπιασα.

«Αφηρημένε», είπα στον εαυτό μου, «κοιμήθηκες με το βιβλίο σου αγκαλιά. Αποκοιμήθηκες, τρελέ και ονειροπαρμένε συγγραφέα», ψιθύρισαν τα χείλη μου.

Και το άκουσαν αυτό: εγώ, ο πολυτελής καναπές, το κομοδίνο με τα τρία πόδια και το λαμπατέρ, ο καλός μου άγγελος πάνω από το κεφάλι μου.

ντας σε ακαταλαβίστικες γλώσσες, προσπαθούσαμε να μπούμε μέσα. Πανδαιμόνιο σας λέω. Χάβρα των Ιουδαίων σωστή.

Όλοι σχεδόν είχαν μπει μέσα και εγώ βρέθηκα τελευταίος, δεν ξέρω πώς τα κατάφερα, πάντα ως συνήθως με έναν ακόμα, που, φροντίζοντας να μου δώσει μια καλομελετημένη σπρωξιά, με πέταξε κάτω και τρύπωσε κι αυτός μέσα.

Έτσι όλοι είχαν μπει εκτός από μένα.

Εγώ σηκώθηκα και κόλλησα τα μούτρα μου στην τζαμένια πόρτα. Άρχισα να κτυπώ τις γροθιές μου στο γυαλί.

«Ε! ανοίξτε μου, και εγώ είμαι συγγραφέας, δεν μπορεί να μ' αφήσετε έξω», – κάτι μέσα μου με διαβεβαίωνε, ότι όλοι τους εκτός από μένα ήταν συγγραφείς.

Από το παράθυρο επάνω ξεπρόβαλε μια αγριεμένη φάτσα.

«Ε! τι χτυπάς και ενοχλείς τους από μέσα; Αν λες και επιμένεις ότι είσαι αυτός που είσαι, άνθρωπέ μου ...» — δεν έβαλε τη λέξη ‹συγγραφέας› — «... κάνε μια αίτηση!»

«Πού;», ρώτησα, σηκώνοντας το κεφάλι προς τα επάνω.

Δεν πήρα απάντηση, το παράθυρο έκλεισε, και μ' αυτό και οι ελπίδες μου να πείσω τους από μέσα να μου ανοίξουν.

Έμεινα έξω μόνος, ταλαιπωρημένος, λυπημένος, κυριολεκτικά χαμένος να κοιτώ γύρω μου. Τίποτε, ψυχή στην ομήγυρη. Έχωσα τα χέρια μου στις τσέπες, έχασα και τον χαρτοφύλακά μου, πιθανόν να μου τον βούτηξε αυτός που με έσπρωξε, και είχα μέσα μπόλικη συγγραφή και αποδείξεις να παρουσιάσω ότι είμαι συγγραφέας.

Στην απελπισία μου το ξαναφώναξα: «Είμαι, μωρέ, συγγραφέας!», μα κανείς δεν με άκουσε στον δρόμο της επιστροφής. Αλλά παράξενο, είχα την εντύπωση ότι πολλά μάτια με κοίταζαν από παντού. Στο σταθμό ανέβηκα στο βαγόνι και κάθισα στην ίδια θέση, μοναδικός πια, αφού γύρω μου η ίδια κατάσταση με έξω, άδειο και αυτό, αλλά ένιωθα τις ανάσες τους στα μούτρα μου και του διπλανού μου επίσης, παράξενο.

Στην πέμπτη στάση κατέβηκα και πήρα τα βήματά μου για το άδειο σαν την ψυχή μου δωμάτιο. Προτού βάλω το κλειδί στην

Εκείνος γέλασε, κι εγώ, – μετά δεν ξέρω, κάτι με έπιασε – να φύγω, να πεταχθώ έξω από το δωμάτιο, κάτι με τραβούσε να πάω κάπου, να κάνω τι, δεν ήξερα ακριβώς τι. Να, κάτι σαν την βαρκούλα που βγαίνει από το λιμανάκι αφηνιασμένη και θέλει να αρμενίσει σε βαθιά νερά και ανοιχτά πέλαγα, η κουτή.

Βρέθηκα στο δρόμο ευπρεπώς ντυμένος με μια τσάντα φάκελο σαν τους λόγιους υπό μάλης και περπατούσα προς τη στάση του τρένου.

«Είμαι συγγραφέας», μονολογούσα, και αυτό θα το έλεγα δυνατά φαίνεται, γιατί ...

«Κι εγώ», άκουσα μια φωνή δίπλα μου, ώστε ξαφνιάστηκα και συγχρόνως πειράχτηκα.

Γύρισα και τον κοίταξα, ήταν ένας ταλαίπωρος ανθρωπάκος.

«Δεν μπορεί», του 'πα «είμαι ο μοναδικός», και βάδιζα, δίπλα μου επίσης και αυτός.

Είχα ανεχτεί κάπως την παρουσία του.

Στο βαγόνι του τρένου είδα πολλούς μαζεμένους ανθρώπους, με τσάντες και αυτοί, να με κοιτάζουν παράξενα.

«Ε!», του 'πα του διπλανού μου, «τι με κοιτάζουν έτσι, δεν με ξέρουν; Είμαι συγγραφέας, όπως λες και συ», το μοιράστηκα.

«Και αυτοί είναι», μου απάντησε.

«Δεν είναι δυνατόν τόσοι πολλοί, είμαι ο μοναδικός, άντε κι εσύ», έκανα ενδομύχως τη σκέψη.

Στην πορεία του τρένου στις διάφορες στάσεις ανέβαιναν και άλλοι, και άλλοι. Πήξαμε, σας λέω.

Στον κεντρικό σταθμό σμίξαμε και με άλλους πολλούς. Εκεί είχα την εντύπωση ότι με κοιτούσαν όλοι εχθρικά, γιατί κι εγώ έκανα αυτό που έκαναν κι αυτοί.

«Είμαι συγγραφέας», έλεγα και ξανάλεγα - χωρίς να τολμώ πια να λέω ‹ο μοναδικός› - και βιαζόμουν μαζί τους να περπατήσω.

Μπροστά στο κτήριο όπου φτάσαμε μετά από δέκα λεπτά δρόμο στο κέντρο της πόλεως ΧΨΩ, αμίλητοι και κατηφείς μεταξύ μας, μια πόρτα άνοιξε και με μιας, όλοι αυτοί οι τσαντάκηδες κι εγώ μαζί - πατείς με πατώ σε - σπρώχνοντας και φωνασκώ-

ΣΤΑΥΡΟΣ ΣΤΑΥΡΙΑΝΙΔΗΣ

Είμαι συγγραφέας

Άνοιξα τα μάτια μου μέσα στο γυμνό δωμάτιο και κοίταξα το νταβάνι. Με την παλάμη του αριστερού μου χεριού ψαχούλεψα το κομοδίνο δίπλα μου, το μοναδικό σε τριγωνικό σχήμα. Ήθελα να δω την ώρα από το ρολόι του χεριού μου, που το είχα ακουμπήσει εκεί πριν πλαγιάσω. Έριξα όμως κάτι κάτω, ένας γδούπος ακούστηκε στο πάτωμα. Άνοιξα το φως του λαμπατέρ που στεκόταν επάνω από το κεφάλι μου σαν καλός άγγελος όλη τη νύχτα και κοίταξα: Ήταν ένα βιβλίο.

Από το εξώφυλλό του το θυμήθηκα αμέσως. Γέλασα. Εγώ το έγραψα, είπα από μέσα μου, είμαι συγγραφέας και αυτό το είπα αρκετά δυνατά μάλιστα. Μετά σηκώθηκα όρθιος από τον δερμάτινο καναπέ, τη μόνη πολυτέλεια του τεράστιου δωματίου.

Φούσκωσα σαν κούρκος και ξαφνικά κάτι σκίρτησε μέσα μου και πάλι το ξανάπα: «Είμαι συγγραφέας», και μετά, αφού ντύθηκα, βιάστηκα και έχωσα τη μούρη μου στον καθρέφτη για την τελική φτιάξη της, κοιτάζοντας αυτόν που με κοιτούσε απορημένος.

«Ε!», του 'πα, «τι με κοιτάς, είμαι συγγραφέας, δεν με γνωρίζεις;»

πλωθεί σε κήπους με ευωδιές βιολέτας. Οι Κήποι του Έβρου ήταν πάντα τόσο κοντά της, σκέφτηκε και ο καημός εκτινάχτηκε από το κορμί της σαν ηφαίστειο.

«Συγνώμη, Ευτυχία μου, συγνώμη ...» μουρμούριζε και δεν χόρταινε να σφίγγει στην αγκαλιά της ένα όνειρο γλυκό. Όνειρο που εξουσίαζε κάθε χτύπο της καρδιάς της εδώ και σαράντα επτά χρόνια. Ένα όνειρο σαν τραγούδι παιδικό:

«*Θα υπάγω εις τους Κήπους, δεν περνώ, δεν περνώ, θα υπάγω εις τους Κήπους, δεν περνώ, περνώ ...*»

Την ώρα εκείνη άνοιγε η πόρτα της αίθουσας αναμονής και ένας νεαρός άνδρας, ο Γκέορκ Μπαχ, έτρεχε με χαρά και φωνές ενθουσιασμού προς τις δυο χοντρές, δακρυσμένες, αγκαλιασμένες γυναίκες, που στηρίζονταν μεταξύ τους:

«Es ist ein Mädchen! Mama, jaja, ekoume koritsi, ekoume ena Marianthi!»

γέρο-Χρήστος προσπαθούσε, μόνο η Μαριάνθη συνέχιζε να μιλά, να φωνάζει, να φλυαρεί στα ελληνικά, να βάζει στην διαπασών τραγούδια του Καζαντζίδη, συνήθως το *Νερό της ξενιτιάς* και να παραγεμίζει τα πιάτα με εδέσματα θρακιώτικα. Όταν είχε φύγει από τους Κήπους ήξερε μόνο να ζυμώνει ψωμί. Στην Γερμανία έμαθε να μαγειρεύει περίφημα ελληνικά φαγητά για χάρη του Χρήστου, της Ευτυχίας και της Χριστίνας. Τη γερμανική κουζίνα ούτε να την ακούσει δεν ήθελε. «Να μην ξεχάσει κανείς τους Κήπους», τραγουδούσε μόλις απλωνόταν στην κουζίνα, λες και κάτι την ωθούσε να ικανοποιήσει ένα αίσθημα, για το οποίο ήταν σίγουρη πως μόνο εκείνη ήταν υπεύθυνη.

Παρατήρησε το πάχος της κόρης της, τα μαύρα πάντα ρούχα που φορούσε, τα καμένα από την περμανάντ μαλλιά. Κάπως ξαφνικά συνειδητοποίησε πως και η Ευτυχία πάντα πεινούσε, γιατί έτσι την είχε μεγαλώσει. Από την στιγμή της γέννας είχε μεταβιβάσει τον ίδιο ιό και στην κόρη της. Τον ιό της αδηφαγίας. Να εξουσιάζει τα σώματά τους, πότε ως επιθυμία δίψας και πότε ως ακόρεστη πείνα. Έναν ιό που η ίδια φρόντιζε να ζει για χρόνια.

«Μαμά, καταλαβαίνεις πώς αισθάνομαι;» ρώτησε με κατακόκκινα μάτια η Ευτυχία.

Σαράντα επτά χρόνια μέτρησε η Μαριάνθη τη ζωή της στην Γερμανία. Χίλιες σαράντα επτά λέξεις ήταν έτοιμη να ξεράσει, μα τα δάκρυα της Ευτυχίας τής εξηγούσαν, πως ότι κι αν έλεγε αυτή τη στιγμή θα επιβράβευε έναν ανικανοποίητο πόθο.

Η Μαριάνθη άνοιξε την αγκαλιά της διάπλατα, πέταξε το μπαστούνι και με ευλάβεια άφησε το κεφάλι της κόρης της να βουλιάξει στο επίπεδο πια στήθος της. Σκέπασε με τα χέρια της τους ώμους της Ευτυχίας και χάιδεψε για πρώτη φορά το παιδί της με στοργή.

«Μ' αρέσει να σ' ακούω να μιλάς για αισθήματα, κορίτσι μου», ψιθύρισε η Μαριάνθη και στα χείλη της ζωγραφίστηκε ένα παλιό παράπονο. «Τα ελληνικά σου είναι περίφημα για μια Γερμανίδα γυναίκα» πρόσθεσε και ξέσπασε σε ένα κλάμα που ανέβαινε από τους πυθμένες της ψυχής της. Μια ψυχή που λαχταρούσε να ξα-

νί χρώματα των δύο ντοκουμέντων. «Πώς είναι δυνατόν να έχει ένας άνθρωπος δύο ταυτότητες;»

«Κι όμως είναι!» απάντησε με σιγουριά η Ευτυχία. «Έχω πάρει την γερμανική υπηκοότητα και έχω κρατήσει και την ελληνική. Σε μια Ενωμένη Ευρώπη όλα είναι δυνατά!»

«Δηλαδή ...» Η Μαριάνθη προσπαθούσε να συγκεντρώσει τις σκέψεις της.

«Δηλαδή, στην Γερμανία είμαι Γερμανίδα και στην Ελλάδα είμαι Ελληνίδα. Έτσι ακριβώς όπως αισθάνομαι!», συμπλήρωσε η Ευτυχία.

Αργούσε να συνειδητοποιήσει την κατάσταση η Μαριάνθη. Προβληματιζόταν ανέκαθεν με τις αλλαγές που εισέρχονταν στην ζωή της. Τα χρόνια έτρεχαν δίπλα της σαν τρένο εξπρές και η αρθρίτιδα της είχε γδάρει τους χόνδρους. Συνταξιούχος πια κι ακόμη στην Γερμανία. Και το σπίτι στους Κήπους να παραμένει κλειστό κι επιπλωμένο. Οι σοβάδες έπεφταν, τα κεραμίδια σπάζανε. Κάθε καλοκαίρι έβαζε χέρι για την συντήρηση. Κάθε χειμώνα πίσω στην Φραγκφούρτη σκεφτόταν το επόμενο καλοκαίρι. Η Ευτυχία δεν έμελλε να κατέβει στο χωριό. Αν και κατάφερε να την χωρίσει από τον Κλάους, αν και προσπαθούσε να την προξενεύει με χίλιους δυο Έλληνες, εκείνη δεν έλεγε να ξαναπαντρευτεί. Έκανε σχέσεις, χώριζε. Η Μαριάνθη εξοργιζόταν εκ νέου. «Σαν τα βρακιά σου τους αλλάζεις» κραύγαζε, της έλεγε να χάσει τα περιττά κιλά, «das ist mein Bier – Είναι δικό μου πρόβλημα» απαντούσε εκείνη. Της άνοιξε κομμωτήριο, της έστελνε πελάτισσες. Της αγόρασε διαμέρισμα, της φρόντιζε το παιδί. Αυτά μπορούσε να κάνει. Να την βλέπει ευτυχισμένη ήθελε.

Η ζωή έπεφτε σαν βαριά βελούδινη κουρτίνα στο παράθυρό της. Με τον γέρο πια Χρήστο κουτσά-στραβά πηγαίνανε σε ελληνικές χοροεσπερίδες, τις Κυριακές στην εκκλησία. Και η Χριστίνα έστηνε πλέον την δική της οικογένεια. Στη Γερμανία. Με έναν Γερμανό σύζυγο που την είχε στα χέρια του «μη στάξει και μη βρέξει». Κυριακές, Πάσχα, Χριστούγεννα, τους μάζευε όλους γύρω από το τραπέζι της. Όλοι μιλούσαν γερμανικά, ακόμη και ο

Τα μάτια της Ευτυχίας άστραψαν στην αίθουσα αναμονής. Με μίσος ανακάτεψε την τσάντα της, με ταχυδακτυλουργικές κινήσεις έβγαλε από το πορτοφόλι μια πλαστική κάρτα, σηκώθηκε με φόρα από το κάθισμα, όρμησε μπροστά στην έντρομη Μαριάνθη και της κόλλησε σχεδόν στο πρόσωπο με ενθουσιασμό μια πρασινωπή κάρτα.

«Das ist mein Personalausweis. Siehst du es? Schau genau hin! Staatsangehörigkeit, Deutsch! – Αυτή είναι η ταυτότητά μου. Την βλέπεις; Κοίταξέ την καλά. Υπηκοότητα, γερμανική!», φώναξε και της έδειχνε τα γράμματα της κάρτας. «Κατάλαβες; Να στο πω και στα ελληνικά; Είμαι Γερμανίδα und ich spreche Deutsch! – και μιλώ γερμανικά!»

Οι ακτίνες του ήλιου έκαψαν την ματιά της.

«Δεν το πιστεύω! Θεέ μου!», αναφώνησε η Μαριάνθη. Με ένα δύσπιστο δάχτυλο ακούμπησε την φωσφορίζουσα πλαστική επιφάνεια, είδε την φωτογραφία της Ευτυχίας αποτυπωμένη στην ταυτότητα, πρόσεξε την υπογραφή της κόρης της. «Πότε το έκανες κι αυτό;», ρώτησε απεγνωσμένα.

«Πριν λίγους μήνες!»

«Γιατί; Δεν το πιστεύω!»

«Γιατί θέλω να ανήκω κι εγώ επιτέλους κάπου!»

«Αχ, κακό που μας βρήκε!» σταυροκοπήθηκε η Μαριάνθη. «Μα τρελάθηκες τελείως;»

«Συμμορφώθηκα, θέλεις να πεις!» τόνισε τις λέξεις η κόρη της.

«Και την ελληνική σου ταυτότητα;» απόρησε η Μαριάνθη. «Έτσι την πέταξες; Στα σκουπίδια; Μα καλά, δεν έχεις καθόλου ντροπή μέσα σου;»

«Έχω κρατήσει και την ελληνική», πρόσθεσε η Ευτυχία με έναν πιο ήπιο τόνο και με άλλες, πιο γρήγορες κινήσεις έβγαλε από το πορτοφόλι της άλλη μια πλαστική κάρτα. Την παρέδωσε στα τρεμάμενα χέρια της Μαριάνθης. «Ορίστε και η απόδειξη!»

Βόγκηξε η Μαριάνθη, αναγνώρισε την ελληνική ταυτότητα ως οικεία. Το βλέμμα της πηγαινοερχόταν από τα θαλασσί στα λαχα-

στην αίθουσα τοκετού λαχάνιαζε να φέρει παιδί στον κόσμο, μαζί της και ο σύζυγος Γκέορκ. «Το μήλο κάτω από την μηλιά θα πέσει», έκραζε στην αρχή η Μαριάνθη πικραμένη για τον Γερμανό άντρα της εγγονής και δεν το είχε χωνέψει ποτέ της, που η εγγονή δεν πήρε το όνομά της. «Sie hat den Namen meines Vaters bekommen – Πήρε το όνομα του πατέρα μου» της είχε πει κοφτά η Ευτυχία στην βάπτιση κι εκείνη το βούλωσε. Δεν το άντεχε που η Χριστίνα μιλούσε τέλεια τα γερμανικά και μετά δυσκολίας τα ελληνικά και τα 'βαζε πάλι με την Ευτυχία. «Wir leben in Deutschland, deutsch soll sie lernen – Στη Γερμανία ζούμε, γερμανικά πρέπει να μάθει», απαντούσε εκείνη.

«Ευτυχώς», έλεγε χρόνια μετά και παινευόταν στις Ελληνίδες της παροικίας, «η εγγονή μου πήρε έναν γερμανό άντρα που αγαπά τόσο πολύ την Ελλάδα, ώστε μαθαίνει και ελληνικά» και τολμούσε να διηγηθεί ιστορίες φανταστικές, όπου μια μέρα των ημερών θα μετακόμιζε η Χριστίνα και ο Γιώργος, όπως αποκαλούσε πια τον Γκέορκ, για πάντα στην Ελλάδα. «Träum nur weiter – Μ' αυτήν τη πλευρά να κοιμάσαι», κουνούσε το κεφάλι η Ευτυχία από πίσω της. Μα η Μαριάνθη ήλπιζε.

Και τώρα, στην ίδια αίθουσα τοκετού που γέννησε και η ίδια την κόρη της και η Ευτυχία την Χριστίνα, περίμενε να γίνει προγιαγιά. Μια γριά γυναίκα στηριγμένη στα τρία.

«Σακατεύτηκα, στη Γερμανία!», αναστέναξε η Μαριάνθη.

«Keiner hält dich hier. Geh doch endlich nach Griechenland zurück! – Κανείς δεν σε κρατά εδώ. Πάνε επιτέλους πίσω στην Ελλάδα!», έψαλε από πίσω της η Ευτυχία.

«Αχ, μ' αυτά τα γερμανικά σου!» εξαγριώθηκε η Μαριάνθη, «λες και το κάνεις επίτηδες.»

«Deutsch ist meine Sprache! – Η γλώσσα μου είναι τα γερμανικά.»

«Ελληνίδα είσαι, στο καλό σου, και Ελληνίδα θα παραμείνεις για πάντα!», ούρλιαξε η ηλικιωμένη και έδειξε με το δάχτυλο προς την κόρη της. Αν κρατούσε όπλο θα σκότωνε το παχουλό πλάσμα μπροστά της.

τον Κλάους ορθόδοξο κι ως ένδειξη ευγνωμοσύνης «που σας ταΐζω και σας ποτίζω», είχε πει στην Ευτυχία λίγες μέρες πριν, περίμενε ν' ακούσει το όνομά της.

«Christina», απάντησε ο Κλάους χαρούμενος και μια ζάλη περικύκλωσε τη Μαριάνθη ξαφνικά. «Sie wird Christina heißen – Χριστίνα θα ονομαστεί.», επανέλαβε ο Κλάους στον Γιατρό, ενώ ο κόσμος της Μαριάνθης σκεπάσθηκε απότομα με κρύο χιόνι. Όπως εκεί έξω, έτσι και μέσα της.

Σάββατο, 3 Οκτωβρίου 2009.

«Es wird ein Waage-Kind werden – Θα είναι ζυγός το παιδί», αηδονολάλησε η στρουμπουλή Ευτυχία ξεφυλλίζοντας το περιοδικό αστρολογίας.

«Γερό να είναι κι ό,τι θέλει ας γίνει», είπε η Μαριάνθη και σταυροκοπήθηκε κοιτάζοντας από τα παράθυρα τον καταγάλανο ουρανό της Φραγκφούρτης.

«Es darf nie vernachlässigt werden – Δεν πρέπει ποτέ να παραμεληστεί» μουρμούρισε η κόρη της, απορροφημένη από όσα διάβαζε, χαμένη σ' έναν δικό της κόσμο.

«Αμάν, βρε Ευτυχία! Με συγχύζεις με τα ζώδια!», τσίριξε η Μαριάνθη. Στήριξε το μπαστούνι της στο πεντακάθαρο πάτωμα της κλινικής και σηκώθηκε από το κάθισμα με γινάτι. Έκανε δυο βήματα αργά, ευχήθηκε να μπορούσε να τρέξει, μα τόσο η τεχνική κλείδωση στο δεξί της πόδι, όσο και τα πάχη, την εμπόδιζαν να πραγματοποιηθούν οι ευχές της.

«Αχ, αυτή η Γερμανία φταίει για όλα», είπε με καημό, «με σακάτεψε», διαλάλησε στην αίθουσα αναμονής και σαν αστραπή πέρασαν από το μυαλό της τα χρόνια που έτρεχε από την μια έξτρα δουλειά στην άλλη: Να βάλει οικονομίες στην άκρη, να χτίσει το σπίτι στους Κήπους, να αναθρέψει και την Χριστίνα. Η εγγονή

την συμβούλευε, «ρίξτο» την διέταξε, μα η Ευτυχία δεν άλλαζε γνώμη. «Σώθηκαν τόσα παλικάρια, Έλληνες;» φώναζε και ξένο τον ανέβαζε, ξένο τον κατέβαζε οληημερίς.

«Du bist der ‹xenos›, in diesem Land! – Εσύ είσαι η ξένη σ' αυτή την χώρα.» στρίγγλιζε η Ευτυχία κι έφυγε μια μέρα από το σπίτι. Την βρήκαν μια βδομάδα αργότερα με την ψυχή στο στόμα και την βοήθεια της αστυνομίας. Έκανε την καρδιά της πέτρα η Μαριάνθη κι ένα ωραίο Σάββατο απόγευμα έβγαλε την Ευτυχία στολισμένη νύφη από το διαμέρισμα της. Την συνόδευσε στην εκκλησία του προφήτη Ηλία με κλαρίνα και βιολιά. Ακόμη και γκάιντα έτρεξε και βρήκε για την περίσταση. Αρκεί να μην γίνει ρεζίλι στα μάτια της ελληνικής παροικίας. Το παιδί έπρεπε να έχει νόμιμο πατέρα. Ας ήταν και ξένος.

«Diese Schmerzen! – Αυτοί οι πόνοι!» αναστέναξε η Ευτυχία, χτυπήθηκε πέρα-δώθε. Πονούσε η Μαριάνθη περισσότερο για όσα είχαν συμβεί και πλήρωνε με κάθε χτύπο της καρδιάς το μερτικό της. Τα όνειρά της έμοιαζαν εφιάλτες κι ο γιατρός που ερεύνησε εκεί κάτω την μήτρα της Ευτυχίας πρόσθετε άλλον έναν: Επέβαλε καισαρική τομή. Η κατάσταση ήταν κρίσιμη, όπως και το μέλλον.

Πέντε λεπτά αργότερα η Μαριάνθη βρέθηκε σε έναν διάδρομο μακρύ της κλινικής, να ακουμπά στο κρύο τζάμι, να παρακαλάει την Παναγιά να πάνε όλα καλά. Ο Κλάους που είχε είδη φτάσει, πηγαινοερχόταν ανήσυχος πίσω της. Ούτε καφέ, ούτε νερό δεν δέχτηκε από τα χέρια του. Το χιόνι έπεφτε ασταμάτητα παραμονή Χριστουγέννων, όταν ο γιατρός έφερε επιτέλους το μήνυμα.

«Herzlichen Glückwunsch, Herr Müller. Ihre Frau hat ein gesundes Mädchen zur Welt gebracht. – Συγχαρητήρια, κύριε Μύλλερ. Η σύζυγός σας έφερε ένα υγιέστατο κορίτσι στον κόσμο.»

«Δόξα τω Θεώ!» ψιθύρισε η Μαριάνθη, σταυροκοπήθηκε και έτρεξε κοντά του. «Und, wie ist die Name von Kind? – Και πώς είναι όνομα παιδιού;» ρώτησε, μπαίνοντας μπροστά στον γαμπρό της. Η ψυχή της κρεμάστηκε σε χείλη γερμανικά. Τα ελληνικά ήθη και έθιμα έπρεπε να διατηρηθούν. Είχε φροντίσει να βαπτίσει

115

Η Μαριάνθη δίπλα, της έτριβε τα χέρια. Αν και θύμωνε που η κόρη της μιλούσε γερμανικά, κατάπινε και λόγια και σκέψεις τέτοια ώρα και της έδινε δύναμη να προχωρήσει στο φρικτό πεπρωμένο της γυναικείας φύσης. «Wo ist mein Klaus? – Που είναι ο Κλάους μου;» ρώτησε και ξαναρώτησε η Ευτυχία με κατακόκκινα μάτια.

Δεν άντεξε: «Τι τον θες;», είπε μια φορά η Μαριάνθη ξερά, «οι άνδρες δεν αντέχουν τις γέννες. Εγώ είμαι εδώ!», διαβεβαίωσε κι αν ήταν δυνατόν θα γύριζε το ρολόι πίσω.

Είχε μετανιώσει που έστειλε την κόρη της στην πεθερά μωρό παιδί. Είχε μετανιώσει και που την ξανάφερε έντεκα χρονών στην Γερμανία, όταν η γριά αρρώστησε. Δεν ήταν η Μαριάνθη έτοιμη ν' αντέξει την εφηβεία ενός παιδιού. Δουλειά, σπίτι και πάλι δυολειά. Εκεί όλη της η ενέργεια. Αυτός ο σκοπός που ξενιτεύτηκε. Το σπίτι στους Κήπους κόντευε να τελειώσει, σε δυο χρόνια θα τα μάζευε, έλεγε. Δυο χρόνια πριν θα έπρεπε να είχε ήδη εγκατασταθεί στην Ελλάδα, το ήξερε· να μην έμπλεκε και η Ευτυχία με τον Γερμανό. Τι μέλλον να έχει μια τέτοια σχέση; αναρωτιόταν και ήταν σίγουρη πως δεν θα είχε καλή έκβαση. «Τα λάθη πληρώνονται», αναστέναζε και γκρίνιαζε τον Χρήστο, λες κι εκείνος έφταιγε, που η κόρη της την φώναζε θεία στην αρχή. Η ίδια δεν παραδεχόταν με κανέναν τρόπο πως είχε κάνει λάθος. «Έτσι ήταν τα χρόνια τότε», δικαιολογούσε την κατάσταση στην Ευτυχία, όταν εκείνη άνοιγε στόμα και βροντολογούσε με γινάτι πως δεν την αγαπούν. «Κάνε πρώτα εσύ παιδιά και μετά μίλα για αγάπες», απαντούσε πικραμένα στην κόρης της. Έστρωνε υπερήφανα ένα τραπέζι γεμάτο εδέσματα και με το «κάτσε, φάε και σκάσε, τώρα», έκλεινε την συζήτηση.

Και η Ευτυχία, λες και έκανε τατουάζ στο μυαλό της τα λόγια της Μαριάνθης, πριν κλείσει τα δεκαεπτά, πριν προλάβει να τελειώσει το σχολείο, έμεινε έγκυος. Ζήτησε να παντρευτεί τον Κλάους. «Τι κακό μας βρήκε, Θεέ μου!», σταυροκοπιόταν η Μαριάνθη, που δεν το χωρούσε στο μυαλό της να κάνει Γερμανό γαμπρό. «Βρε καλό μου, βρε χρυσό μου» την παρακαλούσε, «είσαι μικρή»

τις παραδόσεις του χωριού της θα συνέχιζε να τις διατηρεί και στα ξένα. Έτσι κι αλλιώς για δυο χρόνια είχαν σκοπό να μείνουν με τον άντρα της στην Γερμανία, να μαζέψουν χρήματα, ν' αγοράσουν μερικά στρέμματα χωράφια στον κάμπο του Έβρου, να χτίσουν κι ένα σπιτάκι κοντά στα πεθερικά της. Όλα είχαν σχεδιαστεί από πριν. «Να κάνετε παιδιά, όσο είσαστε νέοι», τους είχε συμβουλέψει η πεθερά Ευτυχία, «και μη σας νοιάζει, εγώ θα τα μεγαλώσω», τους είπε πριν φύγουν για την Γερμανία.

Πρόλαβε και είδε τον ομφάλιο λώρο. Ένα ψαλίδι έκοψε την επόμενη στιγμή τον δεσμό μεταξύ μάνας και κόρης. Ένας νέος χείμαρρος κατρακύλησε στα παράθυρα της κλινικής. Μια διψασμένη Μαριάνθη ευχαρίστησε την Παναγία, έγειρε το κεφάλι δεξιά, αφέθηκε στην θεία εξάντληση που έσπευσε να παραλάβει το πνεύμα της. Λίγο πριν θριαμβεύσει μια ανοιξιάτικη νύχτα επάνω στα βλέφαρά της, φαντάστηκε την μικρή Ευτυχία να κάνει τα πρώτα βήματα κάτω από το τσαρδάκι του σπιτιού της. Ένα σπιτάκι ασβεστωμένο, με κόκκινα κεραμίδια, με παρτέρια και κήπο ανοιξιάτικο, σε μια γειτονιά οικεία, στους Κήπους του Έ-βρου. Και ξαφνικά η Ευτυχία να της προσφέρει ένα ποτήρι κρύο νερό. Αισθάνθηκε να ξεδιψάει. Και ένα όνειρο τραγουδιστό:

«Πού θα πας κυρά Μαρία, δεν περνάς, δεν περνάς. Πού θα πας κυρά Μαρία, δεν περνάς, περνάς...»

Τετάρτη, 24 Δεκεμβρίου 1980.

Κάθε πέντε λεπτά η Ευτυχία Παπαρδέλα-Müller έχανε τα λογικά της. Εδώ και πέντε λεπτά το χιόνι έπεφτε απαλό. Κοιτούσε προς τα μεγάλα παράθυρα, έβλεπε τις νιφάδες να χορεύουν και σιγοψιθύριζε: «Ich bin in einer Schneekugel drin – Βρίσκομαι μέσα σε μια γυάλα με χιόνι».

Να σφίξει τα δόντια; Να συσπάσει τους μύες; Παρακαλούσε, στο «Παναγιά μου!» ξεσπούσε σε λυγμούς.

Φαντάστηκε την μάνα της, με μια μαντίλα στο κεφάλι ν' ανάβει κεριά στην εκκλησία. Οι νοσοκόμες της μιλούσαν με συμπόνια, αυτό το ένιωθε κι ας μην καταλάβαινε λέξη γερμανικά. Με τα πόδια ανοιχτά στην λευκή ατμόσφαιρα της κλινικής αναρωτήθηκε, αν ειδοποιήθηκε ο άνδρας της στο εργοστάσιο της Opel.

Αύγουστος – στα δεκαεννιά – παντρεύεται τον Χρήστο, Οκτώβριο έρχεται μαζί του στην Φραγκφούρτη, Νοέμβριο δουλειά στο κλωστοϋφαντουργείο της Adler, Ιούλιο βρίσκεται ήδη σε ενδιαφέρουσα κατάσταση. Όλα έτρεχαν γύρω της. Χθες ήταν κορίτσι, σήμερα βογκούσε να γίνει μητέρα. Από πάνω τα φώτα, στο πλάι καλώδια κι εκεί κάτω στον κόλπο της, χέρια, δάχτυλα, λόγια.

«Pressen, pressen und noch mal pressen, Frau Papardela! – Σπρώξτε, σπρώξτε και ξανά σπρώξτε, κυρία Παπαρδέλα» της έλεγε η μαμή. Η Μαριάνθη κοιτούσε με παράπονο. Εννόησε τις γροθιές της λευκοντυμένης κυρίας και μετά τις κινήσεις της. Το πήρε απόφαση. Ημέρα του Ευαγγελισμού, έσφιξε τις σκέψεις, πήρε μια ακόμη πιο βαθιά ανάσα κι άφησε ελεύθερο το πλάσμα που κατοικούσε στην κοιλιά της. Εκείνο ξέσκισε τα τοιχώματα του κόλπου της.

«Ein Mädchen, es ist ein Mädchen! – Κορίτσι, είναι κορίτσι!» της είπε η μαμή, μα το μόνο που κατάλαβε ήταν το βάρος που έφυγε από μέσα της. Άκουσε το κλάμα. Σήκωσε απελπισμένη το κεφάλι να αντικρύσει το θαύμα, είδε με τρόμο έναν λερωμένο μικρό όγκο να της προσφέρουν στο στήθος. Καμία χαρά, καμία δύναμη δεν αισθάνθηκε. Ούτε καν αναρωτιόταν αν γέννησε αγόρι ή κορίτσι. Την έπιασε το παράπονο, έκλαιγε και μια περίεργη αίσθηση δίψας την βασάνισε ξανά. Οι νοσοκόμες να την χαϊδεύουν, να της μιλούν, να της δείχνουν το μωρό που έσταζε υγρασία επάνω στα βυζιά της κι εκείνη να κοιτά τριγύρω σαν χαμένη.

Δυο χέρια πήραν το μωρό, το σήκωσαν ψηλά. Πρόλαβε, ανακάλυψε το φύλο του νεογέννητου. Έλαμψαν τα μάτια της, «Ευτυχία» γλυκολάλησε, Ευτυχία λέγανε την πεθερά, τα ήθη, τα έθιμα,

ΣΕΒΑΣΤΟΣ Π. ΣΑΜΨΟΥΝΗΣ

Δεν περνάς, κυρά Μαρία, δεν περνάς, δεν περνάς...

Δευτέρα, 25 Μάρτιου 1963.

Κάθε πέντε λεπτά χείμαρροι ζωής κατέβαιναν από τον ουρανό. Κάθε πέντε λεπτά η κατάρα του Θεού προς την Εύα σερνόταν και στο κορμί της, σαν φίδι. Απ' την καρδιά στην λεκάνη και πίσω ξανά. Κάθε πέντε λεπτά.

Θυμήθηκε το χωριό της: Τους Κήπους του Έβρου, λίγο πριν το Πάσχα, ο πατέρας σφάζει. Ο σουγιάς στα γδαρμένα χέρια του, λευκό αρνάκι βελάζει, το αίμα ρέει αχνιστό στο τσιμέντο. «Με σφάζουν!» βροντοφώναξε, πόνοι της φύσης, κρύος ιδρώτας την έσφαζαν. Οι απορίες της σκέψης – το μυστικό της ύπαρξης – την κάνανε να μετανιώνει. Πως θέλησε να γίνει μητέρα; Με στόμα στεγνό, «στα ξένα» ούρλιαξε, την κοίταξε κατάματα μια νοσοκόμα.

«Es ist alles in Ordnung! Es ist gleich so weit, Frau Papardela! – Όλα είναι εντάξει! Η στιγμή πλησιάζει, κυρία Παπαρδέλα», την καθησύχασε η μαμή, τα λόγια δεν τα καταλάβανε η Μαριάνθη. Μούγγρισε, δίψασε ξαφνικά, προσπάθησε να βρει παρηγοριά στους καταρράκτες της βροχής που πέφτανε στα παράθυρα, διάφανοι. Λαβύρινθος οι διάδρομοι του μυαλό της: να πάρει ανάσα;

Άφησε την αφίσα να πέσει στο πάτωμα. Σηκώθηκε αργά με κατεύθυνση το κρεβάτι. Σκεπάστηκε. Στη συνέχεια έβαλε τα δυο του χέρια κάτω απ' την κουβέρτα. Ένα θαμπό φώς έμπαινε στο κελί από τον διάδρομο της φυλακής. Η κουβέρτα άρχισε να κουνιέται πάνω-κάτω. Στο τέλος έβγαλε ένα βογγητό ικανοποίησης.

«Επιτέλους ήρθες! Θα τα πούμε πάλι αύριο! Καληνύχτα τώρα, Νικόλ!»

«Καληνύχτα», του απάντησε μια γυναικεία φωνή που έκανε βόλτες στο μυαλό του.

Έτσι αποκαμωμένος ο Νικ ο Ακίνητος κοιμήθηκε βαθιά ως στο άλλο πρωινό που θα του έφερνε ο δεσμοφύλακας τον κίτρινο φάκελο με την αφίσα της Νικόλ.

Αυτή είναι η αληθινή ιστορία του Νικ του Ακίνητου. Και αν δεν με πιστεύετε, μάρτυς μου ο Θεός.

τη. Το στόμα σου ηδονικό κελί και τα στήθη άσπρα σεντόνια που φουσκώνουν στην πνοή του ανέμου. Και τα μαλλιά σου κόκκινα σαν το ηλιοβασίλεμα στη βαθιά θάλασσα.»

Ξαφνικά κοίταξε το ρολόι που φορούσε στο αριστερό χέρι.

«Πέρασε η ώρα. Σε λίγο θα σβήσουν τα φώτα. Πρέπει να κοιμηθούμε.»

Με τα δυο χέρια απλωμένα προς την αφίσα, πήρε να χαϊδεύει τα στήθη της Νικόλ. Ξαφνικά άρχισε να πετάγεται από τα δύο χάρτινα στήθη γάλα. Ο Νικ έγινε έξαλλος. Προσπάθησε με τα δάχτυλα να σταματήσει τη ροή του υγρού. Μάταια. Το πρόσωπο, τα χέρια, το πάτωμα, όλα γέμισαν με το λευκό υγρό που εκσπερματώθηκε από τα δυο στήθη της αφίσας. Σε κατάσταση μέθης ο Νικ άρχισε να φωνάζει.

«Περίμενε γαμώτο, περίμενε μια στιγμή να φέρω το μπουκάλι!»

Σήκωσε το μισογεμάτο μπουκάλι από το πάτωμα.

«Περίμενε σου λέω, κορίτσι μου, δεν προλαβαίνω έτσι...»

Στη συνέχεια έβαλε το μπουκάλι κάτω από το ένα στήθος και το στόμα του κάτω από το άλλο· ο Νικ έπινε και παραμιλούσε:

«Δωσ' μου, δωσ' μου να πιω, να μεθύσω τα μοναχικά μου όνειρα, να γεμίσω δεξαμενές φθοράς, να γευτώ τον βόμβο του οργασμού σου. Δωσ' μου, δωσ' μου να πιω, να μεθύσω το φάντασμα της μάνας μου που στέκεται γυμνή μπροστά μου, έτοιμη να με κατασπαράξει, να ρουφήξω τον δεσμοφύλακα του παράδοξου που τριγυρίζει στους δρόμους του εγκεφάλου.»

Βουτηγμένος μες στο γάλα ο Νικ ο Ακίνητος άρχισε να σκίζει με τα νύχια του την αφίσα ουρλιάζοντας:

«Φτάνει, φτάνει, θα με πνίξεις, μέγαιρα, γριά λύκαινα, πρόστυχη τύψη, άπληστη επιθυμία ... νεκρή Αφροδίτη ...»

Ξαφνικά έπεσε γονατιστός στο πάτωμα κρατώντας στα χέρια του την σχισμένη αφίσα. Με ήρεμη φωνή, σαν να μην είχε συμβεί προηγουμένως τίποτα, συνέχισε την κουβέντα του.

«Ξέρεις πια είναι μια άλλη μεγάλη απόλαυση των ανδρών;»

Έκανα μετάγγιση στο κορμί της· γλίστρησα σαν ψάρι στο ξανθό μουστάκι· ή Ανακάλυψα την σκοτεινή σπηλιά κι έσπρωξα μέσα της τα λείψανα της ευτυχίας. Αυτό είναι που δεν κατάλαβες στον γάμο σου με τον Τόμ. Νόμισες πως η άγρια, ατίθαση ματιά του είχε να κάνει με μαχητή γενναίο που πολεμούσε για τους κρυφούς στήμονες της καρδιάς σου. Άνοιξες τα πόδια σου σαν φέτα πορτοκάλι και τον καλωσόρισες. Κι αυτός έβαλε. Έβαλε μέσα ό,τι χωρούσε. Ένα πλοίο τρικάταρτο, ένα φορτηγό καρπούζια, μια στοίβα άπλυτα εσώρουχα και τέλος την μαμά του. Και όταν γέμισες, άρχισε να βαριέται. Την συνέχεια την ξέρεις καλύτερα από μένα. Εσύ έμεινες έγκυος, αυτός φοβόταν τις ευθύνες. Στο τέλος γεννήσατε πεταλούδεςσκόρους. Τέλειωσε.»

Ο Νικ σηκώθηκε απ' την καρέκλα. Πέταξε το τσιγάρο στη λεκάνη κι άρπαξε απ' τον νεροχύτη ένα πλαστικό ποτήρι. Στην συνέχεια πήγε στο τραπέζι, άνοιξε το μπουκάλι με το γάλα και γέμισε το ποτήρι. Κάθισε πάλι στην καρέκλα κι ήπιε μια γουλιά. Αααχ, έβγαλε έναν αναστεναγμό απόλαυσης και συνέχισε την κουβέντα.

«Ξέρεις πως το ποτό είναι το μόνο πράγμα που οι άντρες δέχονται να βάλουν οικειοθελώς μέσα τους; Τους αρέσει να το πίνουν σε μικρές γουλιές, να ναρκώνουν γλυκά τις πληγές τους και στο τέλος να ξορκίζουν την νύχτα μεθυσμένοι, κλωτσώντας στο δρόμο τενεκεδένια κουτάκια. Το ποτό, Νικόλ, κρύβει μέσα του εμφιαλωμένες ιστορίες. Δεν είναι πεθαμένο σαν το νερό!»

Ήπιε απανωτά δυο μικρές γουλιές λες και βύζαινε το μοιρολόγι κάποιας θηλυκής Φώκιας.

«Τέλος πάντων, ας μην μιλάμε για άλλα πράγματα. Για σένα μιλούσαμε.»

Άφησε το μπουκάλι στο πάτωμα.

«Καλά έκανες κι ήρθες.»

Κοίταξε την αφίσα με ύφος ερωτευμένου που βόσκει τσίνορα πάνω σε γυναικεία βλέφαρα.

«Δεν άλλαξες καθόλου πάντως. Το πρόσωπό σου πάντα απρόσιτο, με τα δύο φιλόδοξα μάτια να αγκαλιάζουν πρόστυχα τη μύ-

Τέλος πάντων, ας αφήσουμε τα τσιγάρα και το κάπνισμα. Α-λήθεια, τι έμαθα; Χώρισες απ' τον Τόμ; Δεν θυμάμαι σε πιο περιοδικό το διάβασα, πάντως έγινε βούκινο: ‹Το ονειρεμένο ζευγάρι του Χόλυγουντ Νικόλ Κίτμαν και Τόμ Κρούζ διέλυσαν τον γάμο τους›. Άρχισαν μετά να βγάζουν όλα τα άπλυτα στην φόρα. Εγώ βέβαια ήξερα τι είχε συμβεί, αλλά τι να έκανα! Πώς να βγει ένας φυλακισμένος στις εφημερίδες και να υποστηρίξει πως όλα αυτά που γράφουν είναι ψέματα και πως αυτός γνωρίζει την αλήθεια του χωρισμού.

Και συ όμως, βρε Νικόλ! Δεν ήξερες, δεν ρώταγες; Τι; Το φαντάστηκες; Ε κι εγώ σου λέω πως δεν γνωρίζεις τίποτε για τους άνδρες. Ξέρεις πια είναι η μεγαλύτερη τους απόλαυση; Να βάζουν. Να χώνουν. Όχι, μη πάει το μυαλό σου αμέσως στο σεξ. Να, πάρε για παράδειγμα το ποδόσφαιρο. Γιατί νομίζεις πως οι άντρες παίζουν μπάλα με τόσο πάθος; Είκοσι δύο μαντραχαλάδες προσπαθούν ενενήντα λεπτά της ώρας να βάλουν μια μπάλα στα δίχτυα! Χτυπιούνται, πέφτουν, μαλλιοτραβιούνται με ένα μοναδικό σκοπό. Να βάλουν, να χώσουν τον μαζοχισμό τους στα δίχτυα. Το αποκορύφωμα είναι βέβαια ο κόσμος στις κερκίδες. Μαζικός οργασμός: *Βάλ' την επιτέλους τη ριμάδα, ρεεε! Τους βάλαμε τρία!* Κάποιοι από αυτούς απαντούν με παράγωγα του *βάζω* ή υπονοούμενα: *Να την φας και να 'ναι κρύα! Τους σκίσαμε τις πουστάρες! Είδες πώς την έχωσε;* Αν βέβαια το παιχνίδι τελειώσει χωρίς να χώσει κάποιος τη μπάλα στα δίχτυα, αρχίζει να χώνει μια μπουνιά ο ένας στη φάτσα του άλλου.

Ε, λοιπόν και στον έρωτα δεν είναι διαφορετικά τα πράγματα. Έχεις ακούσει άντρες να μιλάνε μεταξύ τους για γυναίκες; *Την έβαλα κάτω και την έσκισα! Τον έβαλα μέσα της και την έστειλα! Πάρτα, χαμούρα.* Που δεν σημαίνει τίποτε άλλο από βίαιη εισβολή.

Θα μου πεις βέβαια, πως δεν σκέφτονται έτσι όλοι οι άντρες. Υπάρχουν άντρες ευαίσθητοι, ρομαντικοί, με επίπεδο και γνώσεις. Εδώ είναι όμως που κάνεις το μεγάλο λάθος. Όλοι οι άντρες σκέφτονται με το ρήμα *βάζω*, μόνο που μερικοί το ονομάζουν αλλιώς. Διάβασε λίγο τους Έλληνες ποιητές και θα καταλάβεις:

Ο Νικ άφησε την αφίσα στο πάτωμα. Πήρε την κολλητική ταινία που βρισκόταν στο τραπέζι και, αφού την έκοψε σε μικρά κομμάτια με τα δόντια, κόλλησε την αφίσα στον τοίχο, δίπλα από το κρεβάτι. Στην συνέχεια πήρε την καρέκλα και ένα πακέτο τσιγάρα, κάθισε ήρεμα απέναντι από την αφίσα και, αφού πρότεινε το πακέτο με τα τσιγάρα προς την Νικόλ, άρχισε να παραμιλάει: «Τσιγαράκι; ... Ξέρω, ξέρω, δεν είναι η μάρκα σου. Εσύ καπνίζεις λεπτά τσιγάρα με άσπρο φίλτρο για να ταιριάζουν με τα λευκά σου δάχτυλά.»

Έβγαλε έναν αναπτήρα από την τσέπη κι άναψε το τσιγάρο. Για μια στιγμή το βλέμμα του αιωρήθηκε στην ανυπαρξία. Έπειτα γυρνώντας προς το μέρος της αφίσας συνέχισε:

«Ξέρεις, λίγο πριν έρθω εδώ, είχα αποφασίσει να το κόψω. Διάβαζα κάθε μέρα στις εφημερίδες για τα δεινά που προκαλεί το κάπνισμα και φοβήθηκα. Το τσιγάρο σκοτώνει, το τσιγάρο προκαλεί καρκίνο, το τσιγάρο είναι αργός θάνατος. Στην αρχή βέβαια δεν με τρόμαζαν όλα αυτά. Άι σιχτίρ, είπα μέσα μου. Μήπως ο αέρας που αναπνέουμε στην Αθήνα δεν σκοτώνει; Πρέπει να σταματήσουμε να ανασαίνουμε δηλαδή; Ώσπου ένα βράδυ αδέσποτο έμεινα από τσιγάρα. Πήγα τότε στο απέναντι περίπτερο, που ήξερα πως διανυκτέρευε, για να αγοράσω ένα πακέτο. Πάνω σ' αυτό το καταραμένο πακέτο έγραφε με μεγάλα γράμματα πως το κάπνισμα δημιουργεί προβλήματα στύσης. Τρόμαξα. Τι τρόμαξα δηλαδή που κόντεψα να μείνω στον τόπο. Τα 'βαλα με τον περιπτερά. Δωσ' μου ένα άλλο πακέτο, ρε, με καρκίνο ή με έμφραγμα, του είπα θυμωμένα. Δεν έχω άλλο από αυτήν την μάρκα, κύριος, μου είπε ο περιπτεράς συγχυσμένος.

Άλλο περίπτερο στην γειτονιά δεν υπήρχε και έτσι γύρισα στο σπίτι. Το πακέτο δεν το πείραξα όλο το βράδυ. Εκείνη την νύχτα αποφάσισα να κόψω το κάπνισμα. Βέβαια, μια βδομάδα αργότερα βρέθηκα στην φυλακή κατάδικος. Από τότε έχουν περάσει πέντε χρόνια. Τώρα πια δεν φοβάμαι τίποτα. Καπνίζω τρία πακέτα την ημέρα.

στο χώρο του φανταστικού, αιωρούμενος ανάμεσα στις πύλες της θλίψης και της τρέλας. Το κελί είχε ένα μικρό παράθυρο με χοντρά κάγκελα, που άφηνε μόλις μια αμυδρή ακτίνα του ήλιου να παραβιάζει το σκοτάδι. Στον αριστερό τοίχο, κάπου στην μέση, υπήρχε ένας νεροχύτης, ένας καθρέφτης και μια βρύση που έσταζε εκνευριστικά. Δίπλα στον νεροχύτη βρισκόταν μια μεταλλική λεκάνη τουαλέτας. Στον διπλανό τοίχο απέναντι ακριβώς από την καγκελόπορτα του κελιού είχε ένα τραπέζι και μια καρέκλα. Πάνω στο τραπέζι υπήρχαν σκόρπιες εφημερίδες και περιοδικά, μια κολλητική ταινία, κούτες από τσιγάρα, ένα χαρτί υγείας και ένα μισογεμάτο μπουκάλι γάλα. Στον δεξί τοίχο ακουμπούσε ένα σιδερένιο κρεβάτι με στρώμα, ένα μαξιλάρι και μια κουβέρτα. Στο πάτωμα δεκάδες σχισμένες αφίσες θύμιζαν αποκριάτικο χαρτοπόλεμο.

Ξαφνικά άνοιξε η πόρτα του κελιού και ένας δεσμοφύλακας με χοντρή κοιλιά και φαλάκρα μπήκε μέσα στο κελί κρατώντας στο χέρι έναν μεγάλο κίτρινο φάκελο.

«Έλα ρε Ακίνητε. Ήρθε πάλι το πρόσωπο», του είπε ειρωνικά και έβαλε τα γέλια.

Ο Νικ έτριψε για μια στιγμή τα μάτια με τις παλάμες του και, αφού έκανε δυο βήματα μπροστά, άρπαξε με αγωνία τον φάκελο. Με προσεκτικές κινήσεις άρχισε να ξεδιπλώνει το περιεχόμενο, λες και ξεδίπλωνε τα ίδια του τα σπλάχνα. Ήταν μια μεγάλη αφίσα της Νικόλ Κίτμαν. Με δάκρυα στα μάτια άρχισε να της μιλάει.

«Καλώς την. Επιτέλους ήρθες! Νόμισα πως με ξέχασες. Μια ολόκληρη μέρα περίμενα την επίσκεψή σου. Ερχόσουν βέβαια κάτι αιφνίδια βράδια στον ύπνο μου. Φορούσες μαύρα γάντια από μετάξι και ψηλοτάκουνα παπούτσια. Έτριζε το πάτωμα μέσα στο κεφάλι μου απ' την περπατησιά σου. Έπειτα γδυνόσουν υπάκουα και, αφού σήκωνες τα σκέλια, ακούμπαγες με τα πέλματα στα τοιχώματα του κρανίου μου. Άπλωνα εγώ τα χέρια να σε πιάσω, αλλά τότε το πρόσωπό σου έλιωνε από το φως που έμπαινε κρυφά μέσα στα μάτια μου. Αλλά τώρα επιτέλους ήρθες. Μια στιγμή ...»

ούτε αυτός πότε του κόλλησε αυτό το βίτσιο, αλλά μόλις έβλεπε γυναίκα με κόκκινα μαλλιά στο δρόμο την έπαιρνε από πίσω. Στην συνέχεια την πλησίαζε τόσο όσο να μπορεί με το χέρι του να αγγίζει τα φλογισμένα μαλλιά της, ρουφώντας μανιασμένα το άρωμα από τις κόκκινες τρίχες που κατάφερε να μαδήσει. Μια τσάντα με γυναικεία αξεσουάρ προσγειωνόταν τότε στο κεφάλι του Νικ, επαναφέροντάς τον στην σκληρή πραγματικότητα.

Όλα αυτά ως εκείνη την αποφράδα ημέρα που έμελλε να οδηγήσει τον Νικ πίσω από τις σιδερένιες τρίχες της φυλακής. Νύχτα ήτανε και ο Νικ καθόταν σ' ένα καφέ του Κολωνακίου απολαμβάνοντας τα άστρα στο μπαλκόνι το ουρανού, παρέα με ένα φραπέ και μια γόπα από στριφτό τσιγάρο. Ξαφνικά εμφανίζεται μπροστά του μια δίμετρη κοκκινομάλλα που έμοιαζε με φοράδα χωρίς μπουζί, αλλά με δυο τεράστια στήθη. Ο Νικ σηκώθηκε αμέσως από την καρέκλα και σαν υπνωτισμένο άλογο πήρε το είδωλό του από πίσω. Μα προς μεγάλη του έκπληξη, αντί η κόκκινη φοράδα να του φέρει την τσάντα στο κεφάλι, τού άρπαξε το χέρι και με μια βίαιη κίνηση έχωσε τη γλώσσα της στο στόμα του Νικ που έχασκε απ' την απρόβλεπτη αυτή εξέλιξη.

Η συνέχεια είναι καταγραμμένη στο αστυνομικό δελτίο του Τμήματος Δίωξης Εγκλημάτων της περιοχής από την κατάθεση του Νικ. Η κοκκινομάλλα, που όπως αποδείχτηκε εκ των υστέρων, ήταν πόρνη πολυτελείας, πήγε τον Νικ στο διαμέρισμά της και αφού τον καβαλίκεψε ανεβάζοντάς τον στον εξώστη της ηδονής, του ζήτησε την αμοιβή της. Ο Νικ προσπάθησε να της εξηγήσει πως ήταν οπαδός του Λαφάρκ και δεν είχε να πληρώσει, αλλά η κοκκινομάλλα άρπαξε ένα τραπεζομάχαιρο απειλώντας την μάνα που τον γέννησε, το μαχαίρι γλίστρησε στο σκασμένο ξύλινο πάτωμα και καρφώθηκε κάτω από το αριστερό της στήθος. Ο αστυνόμος που πήρε την κατάθεση δεν πείστηκε απ' τα λεγόμενα του δράστη και ο Νικ βρέθηκε ισόβια στην φυλακή.

Πέντε χρόνια είχαν περάσει από την ημέρα της σύλληψης και ο Νικ ο Ακίνητος, κλεισμένος μέσα σε τέσσερις τοίχους, που μύριζαν μούχλα και κάτουρο, άρχισε να απογειώνεται επικίνδυνα

ΜΙΧΑΛΗΣ ΠΑΤΕΝΤΑΛΗΣ

(Α)κίνητος

Η ιστορία που θα σας πω είναι πέρα για πέρα αληθινή. Τόσο αληθινή όπως και η άποψη που λέει πως ο Θεός έπλασε τον κόσμο. Δεν χρειάζεται καμιά απόδειξη για να την επαληθεύσεις, αρκεί να την πιστέψεις.

Ήταν ένα ζεστό αυγουστιάτικο απομεσήμερο. Ο Νικ ο Ακίνητος πηγαινοέρχονταν με μικρά βήματα στο στενό κελί των φυλακών Κορυδαλλού. Το ‹Ακίνητος› ήταν το παρατσούκλι του Νικ, μιας και κάθε φορά που τον έβλεπε αστυνομικός, του φώναζε «ακίνητος!». Ο Νικ έμενε για μια στιγμή στην θέση του σαν κολόνα της ΔΕΗ και μετά, έτσι χωρίς προειδοποίηση, το έβαζε στα πόδια, ξεφεύγοντας την σύλληψη. Όλα αυτά όμως ως εκείνη την μέρα που τα όργανα της τάξης του έστησαν ενέδρα σε ένα στενό δρόμο της Αθήνας χωρίς τρόπο φυγής. Ο Νικ ήταν επαγγελματίας άνεργος. «Για ιδεολογικούς λόγους», όπως έλεγε στους φίλους που τον ρωτούσαν γιατί δεν βρήκε μια δουλειά στο δημόσιο όπως τόσοι άλλοι νέοι στην πατρίδα του. «Και ο γαμπρός του Μαρξ δεν δούλευε» τους αποστόμωνε ο Νικ, βγάζοντας από τον κόρφο του το βιβλίο του Πωλ Λαφάρκ *Το δικαίωμα στην τεμπελιά*.

Εκτός όμως από τεμπέλης φιλόσοφος ο Νικ είχε μια ακόμη αδυναμία. Του άρεζαν οι κοκκινομάλλες γυναίκες. Δεν γνώριζε

Βίκυ..., μήπως τα έχουν; «Με το δημόσιο υπάλληλο, με τον καθηγητάκο, βρήκε να με απατήσει;» Υπάρχει περίπτωση να τα 'χουν και να θέλουν να τον βγάλουν απ' τη μέση; Είδε τα παιδικά χέρια του Νικήτα να τον τραβάνε κάτω απ' το νερό, να του κλείνουν το στόμα, μια παρατεταμένη πατητή, τον βγάλανε έξω σηκωτό, η μάνα του ούρλιαζε, «να η φωνή της». Τι φαντασιώνεται ο Νικητάκος; Να πάρει τη θέση του; Τι λέει τώρα; Από πού ξετρυπώνουν όλα αυτά; Είναι σοκαρισμένος, ξενυχτισμένος και σκέφτεται ασυναρτησίες. Ας σταματήσει να σκέφτεται. Απαγορεύεται να σκεφτεί άλλο. Τέρμα. Να πάρει αέρα πρέπει. Πνίγεται. Το παντελόνι της πυτζάμας του είναι μούσκεμα. Να σηκωθεί. Πηγαίνει στο παράθυρο, ανοίγει το στόρι. Χιονίζει. Πώς είχε την εντύπωση ότι ήταν καλοκαίρι, όταν έπεσε για ύπνο; Μπερδεύτηκε. Πρέπει να προλάβει. Να πάει στο πανηγύρι. Θα είναι όλοι. Πρέπει όμως να πάει κολυμπώντας, γιατί δεν έχει καράβι. Θα κολυμπήσει όπως ο Οδυσσέας. Τι είναι αυτό που έρχεται; Ένα σκυλόψαρο. Δεν το φοβάται. Είναι καλό. Φοράει το νυφικό της Βίκυς. Ακούει τα βιολιά, τα σουραύλια. Όλα είναι κάτασπρα. Η Δέσποινα στροβιλίζεται σαν καύτρα στο λευκό κενό, τον χαιρετά καθώς απομακρύνεται πετώντας, μετά γαβγίζει. Δεν βλέπει καλά, το χιόνι είναι πυκνό. Τι είν' αυτό; Άνθρωπος ή δεντρο; Είναι η Ελένη, απολιθωμένη στη στάση του δέντρου. Έχει ανοίξει τα χέρια της σαν κλαδιά. Την προσπερνά χωρίς να της μιλήσει. Τώρα βρίσκεται στην οδό Ρόδων, κοντά στο σπίτι του. Στο δρόμο ένα τσούρμο παιδιά παίζουν, είναι και τα δικά του παιδιά ανάμεσα, τα γνώρισε, παρόλο που κάποιος τους ξύρισε τα μαλλιά. Σκοτώνουν με τις μπάλες τους αθώους περαστικούς. Τρέχει να ξεφύγει. Να μην τον πετύχουν. Είναι γυμνός και τρέχει. Να μην αφήσει ίχνη. Μέσα σ' ένα άσπρο τρένο η μητέρα του ταξιδεύει μόνη. «Έλα», του λέει, «ανέβα κι εσύ, είν' ωραία». Πηδά.

ταλάβει αμέσως. Με το φως θα καταλάβει. Θα συνειδητοποιήσει τη γελοιότητα αυτής της νύχτας. Καλύτερα να μην της το αναφέρει καν. Θα σηκωθεί, θα πιει τον καφέ του, θα περάσει από την εφημερίδα, μετά θα πάει να γράψει. Σήμερα είναι Πέμπτη, το απόγευμα έχει γυμναστήριο. Θα δει την Ελένη. Θα τον κοιτάζει ιδρώνοντας στο διάδρομο. Θα την περιμένει να τελειώσει τη γιόγκα της. Κάτω απ' τη φόρμα η Ελένη θα φοράει σέξυ εσώρουχα, εξακολουθούν να τον ερεθίζουν, αν και δεν εκπλήσσεται πια, παρά την ποικιλία χρωμάτων, σχημάτων και ποιοτήτων. Ίσως θα είναι καλύτερα να μην πάνε σπίτι της μετά. Θα είναι εξαντλημένος. Να βγουν απλώς στο Χαλάνδρι, εκεί δεν τον ξέρει κανείς. Στο μπιστρό του εμπορικού κέντρου. Πρέπει να τελειώνει κι αυτό σιγά-σιγά. Παρατράβηξε. Γιατί δεν παντρεύεται κι αυτό το κορίτσι; Αρκείται στα ψίχουλα της Πέμπτης. Μάλλον είναι πολύ φαντασιόπληκτη, για να εμπνεύσει σε κάποιον την ιδέα της συμβίωσης. «Δε μοιάζει με τη μάνα κανενός μας», είχε πει ο Νικήτας.

«Κώστα θα σε σκοτώσω». Παρατήρησε έξαφνα ότι κι αυτή η φράση έκανε παρήχηση. Πώς δεν το είχε προσέξει; Το όνομά του ταίριαζε με το ρήμα σκοτώνω. Είχαν τα ίδια γράμματα. Κι εκείνο το λογοπαίγνιο της Βίκυς, το *COSTA SIEMPRE*, αν το δει κανείς από άλλη οπτική γωνία, μακάβριο είναι. Μήπως τελικά ήταν προορισμένος για να σκοτωθεί, για να τον σκοτώσει κάποιος; Χρωστάει κάτι; Η Δέσποινα σκοτώθηκε, πήδηξε απ' τον τέταρτο όροφο της πολυκατοικίας της. Πώς του ήρθε τώρα αυτό; Είναι γελοίο να το συσχετίζει. Έγινε πολλά χρόνια μετά. Ή πολλά χρόνια πριν. «Δεν ήταν ποτέ καλά η Δέσποινα και το ξέρεις», είχε πει πάλι ο Νικήτας και είχε δίκιο. Είχε πει ακόμα ότι πιο χαρούμενη νύφη απ' τη Βίκυ δεν είχε ξαναδεί, τα μάτια της άστραφταν, δεν μπορούσε να σταματήσει να γελάει σε όλο το γάμο. Γιατί τόσες εύστοχες παρατηρήσεις ο Νικήτας; Παρακολουθεί τις γκόμενές του; Μήπως γουστάρει την Ελένη; Ας την πάρει, πολύ θα τον βόλευε. Ανώδυνος επίλογος. Θα ήταν και πάλι εντάξει απέναντι στη Βίκυ. Λες να έμαθε τίποτα η Βίκυ για την Ελένη; Μήπως της το είπε ο Νικήτας; Ή μήπως ο Νικήτας γουστάρει τη Βίκυ; Μήπως και η

εξ ολοκλήρου σχεδόν τα παιδιά. Δεν σκοτώνεις όμως γι' αυτό. Εξάλλου, το ξέχασε αυτό, ο φόβος τον εμποδίζει να ιεραρχήσει τα πράγματα, η Βίκυ τον θαυμάζει, αναγνωρίζει τις ικανότητές του, το ταλέντο του, εκείνη του έκανε χώρο. Αλλά το βασικό επιχείρημα είναι τα παιδιά, είναι γεννημένη μητέρα η Βίκυ, τα παίρνει στην αγκαλιά της, τα φιλά στο στόμα, τα καταβροχθίζει, γίνεται ολόκληρη μήτρα και τα ξανακλείνει μέσα της, τους μιλά ακατάπαυστα, «αυτά τα αγόρια δεν θα ξεχάσουν ποτέ τη φωνή της μητέρας τους». Η δική του μητέρα σιωπούσε ώρες, ίσως γι' αυτό δε θυμάται τη φωνή της. Είδε τα χέρια της, κρύα και αιχμηρά σαν ξύλινα σπαθιά, διαρκώς απασχολημένα. Τα βράδια την περίμενε για το παραμύθι, μετρούσε τις ψηφίδες στο μωσαϊκό για να μείνει ξύπνιος, έφτιαχνε φράσεις με παρήχηση: «Βρήκα τον βρωμερό βρικόλακα». «Έφαγα ένα γκρι φαγκρί». Ερχόταν πάντα αργά ή δεν ερχόταν καθόλου. Την περίμενε και δεν πήγαινε να κατουρήσει, μην τυχόν έρθει και δεν τον βρει. Συχνά τον ξυπνούσε αγριεμένη, έπρεπε ν' αλλάξει το βρεγμένο σεντόνι.

Λοιπόν, ας ανακεφαλαιώσει. Η Βίκυ τον αγαπάει. Η Βίκυ αγαπάει τα παιδιά της. Η Βίκυ κοιμάται. Δεν συντρέχει λόγος ανησυχίας. Εν πάση περιπτώσει είναι περίπου σίγουρο ότι δεν θα τον σκοτώσει απόψε. Δεν χρειάζεται να φυλάει τσίλιες. Μπορεί να αλλάξει πλευρό, να ξεμουδιάσει. Είναι τόσο κουρασμένος. Πρέπει να κοιμηθεί. Δεν μπορεί να βγάλει την αυριανή μέρα χωρίς ύπνο. Έχει ένα σωρό δουλειές. Έχει να γράψει. Πρέπει να έχει καθαρό μυαλό. Πρέπει όσος χρόνος τού απομένει να τον κοιμηθεί. Έμεινε πράγματι ακίνητος όλη αυτή την ώρα. Στρατιωτάκι αμίλητο α- κούνητο αγέλαστο. Πόση ώρα αλήθεια; Πότε θα ξημερώσει; Μια μηχανή περνά. Άρα ξημερώνει. Υπάρχουν άνθρωποι που πηγαίνουν στη δουλειά τους κανονικά, χωρίς φόβο. Μπορεί να κάνουν μια πολύ βαρετή δουλειά, να ξυπνάνε χαράματα, όμως η γυναίκα τους δεν τους είπε ότι θα τους σκοτώσει. Κι αυτά τα παιδιά πού είναι; Απόψε βρήκαν να μην έρθουν; Όχι, όχι, ας μην ξανακυλήσει. Πρέπει να ηρεμήσει. Είναι ασφαλής. Και γι' αυτόν όλα θα είναι κανονικά σε λίγες ώρες. Μόλις δει τη Βίκυ το πρωί, θα κα-

μπανιέρα; Ή μήπως θα του 'βαζε δηλητήριο στο ποτό του; Συνήθως πίνουν από το ίδιο ποτήρι, ένα ποτό στα δύο – αυτή τη φορά μάλλον θα έβρισκε μια πρόφαση; Θα μπορούσε να προξενήσει βλάβη στο αυτοκίνητο. Ή, ακόμα χειρότερα, θα έριχνε το αυτοκίνητο πάνω σε κανέναν τοίχο και θα σκοτωνόταν κι αυτή μαζί του μια κανονική μέρα που θα κατηφόριζαν την Κηφισίας για το κέντρο, στον ανισόπεδο κόμβο στο ύψος του ΟΤΕ, ας πούμε. «Δεν αποκλείεται το ατύχημα να συνέβη επειδή το ζευγάρι καβγάδιζε, όπως ο Τόμας και η Τερέζα στην *Αβάσταχτη ελαφρότητα του Είναι*».

Όχι. Ας μην τρελαίνεται, έτσι θα το είπε, «Κώστα θα σε σκοτώσω», όπως το έλεγε κι η μητέρα του, όταν έκανε αταξίες. Είναι μια έκφραση, θα την είπε στον ύπνο της, γιατί την πήρε τόσο κυριολεκτικά; Μπορεί να νιώθει δυσφορία, να ζεσταίνεται, είναι η τρίτη συνεχόμενη νύχτα καύσωνα. Πώς είναι δυνατόν να τον σκοτώσει η Βίκυ; Η Δέσποινα μάλιστα, αυτή ήταν ικανή. Θα είχε και λόγο. Όσα χρόνια έμεινε ακόμα στη Θεσσαλονίκη, είχε λίγο το νου του, μια δυο φορές στο δρόμο νόμισε ότι κάποιος τον είχε πάρει από πίσω. Αλλά η Βίκυ; Και μετά τι, θα πήγαινε φυλακή; Και τι θα γίνονταν τα παιδιά; Και γιατί στο κάτω-κάτω; Ποιο θα ήταν το κίνητρο; Παίρνει βέβαια κι ανάποδες το μυαλό του ανθρώπου, για όλα είναι ικανό, αν και τότε δεν το προαναγγέλλει, «Κώστα θα σε σκοτώσω», το κάνει και τελείωσε και πέφτουν όλοι απ' τα σύννεφα. Αλλά γιατί να πάρει ανάποδες το μυαλό της Βίκυς; Τι έχει; Τι δεν έχει; Χρειάστηκε να αφήσει τη δουλειά της στην εφημερίδα, ήταν όμως δική της επιλογή, από τη στιγμή που ήθελε τρία παιδιά. Άλλωστε, αφού κατά κάποιον τρόπο τη διαδέχτηκε εκείνος, εξακολουθεί να έχει τις επαφές της, ο κύκλος της, ο κύκλος τους, παρέμεινε πάνω κάτω ο ίδιος, τίποτα δεν άλλαξε, ποιος θα την έκανε πέρα με τέτοιες πλάτες; Κι όποτε θέλει γράφει ακόμα, αυτοεπιβεβαιώνεται. Ας προσπαθήσει να σκεφτεί, έκανε κάτι τώρα τελευταία; Κάτι που πιθανώς του διαφεύγει; Κάτι που την εξαγρίωσε; Εντάξει, τα γνωστά, βγαίνει πολύ λόγω δουλειάς, γυρίζει αργά, θέλει ν' απομονώνεται, εκείνη έχει αναλάβει

σκοτάδι ένα τσιγάρο αρχίζει να στροβιλίζεται στον αέρα, το ακολουθεί με το δικό του, οι δυο καύτρες χορεύουν έναν τρελό χορό, της Βίκυς είναι το τσιγάρο, «το έκοψε στην πρώτη εγκυμοσύνη, μαζί με τα μαλλιά της», κι όταν τα φώτα ανάβουν πάλι, τη φιλά ξαναμμένος κάτω απ' τα γέλια και τα χειροκροτήματα των θαμώνων, παρόλο που οι περισσότεροι ξέρουν ότι τα 'χει με τη Δέσποινα. Όταν ξεκόλλησαν από τον καναπέ και βγήκαν στο δρόμο, το χιόνι είχε σκεπάσει τα πάντα. Ένιωσε δυσάρεστα που άφηναν ίχνη πάνω στο φρέσκο χιόνι καθώς περπατούσαν.

Ας προσπαθήσει όμως να θυμηθεί κι άλλες τέτοιες στιγμές. Είναι σαν να μαζεύει στοιχεία, για να αποδείξει το αδύνατον του πράγματος, σαν να κατασκευάζει ένα αλεξίσφαιρο από καλές στιγμές. Κι αν τεθεί το θέμα, θα τις απαριθμήσει μία προς μία. Όπως το ξημέρωμα μετά το γάμο τους. Παντρεύτηκαν στη Σίφνο, πήγαν στο εκκλησάκι από τη θάλασσα με το σκάφος του πατέρα της Βίκυς. Όταν έφυγαν όλοι, πλάγιασαν στην παραλία. Η Βίκυ πρότεινε να πετάξουν το γαμπριάτικο κοστούμι και το νυφικό στη θάλασσα, καίτοι έργο γνωστού σχεδιαστή. Χάζευαν αμίλητοι τα δυο ρούχα που φούσκωναν στο νερό κι απομακρύνονταν. Η Βίκυ αποκοιμήθηκε στην αγκαλιά του. Εκείνος δεν έκλεισε μάτι, τον ενοχλούσαν οι πέτρες, η μέση του, το φως. Θέλει απόλυτο σκοτάδι για να κοιμηθεί. Όπως τώρα. Αλλά τώρα πώς να κοιμηθεί; Τον προδίδουν όλα, το ένα μετά το άλλο, οι αναμνήσεις, απείθαρχες, ξεγλιστρούν σαν ίσκιοι, αλλάζουν στρατόπεδο, «με ποιον είστε, με μένα ή με το λιοντάρι;», το σκοτάδι τον εμπαίζει, η λογική, το μαξιλάρι του, το χέρι του που μούδιασε. Με τι είχε σχεδιάσει να τον σκοτώσει, αν το είχε σχεδιάσει; Από πού να φυλαχτεί; Θα του έλιωνε το κεφάλι με πέτρα; Θα τον έσπρωχνε να πέσει από καμιά ταράτσα; Ή θα τον έριχνε στη θάλασσα απ' το σκάφος; Ενδεχομένως να πρέπει ν' αποκλείσει τους τρόπους που απαιτούσαν δύναμη στα χέρια. Η Βίκυ είναι μια σταλιά. Τότε, με όπλο; Ο πατέρας της διέθετε όπλο, του το είχε δείξει κάποτε. Θα τον περίμενε ένα βράδυ οπλισμένη στην είσοδο της πολυκατοικίας, ενώ τα παιδιά θα κοιμούνταν επάνω; Θα έριχνε το σεσουάρ στη γεμάτη

δάγκωνε; Θα τον χάιδευε στα μαλλιά; Θα εκβίαζε μια αντίδραση; Τίποτα. Η φράση άφησε πίσω της ένα αδιαπέραστο κενό. Τι α- κριβώς έκανε τώρα; Τον κοιτούσε μέσα στο σκοτάδι; Πώς τον κοιτούσε άραγε; Με οίκτο; Με μίσος; Παγερά; Πρόσεξε ότι κι εκείνη ανάσαινε κανονικότατα. Είναι δυνατόν να εκστόμισε τέτοιο λόγο και να ξανακοιμήθηκε; Ή μήπως κοιμόταν όλη την ώρα; Μήπως το είχε πει στον ύπνο της, μήπως εκείνη ονειρευόταν ότι τον σκότωνε; Όχι πως κι αυτό ήταν ευχάριστο, αλλά ήταν χίλιες φορές προτιμότερο. Θα ήταν εν πάση περιπτώσει ένας εφιάλτης, θα του τον διηγιόταν αύριο στο πρωινό. Ή μάλλον θα του έστελνε *e-mail* στο γραφείο, συνήθως το πρωί, παιδιά, φρουτόκρεμες και το σχολικό να κορνάρει, δεν προλαβαίνουν να πουν πολλά. Με τα *e-mail* επικοινωνούν καλύτερα.

«Κώστα, θα σε σκοτώσω. Κώστα, θα σε σκοτώσω. Κώστα, θα σε σκοτώσω.» Επανέλαβε τη φράση στο μυαλό του. Όσο περισ- σότερο την άκουγε με τη δική του φωνή, τόσο πιο αδιανόητο του φαινόταν να την είπε η Βίκυ. Δηλαδή να την εννοούσε, να την πρόφερε συνειδητά. Καταρχάς η Βίκυ τον αγαπάει. Ακούγεται ευτράπελο την παρούσα στιγμή, αλλά είναι η αλήθεια, τον αγαπά- ει πολύ. Όταν ήταν φοιτητές, ήρθε μια νύχτα στην πολυκατοικία του στη Θεσσαλονίκη κι έγραψε πάνω στον τοίχο της πρόσοψης με κόκκινη μπογιά *COSTA SIEMPRE.* Κουβάλησε με φορτηγό στην Αθήνα τον σαραβαλιασμένο καναπέ απ' το σπίτι του Νικήτα όπου γνωρίστηκαν. Είχε πάει μόνος του στο πάρτι, η Δέσποινα ήταν άρρωστη. Έξω χιόνιζε. Η Βίκυ καθόταν μόνη στον καναπέ. Του άρεσαν τα μαλλιά της. Την πλησίασε, κάθισε δίπλα της, ο καναπές έγειρε κι έσπασε τον πάγο. Της είπε ότι την είχε σταμπά- ρει από το πρώτο έτος, δεν είπε «σταμπάρει», κάτι άλλο είπε, δεν θυμάται τώρα, ότι ήθελε, τέλος πάντων, να τη γνωρίσει. Δεν ήταν εντελώς ψέματα. Από το πρώτο έτος είχε μάθει ποιανού κόρη είναι και την παρατηρούσε πού και πού στο αμφιθέατρο. Φοβή- θηκε ότι η Βίκυ θα αντιλαμβανόταν την υπερβολή. Ξάφνου τα φώτα έσβησαν. Διακοπή ρεύματος. Επικράτησε ένας φαιδρός πανικός, γεμάτος σπρωξίδι, φωνές και γέλια. Μέσα στο πηχτό

πνησε απ' την ένταση και το άκουσε, καθαρά, πολύ κοντά στ' αφτί του: «Κώστα, θα σε σκοτώσω.»

Στην αρχή χρειάστηκε κάμποσο μέχρι να σιγουρευτεί σε ποιον ανήκε η φωνή. Για την ακρίβεια, να παραδεχτεί σε ποιον ανήκε. Ήταν η πιο οικεία φωνή του κόσμου μετά τις φωνές των γονιών του, που είχαν πεθάνει όμως εδώ και χρόνια. Όσες φορές προσπάθησε να φέρει ξανά στο νου του τη φωνή της μητέρας του δεν τα κατάφερε. Δεν μπορούσε να πιάσει τη χροιά της. Του γλιστρούσε, σαν το σαπούνι του λαδιού που είχαν στο πατρικό του. Είδε τα παιδικά του χέρια τεντωμένα στο φόντο του πέτρινου νεροχύτη, κοντά δάχτυλα, φαγωμένα πετσάκια. «Κι ο Οδυσσέας στον κάτω κόσμο μάταια απλώνει τα χέρια να πιάσει τον ίσκιο της μάνας του». Πρόσφατα διάβαζε στον γιο του την Οδύσσεια και ξανασυνάντησε τη σκηνή. Οι ζωγραφιές του παιδικού βιβλίου ήταν παράταιρα ρεαλιστικές. Του φάνηκε πως η μητέρα του Οδυσσέα είχε τα μαλλιά της σηκωμένα ακριβώς όπως τα σήκωνε κι η δική του μητέρα. Μπορεί να είχαν και την ίδια φωνή. Οι φωνές των παιδιών του, πάλι, δεν του ήταν τόσο οικείες. Είχε διαπιστώσει με έκπληξη ότι τις μπέρδευε πολύ συχνά με φωνές άλλων παιδιών.

«Κώστα, θα σε σκοτώσω.» Όχι, εδώ δεν υπήρχε τίποτα να μπερδέψει. Στο δωμάτιο δεν βρισκόταν κανένας άλλος. Συνήθως όλο και κάποιο παιδί έρχεται τη νύχτα και χώνεται ανάμεσά τους, απόψε όχι. Τους χώριζαν είκοσι εκατοστά το πολύ κι αυτή η φράση. Ένιωσε το σώμα του να συσπάται ολόκληρο, να καίγεται από μέσα, να παγώνει απ' έξω. Θεώρησε ωστόσο σκόπιμο να μην κουνηθεί. Να κάνει ότι κοιμάται, ότι δεν άκουσε. Σε καμιά περίπτωση δε θα 'πρεπε να κάνει κάτι που θα μπορούσε να την ερεθίσει. Προσπάθησε να αναπνέει κανονικά, να διοχετεύσει τη σκέψη του στην αναπνοή του, για να την ελέγξει. Αφουγκράστηκε την ανάσα του, του φάνηκε αρκετά πειστική. Μόνο η καρδιά του χοροπηδούσε ακόμα, αλλά οι καρδιές δεν ακούγονται απ' έξω, έτσι δεν είναι; Θα έμενε ακίνητος μέχρι να γίνει κάτι. Τι θα 'ταν αυτό; Θ' άπλωνε το χέρι της; Θα τον σκουντούσε; Θα τον έπνιγε; Θα τον

ΕΛΕΝΑ ΠΑΛΛΑΝΤΖΑ

Ίχνη στο χιόνι

«Όλα είναι μακρινά κι ευτυχισμένα
και το χιόνι πέφτει από ψηλά ...»
Δ. Σαββόπουλος

«Κώστα, θα σε σκοτώσω.» Η φωνή της ήχησε σαν μαύρο τύμπανο μες στη νυχτερινή σιωπή. Το άκουσε σίγουρα, δεν του φάνηκε. Στην αρχή μονάχα νόμισε ότι το ονειρεύτηκε. Όμως, στο όνειρο που έβλεπε η Βίκυ δεν έπαιζε. Ήταν ένα περιπετειώδες όνειρο. Κι εκεί κατά σύμπτωση τον απειλούσαν κάποιοι, τον καταδίωκαν διηπειρωτικώς. Η καταδίωξη είχε ξεκινήσει στη Γερμανία και συνεχιζόταν στην Κωνσταντινούπολη. Κρυβόταν σε σπίτια φίλων, υπόγεια γκαράζ και πιλοτές πολυκατοικιών. Σε κάποιο πάρτι με άφθονα ναρκωτικά και κορίτσια με μακριά μαλλιά, μαυριδεροί άντρες με σμιχτά φρύδια τον κοίταζαν επίμονα. Αυτό τον είχε κάνει να συμπεράνει ότι τον κυνηγούσαν άνδρες του ΡΚΚ. Ένα κορίτσι τον πλησιάζει, πορτοκαλί ποτό σε ποτήρι-σωλήνα, δέρμα με γεύση σοκολάτα φουντούκι, «σίγουρα είναι δόλωμα», το σπρώχνει, πηδάει από 'να παράθυρο στο φωταγωγό, εκεί ένα αγοράκι κλωτσούσε μια μπάλα, «γιατί φοράει αυτό το παλιομοδίτικο κασκέτο;», η μπάλα τον πετυχαίνει κατευθείαν στην κοιλιά, βλέπει μια ανεμόσκαλα, ανεβαίνει στην ταράτσα − και τότε, φαίνεται, ξύ-

Γι' αυτό κι εγώ, μετά το φονικό, δεν έφυγα, δεν κρύφτηκα, δεν θέλησα να αποφύγω τις συνέπειες της πράξης μου.

Σ' αυτό το σημείο ο συνήγορός μου ξεφύσηξε με ανακούφιση.

Πήρα την ευθύνη και υπερασπίζομαι την ορθότητα της πράξης μου με όλες τις συνέπειές της. Γι' αυτό βρίσκομαι ενώπιόν σας. Επειδή αποδέχομαι τον γερμανικό νόμο και την διαφορετική εκτίμησή σας γι' ό,τι συνέβη. Ζητώ την επιείκειά σας και κλείνοντας πρέπει να σας πω, πως πέρα από τους νόμους, πρέπει να καταλάβετε πως για όλους τους ανθρώπους, υπάρχει και το εγώ. Ένα εγώ που με παρατηρεί και δίνει λόγο σε μένα, αλλά και σε κάτι που βρίσκεται πέρα από μένα.

Όπως κι εσείς, βεβαίως, θα πρέπει να καταλάβετε, πως το αξιακό σύστημα που πρεσβεύω, θα επιδράσει κάποια στιγμή στην γερμανική κουλτούρα, αν δεν αποτελέσει στο μέλλον συστατικό της στοιχείο.

μεγάλο για τον πελάτη. Ρίσκο για μεγάλη χασούρα, αλλά και πιθανότητα μεγάλου κέρδους.

Μερικούς τους πήρα στο λαιμό μου. Δεν το σκεφτόμουν δεύτερη φορά, και δεν αισθάνθηκα ποτέ μου καμία ενοχή. Έτσι είναι με το χρήμα.

Και τότε, με πρόδωσε με έναν Σύρο... Έναν αράπη! Ο τύπος ήταν Dozent στην έδρα της Ιστορίας, όπου η Μπριγκίτε ετοίμαζε το διδακτορικό της και τον είχε γνωρίσει όταν πηγαινοερχόταν, όσο καιρό ζούσαμε στην Μπούρσα.

Εσένα, μαλάκα αράπη, δεν σε σκότωσα, εσένα θα σε γαμήσω. Ακόμα και μέσα από τη φυλακή θα βρω τρόπο να σε γαμήσω.

Η ιδέα πως με κεράτωνε, ενόσω εγώ της είχα αφοσιωθεί με όλη μου την ψυχή, ήταν η απόλυτη ταπείνωσή μου. Το πρόσωπό μου, την ίδια μου την ύπαρξη, με την πράξη της την είχε κάνει κουρέλια. Δεν μου 'χε ζητήσει να χωρίσουμε, με είχε προδώσει ενόσω ζούσαμε μαζί. Το τραγικό είναι πως εντωμεταξύ είχε ασπασθεί το Ισλάμ, ενώ εγώ δεν συμφωνούσα. Τι τα θέλεις αυτά, καλά είμαστε κι έτσι. Δεν χρειάζεται να γίνεις μουσουλμάνα, θα έχεις άλλες υποχρεώσεις, μπορεί να είναι δύσκολα για σένα. Κι εκείνη επέμενε, επειδή μ' αγαπούσε και ήθελε να μοιραστεί όλα όσα με αποτελούσαν, έλεγε. «Είμαι και περίεργη», είχε επισφραγίσει την απόφασή της.

Και στο τέλος να που κατέληξε, ήταν η περιέργεια που την έφαγε.

Ανακεφαλαιώνω, και δεν θα πάψω να το λέω, για όσα χρόνια και να με καταδικάσετε: Τα ζητήματα τιμής ενός ατόμου, η προσβολή προς το πρόσωπό του, η εικόνα που έχει για τον εαυτό του μέσα στην κοινωνία και η απαξίωσή της, δεν είναι ζητήματα που κανονίζονται συνολικά και απρόσωπα. Δεν χωράνε σε ένα καλούπι κοινό για όλους.

Εδώ ο συνήγορός μου έγινε γκρίζος, μου φάνηκε έτοιμος να λιποθυμήσει, αλλά τι να κάνουμε, δεν μπορείς πάντα να κερδίζεις δίκες.

Ο πόνος και η ενοχή μου, και η συντριβή που συνεπάγεται η προσπάθεια απελευθέρωσής μου απ' αυτήν, είναι που με οδήγησαν μπροστά σας. Δεν υπάρχουν φαρμακεία γι' αυτή την οδύνη.

Και τότε σκέφτηκα πως δεν θα ήταν άσχημα να προσπαθήσω να εγκατασταθώ στον τόπο μου – είχαμε παντρευτεί εντωμεταξύ και είχα μια πρόταση από μια μεγάλη γερμανοτουρκική ασφαλιστική εταιρεία - και η Μπριγκίτε συμφώνησε. Είπε: «Ομάρ, αξίζει να προσπαθήσεις. Κι άμα είναι να μετανιώσεις, να γίνει τώρα, κι όχι ύστερα από είκοσι χρόνια». Η ίδια, είπε, θα έβλεπε τι θα έκανε. *Τι γαλήνη, Θεέ μου! Αλλά και τι τέλμα! Σαν να μην είχε αλλάξει τίποτα από την τελευταία φορά. Οι ίδιες παρέες, τα ίδια καφενεία, οι ίδιες κουβέντες. Και τι παράξενο συνάμα, αφού από την πρώτη νύχτα που περάσαμε στο διαμέρισμα που μας είχε βρει ο αδερφός μου, ήξερα πως δεν ήταν για μένα αυτός ο βάλτος της αποχαύνωσης.*

Η Μπριγκίτε κράτησε την επαφή της με το πανεπιστήμιο και με τον καθηγητή που επέβλεπε τη διδακτορική της εργασία – είχε αρχίσει και η εξάπλωση του διαδικτύου που διευκόλυνε την εργασία της – κι εκείνα τα δυο χρόνια που κράτησε η μετοικεσία μας, πήγε κι ήρθε αρκετές φορές στο Μύνστερ. Δεν μ' άρεσε όταν έφευγε. Άλλοτε έφευγε για δέκα μέρες κι έκανε ένα μήνα να γυρίσει, άλλοτε αρρώσταινε η μάνα της κι άλλοτε ο πατέρας της. Εκείνοι αρρώσταιναν, εγώ έσκαγα. Τη λύση πάλι την έδωσαν από την εταιρεία. Μου πρόσφεραν μια θέση στην περιοχή του Μπράουνσβαϊχ-Λύνεμπουργκ, υπεύθυνος για τις πωλήσεις στην τουρκική πελατεία. Κι έτσι επιστρέψαμε. Επιστρέψαμε εδώ όπου και οι δυο μας ανήκαμε.

Μην σας ακούγετε παράξενο που λέω ανήκαμε, γιατί αν η Μπριγκίτε ανήκε εδώ μια φορά, εγώ ανήκω δυο. Γιατί εγώ επέλεξα τη Γερμανία σαν την δεύτερη πατρίδα μου. Όχι αξιολογικά δεύτερη, αλλά σαν μάνα διπλή. Ίσως γι' αυτό δεν μπόρεσα ποτέ να αποφασίσω αν είμαι Τούρκος ή Γερμανός. Οι δουλειές πήγαιναν καλά κι έβγαζα χρήματα. Οι περισσότεροι πελάτες μου, άνθρωποι της δουλειάς και εύπιστοι, αγόραζαν, αν και συντηρητικοί, ό,τι καινούργιο ασφαλιστικό προϊόν θέταμε σε κυκλοφορία. Τους έπειθα. Συχνά 'έσπρωχνα' προϊόντα και προγράμματα με ρίσκο

Γεννήθηκα και μεγάλωσα εδώ, αν και μεγάλα διαστήματα, στις σχολικές διακοπές, περνούσα τα καλοκαίρια των παιδικών μου χρόνων στο χωριό του πατέρα μου, κοντά στην Προύσα, απ' όπου ξεκίνησε με άλλους πέντε συγχωριανούς του να γίνουν πλούσιοι στη Γερμανία.

Της γούσταρε η ιδέα πως ήμουν από τα μέρη της πρώτης πρωτεύουσας των Σελτζούκων. Την άναβε, όπως έλεγε, που καταγόμουν από εκεί που ξεκίνησαν όλα. Εμένα τίποτα δεν με συνέδεε με τον τόπο καταγωγής μου, παρά ένα μικρό τσίμπημα, ένας ακαθόριστος πόνος, κάτι που ένιωθα βαθιά στο στήθος μου, κάθε φορά που ανακαλούσα τις μέρες που, μικρό παιδί, τις περνούσα τρέχοντας στα μποστάνια με τα κηπευτικά, τα οπωροφόρα, τις μεστωμένες ροδακινιές και τις κερασιές, τα αμπέλια και τις παγίδες για πουλιά και τα πετροβολήματα των σκύλων. Και μια περίεργη ενοχή, όταν οι συνομήλικοί μου, με κορόιδευαν ξεφωνίζοντας για τις μικρές μου φίλες, «Γερμανίδες! ... Όλες πουτάνες ... Με μικρά κωλαράκια και γουρουνοφάγες!». Κι εγώ νόμιζα πως τους εκδικιόμουν, φωνάζοντάς τους, «Μαλάκες! Ζηλεύετε, μαλάκες. Παιδέψτε το πουλί σας! ... Βασανίστε το!»

Τέλειωσα μια σχολή λογιστών, αν και πάντα ονειρευόμουν να σπουδάσω Ιστορία, ίσως γι' αυτό και να τα βρίσκαμε με τη Μπριγκίτε. Αυτά στην αρχή, το καλοκαίρι του ενενήντα δύο. Λίγο μετά, χωρίς να είμαι βέβαιος για το πώς πάρθηκε αυτή η απόφασή μου, ήταν μια ξαφνική απόφαση, επέστρεψα στην πατρίδα μου. Είχα βαρεθεί να τους ακούω, όχι μόνο τους δικούς μου, αλλά και μερικούς συγγενείς που είχαν έρθει εντωμεταξύ, να μιλάνε συνέχεια, πως δεν είναι εδώ ο τόπος μας και πως μόλις βάλουν λίγα χρήματα στην άκρη θα επιστρέψουν στη γλυκιά πατρίδα.

Σαν να μπορούσαν να επιστρέψουν και στο χρόνο, γιατί αυτός ο παράδεισος που οραματίζονταν ήταν σαν τον δικό μου, των παιδικών μου χρόνων, και ανήκε σ' όσους τον ζούσαν καθημερινά κι όχι σε όσους είχαν αποκοπεί απ' αυτόν. Ξέρω πολλούς που πέθαναν μ' αυτή την σκέψη και τους στείλανε σε μια κάσα μέσα, να θαφτούν στον τόπο των ονείρων τους.

Γεγονότα, βλάκα, γεγονότα σχετικά με το γεγονός. Η γροθιά μου, τώρα μπορώ να το ξέρω, δεν είχε στόχο μόνον έναν απ' αυτούς που με είχαν προσβάλει, αλλά κι εκείνη την ειδυλλιακή κωλούπολη με το λαμπερό κατάμαυρο δάσος που την περιέβαλλε – δάσος ή ατελείωτα περιποιημένα πάρκα ήταν; - και που τίποτα δεν μπορούσε να τη βγάλει από τον λήθαργό της. Ολοήμερος λήθαργος που, συγκρινόμενος με το μεσημεριανό υπνάκο που έπαιρναν όλοι οι δικοί μου στο χωριό, έμοιαζε με θάνατο.

Με την Μπριγκίτε γνωριστήκαμε τυχαία, όταν εκείνη ήταν στο πανεπιστήμιο, στο τέλος του τετάρτου εξαμήνου, λίγο πριν τις καλοκαιρινές διακοπές. Έπρεπε να παραδώσει μια εργασία με θέμα τον ρόλο των γενιτσαρικών ταγμάτων στην πολιορκία της Βιέννης και σχεδίαζε ήδη τη διατριβή της για το οθωμανικό σιδηροδρομικό δίκτυο με προορισμό τη Βαγδάτη, με την οικονομική συμβολή και επίβλεψη του Κάιζεραϊχ. Ήταν μοιραίο να βρεθούμε κοντά, ερχόταν σε γλέντια τουρκικών συλλόγων και σε πολιτιστικές εκδηλώσεις, καθώς το θέμα της, τα θέματά της, είχαν να κάνουν με τις χώρες μας, και συχνά ανταλλάσσαμε απόψεις.

Εκείνη είχε πει μια μέρα: «Για κοίτα να δεις σύμπτωση, που μέσα στον ίδιο αιώνα κατέρρευσαν και η Οθωμανική και η Γερμανική Αυτοκρατορία». Ήθελα να της πω, πως οι Σελτζούκοι χρειάστηκαν τριακόσια χρόνια παρακμής για να καταλήξουν στο κίνημα των Νεοτούρκων και να καταρρεύσουν. Απ' όταν σταμάτησαν τους πολέμους και τις επιδρομές και άρχισαν τη διαχείριση των κτήσεών τους, ξεκίνησε η ξεφτίλα. Η Μπριγκίτε δεν μπορούσε να καταλάβει πως τα κράτη της Ανατολής δεν καταρρέουν τόσο γρήγορα, όσο τα γερμανικά κρατίδια, που απ' όταν τα συνένωσε ο Μπίσμαρκ σε ένα μεγάλο γερμανικό κράτος, σε πενήντα χρόνια μέσα διαλύθηκε. Δεν της το είπα. Ήταν οι μέρες που είχε καταρρεύσει το Τείχος και γιορτάζαμε και την επανένωση της Γερμανίας, και της είπα, πάμε να σε κεράσω σπίτι μου, να αναστηλώσουμε τη δόξα εκείνων των δύο αυτοκρατοριών. Ήταν παρθένα ακόμη, σ' εκείνη την ηλικία, η μαλακισμένη, και τότε ξεκίνησε η ιστορία.

ΔΗΜΗΤΡΙΟΣ ΝΟΛΛΑΣ

Μαντζικέρτ

Κύριε Δικαστά, Εξοχότατε! Βρίσκομαι μπροστά σας επειδή σκότωσα την γυναίκα μου. Ναι, το έκανα. Την πέταξα απ' το παράθυρο μετά από μια αντιπαράθεση που δεν οδηγούσε πουθενά. Συνέβη. Πρέπει να ακούσετε τους λόγους, και είναι αρκετοί, που μ' έφεραν σ' αυτή τη θέση. *Προσοχή! Χωρίς συναισθηματισμούς, μόνον τα ψυχρά γεγονότα.*

Τη χρονιά που ο Αγκτσά πυροβόλησε τον Πάπα, είχαμε μετακομίσει στο Ντέτμολντ και πήγαινα στην πρώτη γυμνασίου, σε ένα καινούργιο σχολείο για μένα, και κάποιος είχε προλάβει να σκαλίσει στο θρανίο μου την λέξη «φονιάς». Έτσι κι αλλιώς την πρώτη μέρα στο σχολείο με είχαν κλοτσήσει. Δεν σήκωσαν τις γροθιές τους να με χτυπήσουν, με κλότσησαν σαν σκυλί. Έχασα την ψυχραιμία μου, αν και τι ψυχραιμία να επιδείξει ένα παιδί στην προεφηβεία του! Μάλλον τους αψήφησα, αυτό ήταν, κι έδωσα μια δυνατή γροθιά καταπρόσωπο στον πιο δυνατό συμμαθητή μου, ο οποίος, απροετοίμαστος καθώς ήταν, άρχισε να αιμορραγεί.

«Θα ξαναπεράσεις από 'δώ όταν θα γυρίζεις;», ρώτησε φιλικά η αρκούδα.

«Γιατί όχι; Αν είστε ακόμα εδώ.»

«Και βέβαια!», φώναξε η αρκούδα, κοιτώντας τις άλλες μία-μία, χωρίς να παραλείψει ούτε την κουκουβάγια που είχε ξαναφουσκώσει το φτέρωμά της. «Εδώ θα είμαστε. Έχω ένα προαίσθημα ότι...»

«Καλά, καλά – μην επαναλαμβάνεσαι, αφεντικό. Αν θέλω να τα καταφέρω πριν νυχτώσει, πρέπει να βιαστώ! Τα λέμε αργότερα – ως τότε σας εύχομαι καλή τύχη!» Η νυφίτσα έφυγε γρήγορα αφήνοντας πίσω της ένα ακόμα σύννεφο σκόνης.

Η αλεπού σηκώθηκε κι άρχισε να τεντώνει τα μέλη της. Μετά τινάχτηκε κι έριξε μια ματιά στην περιποιημένη φουντωτή ουρά της. Ικανοποιημένη από την άψογη κατάστασή της την τύλιξε προσεκτικά γύρω απ' τα πίσω πόδια της και ξανακάθισε. Ακόμα κι η αρκούδα έκανε μερικές ασκήσεις τεντώματος και μάλαξε καλά την μέση της πριν ξαναπάρει θέση στη ρίζα του δέντρου. Η κουκουβάγια έκανε τη σύντομη βραδινή της τουαλέτα και καθάρισε το φτέρωμά της. Έπειτα τέντωσε τις φτερούγες της, τις δίπλωσε επιμελώς κι άφησε το βλέμμα της να πλανηθεί στο κενό.

Για κάμποση ώρα επικράτησε μια σιωπή γεμάτη γαλήνη. Στο τέλος, η αλεπού είπε:

«Λοιπόν – πού είχαμε μείνει;»

Μετάφραση από τα γερμανικά:
ΕΛΕΝΑ ΠΑΛΛΑΝΤΖΑ

«Ποιος; Ο Αίσωπος;» Η νυφίτσα έστρεψε το βλέμμα από την κουκουβάγια στην αρκούδα που έγνεψε καταφατικά. «Και από πού το συμπέρανες αυτό, αν επιτρέπεται;»

«Το διαισθάνομαι! Όταν μιλάει κανείς πολύ για κάποιον, εκείνος το νιώθει. Και θα μας θυμηθεί και θα ξαναγυρίσει! Αυτή τη σκέψη έκανα σήμερα, μετά από την κουβέντα μας ...»

Οι άλλες τρεις αντάλλαξαν μερικές απεγνωσμένες ματιές, ενώ η αρκούδα τις κοίταζε μ' ένα βλέμμα γεμάτο προσδοκία.

«Θα ήθελα να μου εξηγήσεις λίγο το σκεπτικό σου», είπε η κουκουβάγια με συγκαταβατικό τόνο. «Σε ποιο σημείο της συζήτησής μας έκανες αυτή τη σκέψη;»

«Εεε... εγώ... τι σε ποιο σημείο;», την κοίταξε μπερδεμένη η αρκούδα.

«Άφησε την ήσυχη επιτέλους», επενέβη με μεγαλοθυμία η αλεπού. «Είναι ανάγκη να επιδεικνύει κανείς με κάθε ευκαιρία το ανώτερο μορφωτικό του επίπεδο και να αποκαρδιώνει τους άλλους; Με βλέπεις εμένα να το κάνω;»

«Τώρα θα γελάσει και το παρδαλό κατσίκι! Και τι θα είχες να επιδείξεις εσύ, ένα τελώνιο του δάσους; Θέλεις μήπως να συγκρίνεις την πανεπιστημιακή μου μόρφωση με τη δική σου...»

«Αρκετά, μαντάμ. Να είστε τουλάχιστον ευχαριστημένη που τα τελώνια του δάσους και τα λοιπά υποδεέστερα όντα σάς δέχτηκαν φιλόξενα και σάς επέτρεψαν να ζείτε σύμφωνα με τα γούστα σας. Αν δεν σας αρέσει κάτι, είστε ελεύθερη να επιστρέψετε στην αριστοκρατική σας Αθήνα!»

Καπνός βγήκε απ' τ' αφτιά της κουκουβάγιας που κόχλαζε από οργή. Πριν προλάβει να αποκριθεί, η νυφίτσα ξερόβηξε ευγενικά.

«Λοιπόν, εγώ δεν μπορώ να μείνω άλλο», είπε κι έλεγξε με μια γρήγορη ματιά τη θέση του ήλιου. «Πρέπει να μεταφέρω ένα σπουδαίο μήνυμα κι έχω ήδη αργήσει.»

«Σε ποιον;», ρώτησε με περιέργεια η αλεπού.

«Είναι μυστικό! Από πότε παραβιάζουμε το ταχυδρομικό απόρρητο;»

«Ξέρετε τι πιστεύω εγώ;», είπε ξάφνου η αλεπού κι άρχισε να χαχανίζει. «Είναι μπλοκαρισμένος και δεν μπορεί να γράψει! Έτσι εξηγείται! Χα χα χα χα!»

«Αυτό δεν αντίκειται σε όσα είπα εγώ», αποκρίθηκε ψυχρά η κουκουβάγια. «Αντιθέτ...»

Ένα δυνατό τρίξιμο έκανε και τις τρεις ν' αναπηδήσουν κι α-νάγκασε την κουκουβάγια να αφήσει την πρότασή της στη μέση. Την ίδια στιγμή η νυφίτσα έφερε ένα γύρο το βράχο. Μόλις αντίκρισε τα τρία ζώα κοκάλωσε επιτόπου σηκώνοντας ένα σύννεφο σκόνης που για μερικά δευτερόλεπτα τη σκέπασε ολόκληρη. Μέσα από το γκρίζο παραπέτασμα έριξε μια γρήγορη ματιά στην ομήγυρη και ρώτησε:

«Τι έχουμε εδώ πέρα; Συμβούλιο;»

«Μπα», αποκρίθηκε η αρκούδα διώχνοντας τη σκόνη από το πρόσωπό της. «Περιμένουμε τον Αίσωπο.»

«Τι πράμα;» Η νυφίτσα τινάχτηκε, όρθωσε το κορμί της και έβαλε τα μπροστινά της πόδια στη μέση. Έπειτα τις κοίταξε όλες με τη σειρά. «Γύρισε; Και γιατί εγώ δεν το έμαθα;»

«Γιατί δε γύρισε», διευκρίνισε η αλεπού. «Απλώς είχαμε την κουβέντα του...»

Η νυφίτσα την κοίταξε με δυσπιστία. «Δεν μου κρύβετε τίποτα; Εμπρός, μιλήστε! Δεν έχω καιρό για χάσιμο.»

«Να και κάτι καινούριο!», την ειρωνεύτηκε η αλεπού.

«Αυτό το συνεχές άγχος και η τρεχάλα όλη μέρα, σου 'χει γίνει πια πάθος. Δεν κάνει όμως καθόλου καλό στην υγεία σου. Θα πάθεις κανένα έμφραγμα στο τέλος», την προειδοποίησε η κουκουβάγια. «Στη θέση σου θα έκανα λίγο...»

«Δε μου λέτε, μαντάμ, αναβαθμιστήκατε τώρα και σε γιατρό;», τη διέκοψε η νυφίτσα ρίχνοντας της ένα άγριο βλέμμα. «Κρατήστε τις προγνώσεις για τον εαυτό σας, στην ηλικία σας σάς είναι πιο χρήσιμες!»

«Αχ, μην τσακώνεστε τώρα», προσπάθησε να τις ηρεμήσει η αρκούδα ανασηκώνοντας αποδοκιμαστικά τα πόδια της. «Ένα πράγμα σας λέω: Εγώ πιστεύω ακράδαντα ότι θα γυρίσει!»

πού χτυπούσε νευρικά το χώμα με τα δάχτυλά της. Μετά από λίγο είπε:

«Αλλά αν είν' έτσι, τότε γιατί παλιά είχε έρθει από μόνος του, χωρίς να χρειαστεί εμείς να βάλουμε το μυαλό μας να δουλέψει;» «Αχ ναι», αναπόλησε η αρκούδα και τα μάτια της γέμισαν νοσταλγία, «τι ωραία που ήταν! Ήρθε μια μέρα και μας πήρε συνέφτεξη ...»

«Συνέντευξη», τη διόρθωσε καλοπροαίρετα η αλεπού.

«... και καθόταν μαζί μας τα βράδια κι άκουγε τις ιστορίες και τις περιπέτειές μας και μας καταλάβαινε. Έπρεπε να τον έβλεπες, πώς μας προστάτευε κάθε φορά που κάποιος από δαύτους ήθελε να μας κάνει κακό! Κι όλες αυτές τις αναθεματισμένες παγίδες τις έβρισκε και τις κατέστρεφε... Τέτοιος φίλος δεν υπάρχει δεύτερος!» Δυο δάκρυα, μεγάλα σαν κεράσια, πρόβαλαν στα μάτια της, κύλησαν δεξιά κι αριστερά πάνω στα χνουδωτά της μάγουλα κι απόμειναν να κρέμονται μετέωρα σαν να μην ξέρουν πού να πάνε.

Η κουκουβάγια ξερόβηξε αμήχανα κι άφησε τα βλέφαρά της να γείρουν μεσίστια. «Τότε ήσασταν κάτι καινούριο για κείνον», εξήγησε συγκαταβατικά. «Κάτι σαν αντικείμενα προς εξερεύνησιν. Και μετά βέβαια σας αγάπησε, δεν το αμφισβητώ αυτό, κι έγινε φίλος σας. Δεν μπορώ να εκφέρω άποψη, την εποχή εκείνη ήμουν κυρία των τιμών στην αυλή της θεάς Αθηνάς και δεν είχα καμία σχέση με τον Αίσωπο. Όμως ...»

«Και σένα πώς και σ' εγκατέλειψε η Αθηνά σου;», τη διέκοψε θριαμβευτικά η αλεπού. «Μήπως σε βαρέθηκε κι αυτή;»

«Αυτό είναι άλλη ιστορία», εξερράγη η κουκουβάγια, «που ούτε σε αφορά, ούτε θα την καταλάβαινες! Σας το ξανάπα: ο Αίσωπος δεν είναι θεός, και προπάντων δεν είναι θεά!» Τούτη τη φορά η κουκουβάγια φούσκωσε ιδιαίτερα επιδεικτικά το στήθος της και πίεσε το σαγόνι της πάνω του.

«Δεν τα καταλαβαίνω εγώ όλα αυτά», διαμαρτυρήθηκε η αρκούδα σκουπίζοντας τα υγρά της μάτια μετά από μερικά λεπτά σιωπής. «Γιατί δηλαδή φταίμε εμείς για όλα; Τι του κάναμε;»

να κάνουμε με βελτίωση ή επιδείνωση, αλλά με *εξέλιξη*! Εσείς μείνατε στάσιμοι, δεν εξελίσσεστε!»

«Τι άλλο θ' ακούσουμε ακόμα, μαντάμ; Και για να έχουμε καλό ερώτημα, εσείς τι είδους εξέλιξη έχετε να μας επιδείξετε;»

«Ω, εγώ τουλάχιστον χρειάστηκε μια φορά να προσαρμοστώ από τη ζωή της πόλης στη ζωή έξω στη φύση, και πίστεψέ με, δεν ήταν καθόλου εύκολο. Η αλλαγή περιβάλλοντος προϋποθέτει αλλαγή του τρόπου σκέψης και ευελιξία, πράγμα που με τη σειρά του αποτελεί τροφή για τον εγκέφαλο και προάγει την εξέλιξη!»

«Μεγαλύτερη ανοησία δεν έχω ξανακούσει!», είπε χαιρέκακα η αλεπού. «Πού θα οδηγούμασταν, αν έπρεπε να αλλάζουμε συνεχώς περιβάλλον; Συνεχείς μετακινήσεις λαών! Και στο τέλος θα 'ρχόταν η Αθήνα εδώ και το δάσος θα πήγαινε στην Αθήνα.»

«Ενδεχομένως να αντιληφθεί το έξυπνο μυαλουδάκι της κυρα-Μάρως ότι ανέφερα απλώς ένα *παράδειγμα*. Ένα παράδειγμα που αφορούσε εμένα. Άλλωστε, για τη *δική μου* εξέλιξη ρώτησες, όχι των άλλων.»

«Και πώς θα μπορούσαμε εμείς εδώ πέρα να εξελιχτούμε, κατά την άποψή σου;»

«Εγώ δεν έχω καμία διάθεση να εξελιφτώ», δήλωσε η αρκούδα κουνώντας το κεφάλι της τόσο δυνατά που τα χείλια της πήγαν πέρα δώθε. «Εγώ θέλω να μείνω εδώ που είμαι».

«Αυτό πρέπει να το σκεφτείτε *μόνοι σας*!», σφύριξε θιγμένη η κουκουβάγια, χωρίς να δώσει σημασία στο σχόλιο της αρκούδας. «Δεν είναι *δική μου* αποστολή να σας βοηθήσω στο θέμα της εξέλιξής σας! Εγώ έχω τα δικά μου προβλήματα. Αυτό σας λέω μόνο: Αν θέλετε να ξαναδείτε τον αγαπημένο σας Αίσωπο, πρέπει να προσπαθήσετε! Με το να κάθεστε και να γκρινιάζετε δε βγαίνει τίποτα. Βάλτε το μυαλό σας να δουλέψει!»

Για κάμποση ώρα σώπασαν και οι τρεις τους. Η κουκουβάγια προσπαθούσε να ξεμουδιάσει, τέντωνε τα φτερά της, άλλαζε πόδι, κι ατένιζε ατάραχη το κενό. Η αρκούδα κοιτούσε μπροστά κι έδειχνε βαθιά συλλογισμένη με τα σμιχτά της φρύδια, ενώ η αλε-

ένα κλαδί πιο χαμηλά. «Τι διανοούμενοι και ρεαλιστές; – δεν είν' αυτό το θέμα μας. Μιλούσαμε για τον Αίσωπο και γιατί εξαφανίστηκε. Θέλετε να ακούσετε τη γνώμη μου;»

«Βεβαίως, μαντάμ!», φώναξε η αλεπού γέρνοντας το κεφάλι της στο πλάι κι ορθώνοντας επιδεικτικά το δεξί της αφτί.

«Σας βαρέθηκε! Εδώ επικρατεί νέκρα, δεν συμβαίνει τίποτα καινούργιο – τι άλλο να γράψει πια; Τα ίδια και τα ίδια;»

Η αρκούδα έμεινε πάλι αποσβολωμένη. Κοίταξε όλο απορία την αλεπού, που ούτε κι αυτή είχε καμιά απάντηση έτοιμη και είπε τελικά: «Από το κακό στο χειρότερο μας τα λες! Εννοείς δηλαδή ότι εμείς φταίμε;»

«Φυσικά!» Η κουκουβάγια τέντωσε ξανά τα φτερά της και τα τίναξε. Ύστερα τα δίπλωσε πάλι προσεκτικά και συνέχισε: «Έχετε μείνει όλοι σας στάσιμοι. Άμα σας δει κανείς, θα νομίσει ότι βρίσκεται σε μουσείο φυσικής ιστορίας. Όλα είναι παγωμένα, τίποτα δεν κινείται! Και σας ρωτώ: Τι θα μπορούσε να κινήσει το ενδιαφέρον του Αισώπου;»

«Γιατί; Εγώ δεν κινούμαι;» ρώτησε η αρκούδα δίχως να καταλαβαίνει τίποτα.

«Για μια στιγμή, μαντάμ!» παρεμβαίνει πάλι η αλεπού. «Τι θα πει δηλαδή αυτό; Θα 'πρεπε μήπως να ξεχώσουμε το δάσος; Ή να μετακινήσουμε τα δέντρα; Ή μήπως να μετακομίσουμε κοντά στη θάλασσα και να παίζουμε με τα ψάρια;»

«Εγώ πάντως δεν θα' χα αντίρρηση για μερικά ψάρια παραπάνω», είπε η αρκούδα. «Το ποταμάκι εδώ πιο κάτω, το μόνο που μας άφησαν, δε λέει και πολλά πράγματα. Βέβαια τα θαλασσινά ψάρια είναι αλμυρά, έτσι δεν είναι;»

«Δε μου λες, αφεντικό, θα μπορούσες να μην αλλάζεις συνέχεια θέμα;», είπε εκνευρισμένη η αλεπού χτυπώντας το μπροστινό της πόδι στο χώμα. Ύστερα στράφηκε πάλι στην κουκουβάγια. «Και τι θα 'πρεπε ν' αλλάξουμε κατά τη γνώμη σου; Εγώ δε βλέπω τίποτα που να χρήζει βελτίωσης.»

«Χμ», έκανε η κουκουβάγια κι άφησε το βλέμμα της να πλανηθεί ένα γύρω. «Εξαρτάται πώς το βλέπει κανείς. Εδώ δεν έχουμε

«Αγαπητή μου κυρία Αλεπού», είπε η κουκουβάγια, «δήλωσα πριν ότι δε θέλω να λογομαχήσω μαζί σας, είμαι φιλήσυχο πουλί εγώ. Αν συνεχίσετε όμως έτσι, μπορεί και ν' αλλάξω!» Η κουκουβάγια φούσκωσε τα φτερά της κι έχωσε το σαγόνι στο στήθος της.

«Καλά, καλά», συμμορφώθηκε βαριεστημένα η αλεπού. «Ούτε ένα αστείο δεν μπορεί να κάνει κανείς. Δεν έχετε, καθώς φαίνεται, και τόσο ανεπτυγμένη αίσθηση του χιούμορ, ε;»

«Εμείς οι κουκουβάγιες δεν έχουμε καιρό για τέτοια. Πού θα οδηγούμασταν, αν σαχλαμαρίζαμε όλη μέρα; Εμείς είμαστε αρμόδιες για τη σοφία!»

«Τι είναι σοφία;», ρώτησε η αρκούδα ρίχνοντας μια ματιά στην αλεπού.

«Το αντίθετο της βλακείας, αφεντικό», αποκρίθηκε η αλεπού φουσκώνοντας τα μάγουλα και βγάζοντας ήχους σαν από τρομπέτα.

«Μα τότε θα πρέπει να γνωρίζεις κάτι για το φίλο μας τον Αίσωπο», φώναξε η αρκούδα ψηλά κατά την κουκουβάγια, «αφού είσαι τόσο ξύπνια!»

Η κουκουβάγια τίναξε το κεφάλι προς τα πίσω κι έκλεισε τα μάτια.

«Ξύπνια είναι η φιλενάδα σου η αλεπού», είπε με επιτηδευμένη συγκατάβαση. «Αυτό δεν έχει ουδεμία σχέση με σοφία. Επίσης, η σοφία δεν έχει σχέση ούτε με τη μαντεία ούτε με τη δεισιδαιμονία – γι' αυτό και αδυνατώ να σου δώσω οιανδήποτε πληροφορία για τον τόπο διαμονής του κυρίου Αισώπου.»

«Και τότε σε τι χρησιμεύει η σοφία;»

Χωρίς ν' ανοίξει τα μάτια της η κουκουβάγια ταλαντεύτηκε ελαφρά στο κλαδί της και παρέμεινε σιωπηλή.

«Άστο καλύτερα», πρότεινε η αλεπού. «Τέτοιες συζητήσεις δεν βγάζουν πουθενά. Δεν είμαστε εμείς για τέτοιου είδους διανοητικά πετάγματα. Εμείς είμαστε ρεαλιστές.»

«Ακούστε με», η κουκουβάγια άνοιξε πάλι τα μάτια της, σηκώθηκε μ' ένα ελαφρύ τίναγμα των φτερών της και προσγειώθηκε σ'

«Μπα, αποκλείεται», την καθησύχασε η αλεπού. «Αλλά να, ξέρεις, αυτοί που ζουν στις πόλεις έχουν τους δικούς τους Αισώπους, μονάχα που τους λένε αλλιώς.»

«Σιγά!», ακούστηκε από πάνω η ειρωνική φωνή της κουκουβάγιας. «Εσύ πια τα ξέρεις όλα! Δε μας γράφεις και κανένα παραμύθι; Τέλος πάντων, δε σκοπεύω να λογομαχήσω μαζί σας. Αλλά ας μην ξεχνάμε ένα πράγμα: Ο Αίσωπος δεν είναι θεός, έχω όμως όλη την καλή διάθεση να του αναγνωρίσω μια κάποια αξία. Ειδικά τώρα που οι θεοί μάς εγκατέλειψαν οριστικά.»

«Ναι, αλλά κι ο δικός μας, ο Αίσωπος, έφυγε», είπε η αρκούδα πιο ήρεμα τώρα, αλλά με κάποια στενοχώρια. «Αυτό δεν λέμε τόση ώρα;»

Για κάμποση ώρα έπεσε σιωπή. Η αλεπού έξυνε τ' αφτί της κι άλλαζε θέσεις, προκειμένου να ακολουθεί τις ηλιαχτίδες που μετακινούνταν. Η αρκούδα άρχισε πάλι να χαράζει σχήματα στο έδαφος κι η κουκουβάγια έστρεψε το κεφάλι της προς την άλλη πλευρά ακολουθώντας με τα μάτια ένα ποντίκι που έτρεχε γύρω απ' το βράχο και χωνόταν στους θάμνους. «Έχε χάρη που είναι μέρα κι είμαι κουρασμένη ...» μουρμούρισε. Χασμουρήθηκε ξανά, τέντωσε τα φτερά της και τα δίπλωσε επιμελώς.

«Λοιπόν, μαντάμ», έσπασε τη σιωπή η αλεπού, «δεν είμαστε τώρα αρκετά ήσυχες για την αφεντιά σας; Θα μπορούσατε να ξαναπάτε για ύπνο.»

«Τώρα με ξυπνήσατε για τα καλά», απάντησε δηκτικά η κουκουβάγια. «Και τι έγινε, λοιπόν, με τον Αίσωπό σας; Γιατί λέτε ότι έφυγε;»

«Τον είδες εσύ πουθενά εδώ γύρω τώρα τελευταία;», ρώτησε η αρκούδα.

«Δεν έπεσε στην αντίληψή μου», απάντησε η κουκουβάγια. «Αλλά δεν έχω και πολύ καιρό εδώ.»

«Αυτοί οι νεοφερμένοι έχουν παντελή άγνοια», σχολίασε η αλεπού κλείνοντας με νόημα το μάτι στην αρκούδα. «Αλλά νομίζουν πάντα πως είναι και οι πρώτοι!»

«Πάντως, τώρα δεν θα μπορούν του λόγου τους να μας ρίχνουν όποτε τους καπνίσει, σωστά;» Η αρκούδα έσφιξε το δεξί της πόδι σε γροθιά και χτύπησε με δύναμη το στήθος της.

«Έτσι λένε. Αλλά εγώ δεν τους εμπιστεύομαι τους λεγάμενους ... Άμα θέλουν αυτοί ...» Εκείνη τη στιγμή το δέντρο από πάνω τους σείστηκε ολόκληρο και μια φωνή τσιριχτή, γεμάτη αγανάκτηση, διέκοψε τα λόγια της αλεπούς.

«Μήπως θα μπορούσατε να συνεχίσετε το κουβεντολόι σας λίγο πιο κάτω; Δεν μπορώ να κλείσω μάτι!»

Η αλεπού κοίταξε προς τα πάνω. «Κυρία Κουκουβάγια! Είναι μέρα μεσημέρι, δεν απαγορεύεται δα να μιλάει κανείς.»

«Πρώτον, εγώ την ημέρα έχω ανάγκη από ησυχία, και δεύτερον, δεν είναι ανάγκη να ξεφωνίζετε κάτω ακριβώς απ' την κρεβατοκάμαρά μου!»

«Και γιατί παρακαλώ δεν μεταβαίνει η κυρία Κουκουβάγια εις τας Αθήνας, στο πολιτισμένο της περιβάλλον;»

«Αχ, αλίμονο! Πώς να ζήσεις πια εκεί – μέσα στο θόρυβο και τη δυσωδία! Οι καλές εποχές της Αθήνας έχουν περάσει ανεπιστρεπτί. Ακόμα και οι θεοί την έχουν εγκαταλείψει προ πολλού!»

«Οι θεοί;» Η αρκούδα, όλο απορία, απόμεινε πάλι με το σαγόνι κρεμασμένο.

«Τίποτα, αφεντικό», είπε η αλεπού, «εννοεί όπως με τον Αίσωπο, που σηκώθηκε κι έφυγε από 'δω.»

«Ποιος σηκώθηκε κι έφυγε;» Η κουκουβάγια έγειρε το κεφάλι της κι έβαλε το φτερό πίσω απ' τ' αφτί της.

«Ο Αίσωπος!», φώναξε δυνατά η αλεπού προς τα πάνω. «Απ' τη μια παραπονιέται για το θόρυβο κι απ' την άλλη δεν ακούει καλά!», μουρμούρισε μετά.

«Α, αυτός!» Η κουκουβάγια έσιαξε τα φτερά της, χασμουρήθηκε και κοίταξε πέρα μακριά. «Ε καλά, δεν συγκρίνεται τώρα ο Αίσωπος με τη θεά Αθηνά μου.»

Η αρκούδα κοιτούσε μια πάνω, την κουκουβάγια, και μια κάτω, την αλεπού. «Για ποιον μιλάει; Το φίλο μας τον Αίσωπο προσβάλλει έτσι;», ρώτησε βραχνά.

που χόρευαν χαρούμενα ανάμεσα στις φυλλωσιές των δέντρων.

«Και σε ποιες σκέψεις είσαι τόσο βυθισμένη;»

«Αχ, σε διάφορες.» Η αρκούδα σχημάτισε μερικά κυκλάκια στο χώμα με τα νύχια του δεξιού της ποδιού. «Αλλά τώρα που σε βρήκα! Εσύ που είσαι τόσο μορφωμένη και ξέρεις ένα σωρό πράγματα ... Θα 'θελα να σε ρωτήσω ένα πράγμα: Τι απόγινε ο φίλος μας ο Αίσωπος; Γιατί έχει εξαφανιστεί τόσον καιρό;»

«Ουφ, κάτι απορίες που έχεις κι εσύ! Πού θες να ξέρω εγώ; Μάντης είμαι;»

«Όμως δεν το βρίσκεις κι εσύ κρίμα; Μας λείπει τόσο πολύ ...»

«Αυτό να λέγεται. Αλλά τι να πω κι εγώ; Μπορεί να μετανάστευσε.»

«Να μετανάστευσε;» Η αρκούδα γούρλωσε τα μάτια και απόμεινε να κοιτάζει την αλεπού με το στόμα ανοιχτό.

«Ε ναι, να πήγε κάπου αλλού. Σε άλλο τόπο.»

«Κι είναι μακριά αυτό;»

Η αλεπού έριξε μια ματιά κατά τον ουρανό, σούφρωσε τα χείλη της κι έβγαλε ένα σιγανό σφύριγμα.

«Θέλω να πω», επέμεινε η αρκούδα, «πιστεύεις ότι μπορεί να γυρίσει μια μέρα;»

«Δεν ξέρω, αγαπητή μου. Ίσως. Πρέπει πάντως να ομολογήσω ότι κι εμένα μου λείπει. Ακόμα κι αν δεν μιλούσε πάντοτε με τα καλύτερα λόγια για μένα. Με είχε παρεξηγήσει αρκετές φορές. Αλλά εγώ δεν είμαι μνησίκακη. Όπως και να 'χει ήταν φίλος μας, σ' αυτό πρέπει να σου δώσω δίκιο.»

«Ε ναι, έτσι δεν είναι; Και ήταν και ο προστάτης μας! Τώρα έχουμε απομείνει μοναχοί μας ... Και η περιοχή μας, το 'μαθες; Ανακηρύχτηκε προστατευόμενη περιοχή!»

«Βέβαια ...», είπε η αλεπού υποτιμητικά. «Υπέροχα. Σαν τις προστατευόμενες περιοχές των Ινδιάνων στην Αμερική! Μα για ποιους μας περνάνε;»

«Στην Αμερική; Τι 'ναι πάλι αυτό;»

«Ω, με συγχωρείς. Πάντα ξεχνώ ότι είσαι του Δημοτικού. Άστο, δεν είναι τόσο σημαντικό.»

ΜΠΡΙΓΚΙΤΤΕ ΜΥΝΧ

Περιμένοντας τον Αίσωπο

Ένα όμορφο φθινοπωριάτικο απομεσήμερο, καθώς η αρ-
κούδα τριγυρνούσε γύρω από ένα βράχο ψάχνοντας για
ώριμα βατόμουρα παρά λίγο να πέσει πάνω στην αλεπού
που καθόταν έξω απ' τη φωλιά της και λιαζότανε.

«Ω συγγνώμη!», είπε ευγενικά κι έκανε δυο βήματα πίσω. «Δε
σε είδα ...»

Η αλεπού έριξε πρώτα μια εξεταστική ματιά στην μεγαλοπρε-
πή, περιποιημένη της ουρά που προφανώς δεν είχε υποστεί κά-
ποια βλάβη. Έπειτα είπε:

«Δεν πειράζει. Θα μπορούσες όμως από κει ψηλά που βρίσκε-
σαι να προσέχεις λίγο παραπάνω πού πατάς, αφεντικό – υπάρ-
χουν και πιο ντελικάτα πλάσματα στον κόσμο από σένα!»

Η αρκούδα αναστέναξε και κάθισε βαριόθυμη δίπλα στην αλε-
πού, πάνω στη ρίζα ενός δέντρου.

«Έχεις δίκιο. Καμιά φορά είμαι τόσο βυθισμένη στις σκέψεις
μου που δε βλέπω τίποτα γύρω μου.»

«Σοβαρά;» Η αλεπού φύσηξε ένα σβολάκι χώμα από την ολό-
λευκη πατούσα της και σταύρωσε με χάρη τα μπροστινά της πό-
δια. Μισόκλεισε εύθυμα τα μάτια της και κοίταξε τις ηλιαχτίδες

έβγαζα στην ακτή να στεγνώσει. Δεν υπήρχαν ήχοι. Για λίγο νόμιζα ότι πέθαινα γιατί ήμουν ακίνητος και αμέτοχος αλλά κάθιδρος.

Κάποια στιγμή όμως έκανα το λάθος ν' ανασηκωθώ απ' τη στάση του πτώματος και να κοιτάξω προς την ακτή. Η Φαίδρα κουνούσε την πετσέτα με τις Σεϋχέλλες που μου χάρισε πάνω απ' το κεφάλι της, σα ναυαγός που μια Παρασκευή αντικρίζει καράβι. Μάλλον δε φύσαγε πια. Τα μπράτσα της απεγνωσμένα, για λίγο ακίνητα σα να είχε βδομάδες να φάει, σχημάτιζαν έναν κύκλο πάνω απ' το κεφάλι της. Στη μέση η πετσέτα τής έπεφτε πάνω στο πρόσωπο.

Έπρεπε λοιπόν να βγω να τη σώσω; Δεν ήταν ήδη Σάββατο;

Βέβαια και τώρα δεν ξέρω ακόμα. Κάπου, θυμάμαι, πίσω απ' αυτούς τους υπεργόνιμους πράσινους λόφους του Cape Town είχα σημειώσει σε μια σελίδα εμπνευσμένη απ' τον Hemingway: ‹Η ζωή είναι γεμάτη έγνοιες, δηλαδή αν κάτι δεν είναι γεμάτο έ-γνοιες, τότε είναι κάτι που δε γνωρίζω›. Πιο κάτω είχα διαγράψει, περίπου: ‹Δεν πειράζει όμως που είναι έτσι τα πράγματα. Η ζωή μπορεί και είναι αδιάφορη αν έχεις κάποιον που σ' αγαπάει. Αλλά μόνο αν αυτός ο κάποιος σημαίνει πολλά για σένα – σπάνιο δηλα-δή. Νιώσε όμως, εσύ σπάνιε, που είσαι πιο συνετός ή βαθύς, πως η ζωή έτσι κι αλλιώς δεν έχει νόημα. Αυτό το α-νόημα δε θα σου πάρει τις έγνοιες, θα σε βοηθήσει όμως να τις απολαύσεις, γιατί δεν έχουν λοιπόν καμιά βαθύτερη σημασία πέραν του ότι υπάρ-χουν›. Αυτά πρόπερσι. Στο Cape Town. Στο τέλος του γνωστού κόσμου. Βάθος κήπος.

Γύρω είχαν μαζευτεί μερικά πιτσιρίκια και κοιτούσαν μια την τρόμπα και μια τη βάρκα που φούσκωνε.

«Παλιά τα κάναμε όλα με τους πνεύμονες», είπα για να τα διώ-ξω. Τα παιδιά συνήθως κοιτάνε, αλλά δε θέλουν να τους απευθύ-νεις το λόγο.

Το νερό από μέσα ήταν πράσινο σα μουχλιασμένο ή σα να φω-τοσυνθέτει. Άφησα τα πλαστικά κουπιά στις πλαστικές τους κλει-δώσεις και ξάπλωσα άβολα και μισά στη βάρκα σαν κένταυρος σε κουκέτα. Σκεφτόμουν μια αφίσα που μου είχε δείξει η Φαίδρα στον πηγαιμό. Ένας καστανομάλλης χόρευε ταγκό με μια μελα-χρινή σε άλικο φόρεμα, που γονάτιζε μπροστά του με το ένα πόδι ξέσκεπο σε μαύρο καλσόν, με ορατή ραφή περήφανα τεντωμένο προς τα πίσω. Ήξερα τι θα ακολουθούσε στην επιστροφή. Να γραφτούμε σε σχολή χορού.

Η θάλασσα είχε λακκούβες, ήταν μαλακιά αλλά δύστροπη, αλλιώς θα μ' είχε πάρει κι εμένα ο ύπνος στον ήλιο. Στον ουρανό που εκτεινόταν γύρω-γύρω ομοιόμορφος και χωρίς φαντασία υπήρχε διαρκώς κάποιο μικρό ασημένιο ή ιδρωμένο αεροπλάνο που πέρναγε ακινητώντας. Αν κάποιο έπεφτε στη θάλασσα θα το

ση της μικρής έκπληξης. Πιο δίπλα συνειδητοποιούσα πως ο κόσμος ήταν σήμερα γεμάτος από τέτοιες σκηνές. Μια κυρία που είχε έρθει για μπάνιο με τα παιδιά της, που πλατσούριζαν στα ρηχά μαχόμενα με αόρατα σπαθιά και λέιζερ, πρόσφερε στην τριχωτή πλάτη με ψάθινο καπέλο μπροστά της ένα μαύρο τσαμπί με ψιλές-ψιλές ρώγες.

Δεν είμαστε λοιπόν κάτι ιδιαίτερο, σκέφτηκα.

Πέρσι τέτοια εποχή ήμασταν στην πισίνα του ξενοδοχείου στην Αλγερία. Λέω ‹πισίνα του ξενοδοχείου›, γιατί δεν είδαμε και πολλά άλλα πράγματα. Το επιβαλλόμενο ημερήσιο τουρ στη στεγνή Σαχάρα και λίγη ναυτία καμήλας, μια Μεσόγειο με φοίνικες, ψιλή νότια άμμο που κολλάει στα πόδια και δε βγαίνει με τίποτα. Κατά τ' άλλα κοιτούσαμε το εσωτερικό μιας ψάθινης ομπρέλας και το απαλό χαδάκι των ετησίων ανέμων στην ορθογώνια πράσινη κρούστα της πισίνας. Το νερό από κάτω έμενε στεγνό, ανέπαφο, στέρεο, σα γυάλινο πιάνο όπου κινούνται πάνω κάτω μόνο τα πλήκτρα. Εκεί ξεκίνησε η μεγάλη σιωπή.

Πρόπερσι; Πρόπερσι, νομίζω, ήμασταν τέτοια εποχή στη Νότια Αφρική, στο Cape Town. Θυμάμαι τη θέα απ' τους λόφους. Πράσινοι λόφοι, ουρανοξύστες στο βάθος και θάλασσα με λευκούς καρχαρίες. Η Φαίδρα δεν μπήκε καθόλου στο νερό. Εγώ έμπαινα γιατί ήθελα να νιώσω τον ίδιο φόβο. «Με το γλυκό σου αίμα και το πασάλειμμα αντηλιακού που κάνεις θα 'σαι κάτι σα γαλακτομπούρεκο», έλεγε. Έκανα σαματά με χέρια και πόδια και φώναζα σα νευρόσπαστο: «Έλα, λευκέ, έλα γαμώτο, να δούμε ποιος είναι πιο μάγκας». Έσκουζα και χτυπιόμουν για να νιώσω πανικό. Τον ένιωθα σα χαρά και σαν ελευθερία, τον ένιωθα σαν καρχαρίες που κολυμπούσαν στο στομάχι και το στήθος και περικύκλωναν την καρδιά. Νομίζω ήμουν δυστυχισμένος εκείνη τη χρονιά. Στο Cape Town άρχισα να βρίζω τα Θεία. Έλεγα χυδαίες ιστορίες στη Φαίδρα. Δεν ήταν θρήσκα, αλλά μου αρκούσε που δεν ήξερε αν πιστεύει. Όλα ήταν μια μάχη με καρχαρίες τότε. Πού θα πήγαινε αυτή η ζωή;

τηρούσα στο μοβ μπικίνι της, με το διαμαντάκι του αφαλού και το περισφύριο στο δεξί της πόδι. Αυτό το σώμα, άσπρο ακόμα αλλά σχεδόν χρυσό, ήταν κάτι μεταξύ επιχειρήματος και απόδειξης. Ήταν τόσο αρμονικό, ξεχασμένο και έκθετο, που σκέφτηκα πως θα μπορούσε ν' αρχίσει να βρέχει. Χάζευα το σπάνιο μαβί μαγιό πάνω στο πελιδνό τέλειο δέρμα και γνώριζα ό,τι γνώριζα. Σίγουρα ήξερε να ξαπλώνει. Η στάση την αναδείκνυε. Έμοιαζε εντελώς ευχαριστημένη, αυθύπαρκτη, σα φωτογραφία περιοδικού. Το πρόσωπό της, ελαφρώς στραμμένο στα πλάγια, μειδιούσε σα να ψιθύριζε. Αναρωτήθηκα αν είχα ξαναδεί το μπικίνι και το καφέ μπουκάλι δίπλα στα μαλλιά της απ' το οποίο είχε βάλει παντού. Υπήρχε λοιπόν το καλοκαίρι ή ήταν ένα είδος μυρωδιάς;

Δίπλα της είχε ακουμπήσει ένα βιβλίο στα γερμανικά, η τιμή διαγώνια, τεράστια και κίτρινη φώναζε την έκπτωση. Για λίγο δυσκολεύτηκα να πιστέψω πως είχα δει καλά, εδώ, στην παραλία. ‹Το είναι και το μηδέν› και οι συλλαβές «φαινομενολο› δίπλα στην τιμή.

«Τίποτα, θέλω να σε ρωτήσω κάτι πράγματα μετά», είπε.

Όλα έδειχναν ότι όταν ξυπνούσε απ' την ηλιοθεραπεία θ' άρχιζε πάλι με τον παππού της. Το ανέκδοτο τον ήθελε φίλο ενός ανθρώπου με στρογγυλά γυαλιά σαν από σύρμα και αναρίθμητα μικρά δόντια σε κάτι φωτογραφίες του Εμπορείου της Σαντορίνης. Η Φαίδρα λέει ότι ο παππούς της είχε βγάλει και δυο φωτογραφίες αυτής της οδοντοστοιχίας δίπλα σ' έναν καχεκτικό αλλήθωρο Γάλλο που τους εξηγούσε επίμονα πως το να πεθαίνεις είναι σα να ιδρώνεις: έρχεται από μόνο του, δεν μπορείς να το εμποδίσεις και δεν πονάει. Αυτός ο φουκαράς που ίδρωνε στη Σαντορίνη, λέει, λεγόταν Ζαν Πωλ.

Άρχισα να λαχανιάζω κάνοντας συνεχείς μαλάξεις με το πόδι για να μπει ο απρόθυμος αέρας στο πλαστικό. Μια χοντρή αλλά άκρως περιποιημένη κυρία άπλωνε δίπλα το τεράστιο μπλε μαγιό που φορούσε σε μια πορφυρή πετσέτα. Μου χαμογέλασε με τον καλοδιάθετο, ειλικρινή τρόπο μιας σπάνιας γυναίκας ικανοποιημένης με τη ζωή της. Ανταπέδωσα το χαμόγελο με την ικανοποίη-

ρεσε. Δεν έλεγε τίποτα. Κοιτούσε τους ανώφελους, καμένους λοφίσκους περνώντας από Λαγονήσι.

«Τι είν' αυτά;», μου λέει.

«Τι εννοείς;», κάνω.

«Τι είν' αυτά, μωρέ, τι είν' αυτά;»

Μετά σιωπή πάλι. Δεν τόλμησα να ξαναρωτήσω. Άβυσσος. Ο ήλιος άστραφτε στους θερμοσίφωνες δυο σπιτιών. Πιο κάτω ήταν η θάλασσα. Δεν ακουγόταν. Μερικά δέντρα συνόδευαν τον πηγαιμό μέχρι τα βράχια. Βγήκαμε στην παραλιακή, περάσαμε τη Σαρωνίδα. Ένα ερωτηματικό μπούκωνε τον αέρα στο αυτοκίνητο, η σιωπή είχε ένα φωτοστέφανο κακίας ή αποδοκιμασίας, μια αύρα απομάκρυνσης, σα να σιωπούσαμε για τον ίδιο λόγο προς αντίθετες κατευθύνσεις, δυο σκάφη, άλλα φυσούσε για το καθένα από άλλη μεριά.

«Φοβερός ήλιος σήμερα. Πώς δε λιώνουν οι σκεπές ...»

«Τι λες μωρέ;», κάνει.

«Λέω ...»

Πιο μετά φτάσαμε. Αφήσαμε αναγκαστικά τον ήλιο στ' αυτοκίνητο, πήραμε τη φουσκωτή βάρκα, την τρόμπα και τη μάσκα απ' το πορτμπαγκάζ και πήγαμε προς την άκρη, εκεί που 'ναι ο Άγιος Νικόλας και δεν έχει τόσο κόσμο. Εγώ φούσκωνα την ατομική μου βάρκα για να βγω σουλάτσο στον ήλιο, γλιστρώντας μέχρι το απέναντι νησί. Φύσαγε προς τ' ανοιχτά. Ελάχιστο κυματάκι ανθυποπάφλαζε στις πατούσες μου χωρίς να βγάζει καθόλου αφρό. Φαινόταν παντού ο πάτος σα σε ενυδρείο με κόκκινα ψάρια. Γύρω κορμιά σε ψάθες, κάποια μισοκαμένα. Ένα πολύπλοκο πεύκο έριχνε θύσανους σκιάς στην άμμο. Σε κάποια σημεία έμοιαζαν ν' απορροφούνται σαν κηλίδες γκρίζου νερού και σε άλλα να την αναδεύουν ή να την παρασέρνουν λίγο πιο κει σα σάρωθρα.

Η Φαίδρα είχε πετάξει από πάνω της το γυαλιστερό ροζ φορεματάκι που έμοιαζε με νυχτικιά και είχε ξαπλώσει ήδη διάπλατα στις πετσέτες μας. Μια απ' τις πρώτες προτάσεις της ημέρας που άκουσα απ' τα χείλη της ήταν: «Δεν πας να δεις αν είναι κρύα;» Είχε βάλει τα γυαλιά ηλίου κι έμοιαζε να μην αναπνέει. Την παρα-

ΑΛΕΞΙΟΣ ΜΑΙΝΑΣ

Φ

Σε ό,τι περάσαμε.

Υπάρχουν, πες, αινιγματικοί άνθρωποι, ξένοι, παράξενοι, ανοίκειοι, με ιστορίες που τους σημάδεψαν, που δεν τις γνωρίζουμε και που είναι ο λόγος που δεν τους καταλαβαίνουμε. Κι υπάρχουν άνθρωποι αινίγματα, για τους οποίους τα γνωρίζουμε όλα, που δεν έχουν μυστικά, που όμως δεν τους κατανοούμε. Όπως η Φαίδρα. Γεμάτοι παράδοξα, γεμάτοι αντιφάσεις, αυτό που οι λογικολόγοι λένε *coincidentia oppositorum*.

Είναι Αύγουστος και δε θέλει να πάμε διακοπές. Όλο το χειμώνα – και την άνοιξη – μου 'φαγε τ' αφτιά με τις διακοπές και τα διάφορα ξενοδοχεία και δωμάτια και τις ημιδιατροφές που 'βρισκε στο internet και τώρα θέλει να κάνει διακοπές στις γλάστρες της μπαλκονίας. Αγόρασε μια τεράστια ξύλινη ξαπλώστρα με άσπρο μαξιλάρι-στρωματάκι, αράζει και κοιτάζει το Λυκαβηττό με τις ώρες σα να βλέπει τους καταρράκτες του Νιαγάρα. Για μπάνιο δε λέει όχι, αρκεί να 'ναι στην Αττική.

Βγήκαμε χθες προς Ανάβυσσο. Στο δρόμο είχα βάλει Κατσιμιχαίους και της έλεγα πως όχι μόνο ήταν το αγαπημένο μου ελληνικό συγκρότημα, αλλά πως μάλλον ήταν το μόνο που μου ά-

ανεμώνης. Η παράδοση είναι ο χούμος μέσα στον οποίο γεννιούνται τα ένστικτα και τα αισθητά. Μόνο οι αρχές όμως που αναβλύζουν από τη σχέση μας με τη φύση και τον κόσμο μπορούν να τα βάλουν σε τάξη, να τα μορφοποιήσουν και τελικά να τα κάνουν σταθερές αξίες, μεστές πράξεις και συναισθήματα. Μόνο τότε η πάτρια παράδοση πλαταίνει, ελευθερώνεται από τα τείχη που την περιζώνουν και ανοίγεται σε όλον τον κόσμο.»

Τη στιγμή εκείνη κόπηκε η αναπνοή της και λύθηκαν τα χέρια της που ήταν ακουμπισμένα στο στήθος. Η Σοφία έμελλε από τώρα και έπειτα να αναλάβει το ρόλο της μητέρας του μικρού αγοριού που κοιμότανε ακόμη ξέγνοιαστο κάτω από την κληματαριά και που αργότερα θα τον ονόμαζε Λογοθέτη.

χώρου. Περιοδικά ξεπρόβαλλαν κατά μήκος του τείχους ψηλοί πύργοι. Κατευθύνθηκε προς τον κοντινότερο, εκεί που κρεμόταν μια μακριά ανεμόσκαλα. Φάνταζε ατελείωτη στο μήκος και χανόταν μέσα στον ουρανό. Φοβότανε τα ύψη, μα δεν υπήρχε άλλος τρόπος να ξεφύγει από την αγέλη των μαυροφορεμένων γερόντων. Με γρήγορες κινήσεις ανέβαινε τα σκαλιά, ενώ τα γκρίζα της μαλλιά ανέμιζαν στο ελαφρύ αεράκι. Ανέβαινε, ανέβαινε, μα τα σκαλιά τελειωμό δεν είχαν. Ξαπόστασε λιγάκι και έκανε να δει κάτω, μα τίποτα δεν φαινόταν πια. Άρχισε να τρέμει. Τόσο ύψος δεν το άντεχε. Εκείνη τη στιγμή πρόβαλε μια ασπροφορεμένη μορφή, που από το σώμα της εξέπεμπε τόση λάμψη, ώστε δε διακρινόταν τίποτα εκτός από τα μάτια της.

«Μη φοβάσαι», την καθησύχασε μια φωνή, «θα είμαι πάντα μαζί σου. Σαν φτάσεις στην καινούργια γη, ένα να θυμάσαι. Να λες πως ο μόνος λόγος που μπορεί να συλλάβει ο ανθρώπινος νους δεν βρίσκεται στα ουράνια, παρά μόνο εκεί κάτω, μέσα στον αέναο κόσμο. Και να διαδίδεις επίσης πως η εναρμόνιση του λόγου αυτού με τον ανθρώπινο νου είναι αρετή», είπε και εξαφανίστηκε ξαφνικά η μορφή, ενώ γύρω της απλώθηκε ένα δυνατό ωστικό κύμα. Η σκάλα ταλαντεύτηκε τότε δυνατά και η γυναίκα βρέθηκε ξαφνικά στο κενό. Καθώς έπεφτε, άκουγε το χορό των γερόντων στο βόρβορο και τις φωνές τους που υψώνονταν θριαμβευτικά. Φοβήθηκε. Σε λίγο όμως καθάρισε ο ορίζοντας και οι φωνές δεν ηχούσαν πλέον στα αφτιά της. Σήκωσε τα μάτια και διέκρινε από ψηλά τον κατακόκκινο κήπο με τις ανεμώνες που είχανε δημιουργηθεί από τις στάλες του αίματός της και άλλους κήπους ανείδωτους με ποικίλα χρώματα και σπάνια είδη φυτών.

Ίδρωνε. Όταν η καρδιά της Βυζαντίας άρχισε να χτυπά άρρυθμα και δυνατά, η Σοφία ήταν που της σκούπιζε συνεχώς το μέτωπο.

«Δεν μπορούν να μου κάνουν τίποτε πλέον. Με ακούς; Πετάω, πετάω και φτάνω στη νέα γη», ψιθύρισε. «Δεν μπορούν να με πιάσουν τώρα. Τους γνώρισα, τους κατάλαβα και τους ξέφυγα. Για πρώτη φορά αντιλαμβάνομαι την ομορφιά που έχουν τα άνθη της

της ήταν αγέραστο. Η γη τής έδινε ό,τι της χρειαζόταν για να ζήσει και αυτή απολάμβανε, μη γνωρίζοντας τι θα πει θλίψη και τι πόνος. Συνέχιζε μόνο ακλόνητη το διάβα της, αφού το ένστικτο την παρακινούσε και της μηνούσε κάθε φορά να πορευτεί σε νέα μέρη.

Ήτανε πλέον νεαρή γυναίκα, όταν έφτασε εκεί στην κοιλάδα, όπου το νερό ήτανε σπάταλα διαθέσιμο για κάθε φυτό, για κάθε ζώο και έντομο. Τότε ήταν που αισθάνθηκε ένα μεγάλο βάρος στα πόδια. Δεν μπορούσε πλέον να προχωρήσει ελεύθερα. Τα πόδια της βούλιαζαν μέσα στη λάσπη και σε κάθε δρασκελιά χώνονταν βαθιά στη γη οι σταγόνες από το αίμα των ποδιών της. Κάθε βήμα και μια κόκκινη ανεμώνη, χιλιάδες βλαστάρια, πανομοιότυπα αντίγραφα του άλλου. Ήταν η πρώτη φορά που φοβήθηκε μην παραμείνει στάσιμη και μη βουλιάξει μέσα σ' αυτά που η ίδια δημιουργούσε. Έπρεπε τώρα να επιστρατεύσει όλες της τις δυνάμεις για να ελευθερωθεί. Και να που μετά από πολύ αγώνα, τα κατάφερε μια μέρα απρόσμενα. Χώλαινε βέβαια αρχικά, μα τελικά ξέφυγε. Και έγιναν οι παραστάσεις του πορφυρού και του βελούδου της ανεμώνης θύμησες που δεν της έκοβαν πλέον τα γόνατα, δεν την εμπόδιζαν να ζήσει.

Ήτανε μεσήλικη, όταν σε ένα κομμάτι του δρόμου ακούστηκαν ήχοι παράξενοι. Θαρρείς και χιλιάδες έντομα, φυτά και ζώα προσπαθούσαν το ένα να κατασπαράξει το άλλο. Αντιλήφθηκε τότε πίσω της βήματα ανθρώπων. Όταν έστρεψε το κεφάλι είδε μια ολόκληρη στρατιά μαυροφορεμένων γερόντων να την ακολουθεί. Είχαν μακριά γένια και ριχτά ως την πλάτη μαλλιά και στα χέρια κρατούσαν σκήπτρα ίσα με το μπόι τους. Τους χαμογέλασε, μα δεν πήρε απόκριση. Εμβρόντητη άρχισε τότε να τρέμει και ο μόνος δρόμος σωτηρίας της ήταν η φυγή. Όμως τους γενειοφόρους γέροντες δεν τους έμελλε που είχε ξεμακρύνει η γυναίκα. Συνέχιζαν να πορεύονται με σταθερό βηματισμό, σαν να ήτανε σίγουροι πως κανένας δεν μπορεί να τους ξεφύγει.

Τρέχοντας έφτασε σε ένα γκριζόασπρο τείχος. Εκτεινόταν χιλιόμετρα προς όλες τις κατευθύνσεις και περιόριζε το άπειρο του

την περιέλουσε με ελαιόλαδο. Το λάδι μαζί με το φως που διαχυνόταν από το μικρό παράθυρο του λουτρού έδινε στο γυμνό σώμα μια περίεργη λάμψη. Η Σοφία άρχισε να την τρίβει απαλά σε όλο το σώμα με μια ελαφρόπετρα κατεβαίνοντας από το σβέρκο ως στις πατούσες. Έπειτα καθάρισε με το νερό το ταλαιπωρημένο και ωχρό σώμα της Βυζαντίας, ενώ ο ήχος από την πτώση του στην μπανιέρα τής προκαλούσε χαρά. Της ένιψε το πρόσωπο και το άλειψε με μια μυρωδική αλοιφή από μελισσοκέρι που είχε φέρει ο αδερφός της Βυζαντίας από ένα ταξίδι του στην Ιερουσαλήμ. Όταν τελείωσε, την περιτύλιξε σε μια πετσέτα και με γρήγορες κινήσεις άρχισε να τη στεγνώνει. Την έντυσε και την οδήγησε στο κρεβάτι της, φιλώντας την απαλά στο μέτωπο.

Κατάκοπη η Βυζαντία βούλιαξε στο βαμβακερό της προσκέφαλο και έκλεισε τα μάτια. Ο ύπνος την πήρε ταξιδεύοντάς την σε ένα σκιερό δάσος με έλατα και πεύκα. Οι βελόνες των κωνοφόρων ήταν τόσο πυκνά παρατεταγμένες που οι ηλιαχτίδες δε μπορούσαν να διαπεράσουν το πλέγμα που δημιουργούσαν τα κλαδιά τους. Σε ένα ξέφωτο διακρινόταν ένα νήπιο. Προχωρούσε μονάχο στο στενό δρομάκι του δάσους με ασταθή βηματισμό, βγάζοντας φθόγγους ακατανόητους και κοιτώντας περίεργα πέρα δώθε. Καθώς φαίνεται, δεν ήξερε πού το οδηγεί ο δρόμος, όμως έδειχνε να μη φοβάται. Απολάμβανε τον περίπατο με την ελπίδα πως όλα θα διαβούν καλά και πως κάποτε θα φτάσει στο τέρμα του δάσους, εκεί που απλωνόταν ο ήλιος και το πράσινο.

Όταν μετά από πολύ δρόμο αισθάνθηκε στα πόδια του τα κεντρίσματα από τις πευκοβελόνες, είχε πια συντελεστεί η μεταμόρφωση. Το νήπιο έγινε έφηβη γυναίκα και από τα ματωμένα της πόδια έτρεχε τώρα στη χλόη το παχύρευστο υγρό. Αισθανόταν τα στήθη της να μεγαλώνουν, το τρίχωμα να καλύπτει την ήβη της, μα δεν ντρεπόταν διόλου για τη γύμνια της. Αισθανόταν τη φύση τόσο οικεία προς το σώμα της, προέκταση του ίδιου της του εαυτού που αναπτυσσόταν. Κι ήτανε ξέγνοιαστη. Γεμάτη ελαφρότητα και υγεία μεταπηδούσε από το ένα μέρος στο άλλο. Δεν την ένοιαζε ο χρόνος, μια και είχε την αίσθηση ότι το σώμα

πολλές ερωτήσεις παρέμεναν ακόμα εκκρεμείς και αναπάντητες: «Γιατί άραγε κάποιες φορές να ξεκινά η ζωή από την αρχή με επιπλοκές και δυσκολίες; Τι θα απογίνει με το μικρό; Γιατί να μην υπάρχει μέλλον για τη φίλη μου; Γιατί...». Όταν με τη δεξιά παλάμη χάιδεψε με θαλπωρή το κεφάλι του, ο μικρός αναστέναξε γεμάτος ηδονή και τίναξε ευχαριστημένος πέρα δώθε τα ποδαράκια του, ανίκανος βέβαια ακόμα να συλλάβει τη σαπρότητα του παρόντος και τα προβλήματά του. Έπειτα η νεαρή εναπόθεσε προσεχτικά τον μικρό στο ανάκλιντρο που βρισκόταν στην εσωτερική αυλή του σπιτιού και έβαλε γύρω του τέσσερις μεγάλες μαξιλάρες για να τον προστατεύουν. Ολόγυρα στην αυλή υπήρχαν φυτεμένα δέντρα και με μαεστρία παρατεταγμένα κάθε λογής άνθη, βραχόφιλες τουλίπες, απήφερα, κενταύριες και ό,τι άλλο θύμιζε τη Ρόδο, την πατρίδα της οικοδέσποινας. Ένα μικρό, αλαβάστρινο σιντριβάνι βρίσκονταν στο κέντρο του κήπου. Τα νερά του, που για λίγο κορόιδευαν τη βαρύτητα, έπεφταν ανάλαφρα σκιρτώντας προς τα κάτω, κάνοντας το μικρό να βγάζει από ευχαρίστηση ήχους οξείς.

Είχε γίνει πλέον τελετουργία. Ο μικρός σώπαινε μετά από λίγο μέσα στον τεχνητό παράδεισο και τότε η Σοφία σήκωνε τη φίλη της για να τη λούσει. Όπως συνήθως, της πρόσφερε και σήμερα τη λευκή της πλάτη για να πιαστεί. Η Βυζαντία πέρασε τα χέρια κάτω από τις μασχάλες της φίλης της, ακουμπώντας άθελά της τις σχεδόν πρησμένες θηλές της. Στο πρόσωπό της ζωγραφίστηκε ένα αδρό χαμόγελο. Εξαφανίστηκε όμως απότομα, καθώς έπρεπε να επιστρατέψει όλες της τις δυνάμεις για να σηκωθεί. Παρ' όλη την προσπάθεια άρχισαν τα πόδια της να τρικλίζουν και σύντομα έπεσε ξανά στο κρεβάτι. Άρχισε να κλαίει, την είχε πιάσει το παράπονο. Η Σοφία έσκυψε το κεφάλι της και τα μακριά, μεταξένια μαλλιά της χύθηκαν στο πρόσωπό της Βυζαντίας. Έβγαλε ένα λινό μαντίλι, σκούπισε απαλά τα δάκρυα της φίλης της και την παρότρυνε να ξανασηκωθεί. Η δεύτερη προσπάθεια ήταν επιτυχής. Την οδήγησε στο Tepidarium και την άφησε να ηρεμήσει λίγο. Αργότερα ξαναήρθε. Έλυσε το μπουρνούζι της φίλης της και

ΚΥΡΟ ΠΟΝΤΕ

Οι ανεμώνες

Βυζαντία, δε θα απομείνει τίποτε σου λέω, παρά μόνο στοι-
χεία, όμοια με αυτά που υπάρχουν στ' άστρα», έλεγε και
« ξανάλεγε επαναλαμβάνοντας με εμμονή τα λόγια του. Και
θυμόταν πως σχεδόν κάθε φορά έκλεινε σ' αυτό το σημείο η συ-
ζήτησή τους απρόοπτα, αφού ο Σέργιος απεχθανόταν κάθε είδους
μυστικισμό και δεν ενδιαφερόταν διόλου για το υπεραισθητό.

«Ίσως έτσι να είναι καλύτερα», σκεφτόταν θέλοντας να αυτο-
παρηγορηθεί. «Ίσως να είναι καλύτερα που δεν ήρθε.»

Έπειτα φώναξε στο προσκέφαλό της την πιστή της φίλη Σοφία
που διέχεε με τη νεανική της φρεσκάδα οξυγόνο στο δωμάτιο και
την προστάτευε από το κλίμα αποσύνθεσης που επικρατούσε. Την
παρακάλεσε να σηκώσει από το κρεβατάκι του το μικρό αγόρι
που είχε φέρει πριν μερικούς μήνες στον κόσμο και να το ξαπλώ-
σει στο ευρύχωρο ανάκλιντρο:

«Κάτω από την κληματαριά βάλ' τον, εκεί στη δροσιά», είπε
και σταυροκοπήθηκε προσθέτοντας. «Ευλογημένη να 'σαι Σοφία,
τι θα έκανα χωρίς εσένα!»

«Έλα τώρα, σταμάτα. Όλα θα πάνε καλά, μην ανησυχείς», α-
ποκρίθηκε η νεαρή και σήκωσε το μικρό από το κρεβατάκι του.
Από μέσα της όμως την έτρωγε και τη Σοφία η έγνοια, μια και

Στα επόμενα φανάρια – ούτε εγώ κατάλαβα τι έγινε και πώς πέσαμε πάλι απάνω του – άκουσα γυαλιά να σπάνε και το καπό από το σαραβαλάκι ήρθε κι έκατσε στα μούτρα μας. Έτσι δεν είδαμε τον ‹ντουλάπα› να κατεβαίνει, να έρχεται από τη μεριά που καθότανε ο φίλος μου. Μάλλον μόνο εγώ τον είδα, γιατί εκείνος είχε ακουμπήσει το κεφάλι του πάνω στο τιμόνι και – ή πραγματικά είχε επιτέλους ρεστάρει, ή είχε καταλάβει πως το πράγμα παράγινε –, παρίστανε τον ψόφιο κοριό, να τον λυπηθεί ο άλλος. Μάλλον τον λυπήθηκε και μένα μαζί, ενώ θα μπορούσε να ρίξει μια κλωτσά στο σαράβαλο και να το διαλύσει, άνοιξε απλώς την πόρτα του οδηγού, κάπως απότομα βέβαια είναι η αλήθεια, γιατί ο φίλος μου που ακουμπούσε με όλο το βάρος του απάνω, τού ήρθε λίγο αναπάντεχο και κύλησε σαν ξεκούρδιστος κάτω στην άσφαλτο.

Ο τύπος άπλωσε το χέρι του, πήρε τα κλειδιά από τη μηχανή κι ήσυχα όπως ήρθε, μπήκε στο αμάξι του και έφυγε.

Μας άφησε φύλο και φτερό στην κυριολεξία.

Βγήκα έξω και πήγα να τον βοηθήσω να σηκωθεί. Μπήκε μέσα κι άρχισε να ψάχνει τα κλειδιά.

«Θα έχουνε πέσει κάτω με το τρακάρισμα, για άναψε τον α-ναπτήρα ... θα τους προφτάσουμε στα άλλα φανάρια ... τι έγινε, δεν βλέπω τίποτα μπροστά ...»

Μπροστά ήτανε όρθιο το καπό, πού να δει. Τα φανάρια, το ένα το είχαμε χάσει αρχές Συγγρού και το άλλο μόλις πριν λίγο, έπεσαν μαχόμενα για τα μάτια μιας ξανθιάς. Τα κλειδιά τα πήρανε αιχμάλωτα.

«Μια ηρωική νύχτα», είπα, αλλά δεν το άκουσε.

νικά μας πήρε είδηση, έκανε όπισθεν και μετά εξαφανίστηκε ολοταχώς. Ο φίλος μου με άρπαξε από το μπράτσο και με τράβαγε σαν τρελός να μπω στο σαραβαλάκι.

«Έλα, θα τους πάρουμε από πίσω ... θα μάθουμε που μένει η ξανθιά ...»

Νόμιζα πως τρελάθηκε.

«Καλύτερα να τους πάρουμε από πίσω με τα πόδια, πιο πολλές ελπίδες έχουμε να μη τους χάσουμε.»

Είχε μπει κιόλας μέσα και προσπαθούσε να βάλει μπρός. Η ώρα είχε πάει πέντε το πρωί. Βγήκαμε στη λεωφόρο Βουλιαγμένης που ήτανε σχεδόν έρημη και σε λίγο είδαμε μπροστά μας την Μερσεντές να τσουλάει νωχελικά με έναν οδηγό που σίγουρα δεν μπορούσε να φανταστεί ότι, κάποιος με το αμάξι του φίλου μου, θα έκανε τη σκέψη να θέλει να τον φτάσει. Γύρισα να του πω ξανά τους φόβους μου με τον ‹ντουλάπα› αλλά σίγουρα δεν θα καταλάβαινε. Οδηγούσε μόνο με το ένστικτο. Σε μια σχολή οδηγών θα μπορούσε να διδάξει νέα μέθοδο οδηγήσεως για τυφλούς. Σχεδόν κοιμότανε κανονικά.

Ίσα-ίσα που πρόλαβα να τον ξυπνήσω σκουντώντας τον άγρια και φωνάζοντας να πατήσει φρένο. Η Μερσεντές είχε σταματήσει στα φανάρια και – ενώ είχαμε μεγάλη απόσταση, μας ήρθε απότομα – ώσπου να πάρει είδηση γιατί τον σκουντάω και γιατί φωνάζω, την είδε ξαφνικά μπροστά του και το μόνο που κατάφερε πατώντας ξεψυχισμένα το φρένο, ήτανε να πέσουμε μαλακά πάνω τους. Ίσως γιατί είχε κι όλας ξεκινήσει ‹ο ντουλάπας›, ή γιατί κι αυτός μπορεί να μην το κατάλαβε, έτσι πιωμένος που θα ήτανε και την γλιτώσαμε πάλι φτηνά.

«Όλο κώλους γλείφει ...», τον άκουσα να λέει και τον είδα να γελάει και να ζαρώνει όλη η φάτσα του, που έτσι κι αλλιώς δεν χρειαζότανε γέλιο γι αυτό.

Προσπάθησα να τον μεταπείσω ξανά, αλλά μάταια. Το ποτό που εκείνη τη νύχτα πρέπει να είχε ξεπεράσει τα όρια κατά πολύ, τον είχε κάνει ανίκανο για την παραμικρή λογική σκέψη. Αναρωτήθηκα πόσο θα άντεχε ακόμα. Το έμαθα πολύ γρήγορα.

Με κοίταξε σα να με έβλεπε μόλις. Μου έκανε νόημα να σκύψω. Τραύλιζε και τα σάλια του έκαναν μούσκεμα το αφτί μου. «Εγώ, αυτήν θα την πάρω από τον χοντρό ... κάτσε, περίμενε λίγο.»

Ήξερα πως ό,τι και να του έλεγα δεν θα άλλαζε, γι αυτό ανασήκωσα τους ώμους μου στον ‹ντουλάπα› και ξαναγύρισα στο τραπέζι μου. Ήμουνα σφιγμένος και σκεφτόμουνα τι να κάνω, αν ο ‹χοντρός› έκανε τη μαλακία και τον χτυπούσε. Ευτυχώς δεν κράτησε πολύ η αγωνία μου γιατί ξαφνικά βλέπω τον ‹ντουλάπα› να σηκώνεται να παίρνει τις δυο γυναίκες και να φεύγει προς την έξοδο. Ο φίλος μου δεν πρέπει να το κατάλαβε, γιατί είχε ακουμπήσει το μάγουλό του στη παλάμη του και κοιμότανε του καλού καιρού. Ήτανε τόσο αστείο το θέαμα και η ανακούφιση μου, που ο χοντρός τελικά ήτανε πολιτισμένο άτομο, ώστε έβαλα για καλά τα γέλια. Πήγα και τον σκούντησα να ξυπνήσει. Άνοιξε τα μάτια και με κοίταξε μέσα από μια ομίχλη αλκοόλ.

«Αφού σου είπα, πως θα την πάρω την ξανθιά ... γουστάρει.»

«Φύγανε», του κάνω εγώ, «τέλειωσε.»

Άνοιξε τα μάτια όσο μπορούσε και το διαπίστωσε κι ο ίδιος. Σηκώθηκε.

«Έχουνε ώρα που φύγανε;»

Εγώ έκανα νόημα στο μπάρμαν να μου πει τι χρωστάμε και εκείνος έκανε με το κεφάλι ότι δεν χρωστάμε τίποτα.

«Κάνα τέταρτο», λέω εγώ, «τώρα θα έχουνε φτάσει στα σπίτια τους.»

Πήγαμε προς την έξοδο, εκείνος παραπατώντας και μουρμουρίζοντας κι εγώ υπολογίζοντας πόση ώρα θα κάναμε μέχρι το σπίτι, να ξαπλώσω στο κρεβάτι μου. Είχα ξεπεράσει τις αντοχές μου.

Όταν βγήκαμε στο πάρκιν οι ελπίδες να πάω κατευθείαν σπίτι μου εξανεμίστηκαν, καθώς είδαμε κατάπληκτοι μια ασημένια αστραφτερή Μερσεντές με αναμμένη την μηχανή να είναι φάτσα μας. Φαίνεται ότι ο ‹ντουλάπας› ή έκανε μάθημα συμπεριφοράς στις δυο κοπέλες, ή τις είχε παλαμαριάσει μέσα στο αμάξι. Ξαφ-

Έβγαλε ένα μπλοκάκι με χίλια ζόρια κι άρχισε να γράφει κάτι. Έκανε νόημα στον μπάρμαν. Εκείνος ήρθε από πάνω μας.

«Μπορείς να το δώσεις στη Βανέσα αύριο;»

«Ποια Βανέσα;», απόρησε εκείνος, «αυτή έχει σταματήσει κάτι μήνες τώρα.»

Ο δικός μου έσκισε το χαρτάκι και το άφησε μέσα στο σταχτοδοχείο. Κάτι πήγε να πει, μα εκείνη τη στιγμή άνοιξε με θόρυβο η πόρτα και μπήκε μέσα ένας τεράστιος τύπος μαζί με δυο γυναίκες. Μα τι γυναίκες! Η μια ξανθιά, η άλλη μελαχρινή. Πρέπει να ήτανε γνωστός πελάτης, γιατί ο μπάρμαν έτρεξε και τους έβαλε να κάτσουν με πολύ βιασύνη. Καθώς πέρναγαν από μπροστά μας η ξανθιά έριξε ένα βλέμμα στον φίλο μου, ίσως και να χαμογέλασε, γιατί εκείνος ζεματίστηκε. Ζωντάνεψε. Εγώ βλαστήμησα μέσα μου.

«Σαν να με ήξερε», είπε κι εγώ βλαστήμησα πάλι μέσα μου.

Η ξανθιά κοιτούσε πράγματι προς το μέρος μας κι αναγκάστηκα με βαριά καρδιά να συμφωνήσω. Όταν τον είδα να προσπαθεί να σηκωθεί από την καρέκλα, το μόνο που μπορούσα να πω για να τον συγκρατήσω, ήτανε να του θυμίσω, ότι ο τύπος έμοιαζε σαν ντουλάπα.

Εκείνος μουρμούρισε κάτι σαν «μη φοβάσαι» και ξανοίχτηκε προς το μέρος τους. Με ανακούφιση είδα να τον υποδέχονται φιλικά και να του προσφέρουν καρέκλα. Τον είδα να τους λέει διάφορα έξυπνα – σε αυτά δεν τον φοβόμουνα – καθησυχασμένος αφέθηκα στη κούρασή μου και σχεδόν με είχε πάρει ο ύπνος καθιστό. Δεν ξέρω πόση ώρα είχε περάσει έτσι, αλλά ξαφνικά αισθάνθηκα ένα βαρύ σκούντημα στον ώμο και σηκώνοντας το κεφάλι βλέπω τον ‹ντουλάπα› από πάνω μου.

«Έλα πάρε τον φίλο σου, γιατί θα τον πάρουν τέσσερις!»

Κοίταξα προς τα εκεί και τον είδα να έχει περάσει το χέρι του γύρω από την ξανθιά και να προσπαθεί να την φιλήσει. Εκείνη έκανε πως δεν ήθελε, μα γελούσε κιόλας.

Πήγα κοντά και τον σκούντησα. Ήτανε εντελώς λιώμα.

«Έλα, πάμε, ξημέρωσε», του κάνω.

τώρα, όταν τον έβλεπα ημέρα, είχα την αίσθηση που είχα ανέκαθεν για κάτι μπάσταρδα σκυλιά: όλη νύχτα τα ακούς να γαβγίζουν λυσσασμένα, διεκδικώντας το μερδικό τους από τα άλλα σκυλιά και την ημέρα κουρασμένα δεν έχουν όρεξη να κουνήσουν την ουρά τους.

Είχαμε εντωμεταξύ βγει στη παραλιακή. Χιλιάδες αυτοκίνητα, μικρά και μεγάλα, τρέχανε σαν τρελά να προφτάσουνε να πιάσουν μια θέση σε κάποιο πάρκιν ξενυχτάδικου. Τέσσερις η ώρα το πρωί και η κίνηση σαν να ήτανε μεσημέρι. Για άλλη μια φορά αναρωτήθηκα πως θα λειτουργούσαν σε λίγες ώρες, μαγαζιά και γραφεία. Αυτή η πόλη ήτανε μια πανέμορφη μάγισσα, που σίγουρα αγαπούσε πιο πολύ αυτούς που ξενυχτούσαν. Δεν εξηγείται αλλιώς το ότι φτάσαμε στη Βάρη σώοι και αβλαβείς! Βρήκαμε το σκυλάδικο και παρκάραμε εκείνο το πράγμα απ' έξω.

Αυτό στάθηκε και το πιο εύκολο γιατί ολόκληρο το πάρκιν ήτανε άδειο.

«Αμάν, κλειστό είναι», λέω εγώ με την κρυφή ελπίδα ότι θα γλίτωνα το άλλο μισό ξενύχτι, «πάμε να φύγουμε!»

Εκείνος έχει βγει και τρεκλίζοντας πάει και σπρώχνει την μεγάλη πόρτα της εισόδου που ανοίγει. Γυρνάει χαρούμενος και μου κάνει νόημα με το χέρι να πάω. Εγώ κάνω μια τελευταία προσπάθεια.

«Καλά που πας; Αφού έχουνε κλείσει. Πάμε να φύγουμε.»

Μπήκε μέσα και σε λίγο ξαναφάνηκε.

«Έχουνε ρεπό σήμερα», είπε, «έλα να πιούμε ένα ποτό ... το κανόνισα.»

Αφού μπορούσε να πιει ένα ακόμα ποτό μετά από τόσο ταξίδι, για εκείνον αναλογούσε σαν μισό γαμήσι.

Η αίθουσα τεράστια και άδεια. Ένας τύπος πίσω από το μπαρ συγύριζε. Κάτσαμε σε ένα τραπέζι και μας έφερε δυο ποτά. Στα τόσα χρόνια που τον έβλεπα να πίνει, ποτέ δεν τον είχα δει να χάνει τον έλεγχο και προπαντός να παρεκτρέπεται. Αυτός ήτανε και ο λόγος που σε όλα τα μπαρ που έπινε είχε φίλους. Έξω από αυτό ήτανε και ένας πάρα πολύ γνωστός συγγραφέας.

Είχαμε φτάσει με τη βοήθεια του θεού στο ύψος του Καμένου, εκεί στη γνωστή διασταύρωση που διασχίζει τη Συγγρού και περνάνε τα αυτοκίνητα απέναντι. Γύρισα να τον δω, γιατί δεν πήρα απάντηση. Λαγοκοιμότανε πάλι.

Είδα το φανάρι να είναι κόκκινο και παρ' όλο που δεν τρέχαμε πολύ, κατάλαβα ότι δεν θα πρόφταινε να πατήσει φρένο. Έβαλα τις φωνές και έκανα μια ευχή, να μην πέρναγε κανένα αυτοκίνητο. Πέρναγε και ήτανε μια ολοκαίνουργια Μπε-Εμ-Βε, καμαρωτή κι ανύποπτη, που ούτε καταδέχτηκε να κοιτάξει το σαραβαλάκι μας. Εκείνο την πρόλαβε, λες και τσαντίστηκε και της έδωσε μια ξώφαλτσα στο κώλο. Μα και πάλι εκείνη δεν καταδέχτηκε να μας δώσει σημασία. Πέρασε και χάθηκε απέναντι με έναν οδηγό, που και να άκουσε κάτι, θα το πέρασε σίγουρα της φαντασίας του. Μόνο το μπροστινό ετοιμόρροπο φανάρι μας ξεκόλλησε και κατρακυλούσε κατά κάτω τη Συγγρού, με έναν ήχο, που παρόλο το στρίγκλισμα, μου φάνηκε χαρούμενο κι ανακουφισμένο, αφού απαλλάχτηκε επιτέλους από τη μιζέρια του.

Δεν πρέπει να πήρε είδηση τι έγινε, γιατί άκουσα τη φωνή του να συνεχίζει τις σκέψεις του, σαν τίποτα να μη τις είχε διακόψει ποτέ.

«Στο μαγαζί αυτό, τραγουδάει μια γκόμενα που τη κυνηγάω ένα χρόνο.»

«Εδώ γύρω είναι καμιά δεκαριά που κυνηγάς. Είναι ανάγκη να τρέχουμε νυχτιάτικα στη Βάρη;»

Σαν να ξύπνησε κάπως. Άναψε τσιγάρο.

«Καλά – δες πρώτα για τι γκόμενα σου μιλάω – και μετά πες ό,τι θες!»

«Και τι; τραγουδάει κιόλας;»

Γέλασε.

«Είναι απ' αυτές που λέμε: από φωνή μουνί, κι από μουνί φωνάρα.»

Οι στάχτες από το τσιγάρο πέφτανε απάνω στα ρούχα του, καύτρες τού άνοιγαν μικρές τρύπες στα μανίκια και στο παντελόνι. Το πρόσωπο του κέρινο από το ποτό και την ένταση. Χρόνια

Από τη μια, γιατί ήτανε έτσι και φοβήθηκα μη πάει και τσακιστεί πουθενά κι από την άλλη, γιατί δεν έβρισκα ταξί, μπήκα χωρίς να σκεφτώ εκείνη τη στιγμή ότι αυτός, αν δεν έχει πάει η ώρα έξι το πρωί, δεν γυρνάει σπίτι του. Το λάθος μου το πήρα είδηση αμέσως: αντί να πάρουμε την Πατησίων δεξιά, να πάμε για τα σπίτια μας, έκανε αριστερά και πήρε την Ακαδημίας προς τα πάνω.

«Καλά, από πότε πας στην Πιπίνου, μέσω ... Συντάγματος;»

Δεν απάντησε και γύρισα να τον κοιτάξω. Κοιμότανε. Εγώ, έτσι κι αλλιώς φοβάμαι τα αυτοκίνητα. Αυτός είναι και ο βασικός λόγος που δεν έβγαλα ποτέ δίπλωμα οδήγησης. Με έπιασε τρόμος. Άρχισα να τον σκουντάω, να έχει τα μάτια ανοιχτά τουλάχιστον και να σκέφτομαι πώς να κατέβω. Είχαμε φτάσει στο Σύνταγμα και εδώ σίγουρα θα έβρισκα ταξί. Άσε που ευχαρίστως θα πήγαινα και με τα πόδια πια.

«Σταμάτα δεξιά, να κατέβω!»

Το άσχημο δεν ήτανε πως δεν σταμάταγε, αλλά η αίσθηση που είχα, ότι και να ήθελε να σταματήσει δεν θα μπορούσε, έτσι μεθυσμένος που ήτανε. Παρ' όλα αυτά – και μετά από καμιά δεκαριά φορές που του είχα ζητήσει να σταματήσει σε όλους τους τόνους και ενώ είχαμε πιάσει είδη τη Συγγρού – το πήρα απόφαση, ότι δεν θα κατέβαινα κι άρχισα να φαντάζομαι, πώς το τρακάρισμα ήτανε πια αναπόφευκτο. Άρχισα να του μιλάω με τη ψυχή στο στόμα, για να μην τον πάρει για τα καλά ο ύπνος.

«Και δεν μου λες, που πάμε τώρα;»

«Στη Βάρη.»

Τρελάθηκα. Για να πας στη Βάρη έπρεπε να βγεις στη παραλία, να στρίψεις στο Δέλτα αριστερά, να περάσεις Φλοίσβο, Ελληνικό, Γλυφάδα, Καβούρι, Βουλιαγμένη, αριστερά προς τα πάνω, τέρμα βουνό, τέρμα θεού. Σκέτη μετανάστευση! Κι αυτά όλα, ξημερώματα με ένα μικρό σαράβαλο αυτοκίνητο, με μεθυσμένο τύφλα οδηγό και ‹δίχως κέρδη κέρατα›, που λένε.

«Καλά, δεν σου φτάνουν τα Εξάρχεια; Το Παγκράτι; Μια Αθήνα ολόκληρη; Στη Βάρη θα τρέχουμε ξημερώματα;»

ΠΕΤΡΟΣ ΚΥΡΙΜΗΣ

Μια ηρωική νύχτα

Λέγανε γι αυτόν, πως άμα δεν έβρισκε όλη τη νύχτα που γύρναγε από μπαρ σε μπαρ γκόμενα, μπορούσε να πει καλησπέρα και σε θηλυκή γάτα, αν συναντούσε στο δρόμο του γυρνώντας σπίτι.

Εκείνη τη νύχτα που τον είδα εγώ, ούτε γάτα θηλυκή πρέπει να είχε βρει, γιατί μου φάνηκε στα κακά του χάλια. Η ώρα περασμένες τρεις και έψαχνα ταξί στην πλατεία Εξαρχείων. Μα φαίνεται ότι εκείνη τη νύχτα μαζί με τις θηλυκές γάτες είχανε εξαφανιστεί και τα ταξί. Οδηγούσε ένα εξαθλιωμένο μικρό αυτοκίνητο και καθώς έπεσε δίπλα μου άνοιξε τη πόρτα και κρεμάστηκε κι αυτός σχεδόν απέξω. Ήτανε ήδη λιώμα!

«Πού πας, σπίτι;»

«Ναι», λέω εγώ.

«Έλα, θα σε πάω.»

«Άσε, θα πάρω ταξί ...»

Ήμασταν πολλά χρόνια φίλοι και το παράπονό του ήτανε ότι δεν μπορούσα να τον ακολουθήσω στο ποτό και στο ξενύχτι.

«Τι απέγινε η Κάριν;»

«Μετά τις σπουδές παντρευτήκαμε, αλλά μετά από μερικά χρόνια με χώρισε.»

«Δεν το πιάνω. Αφού ταιριάζατε τόσο, και οι δυο της γερμανικής φιλολογίας...»

«Το χαρτί, Σορζ, το χαρτί, αφού ξέρεις. Συνέχισα να παίζω. Και συνέχισα να χάνω. Έχασα πολλά. Απλά δεν ήμουν αρκετά καλός. Αλλά η Κορίνα κι εσύ... Γιατί χωρίσατε; Γιατί έφυγε;»

«Το χαρτί, Ματτία, το χαρτί. Ήμουν σπάνια στο σπίτι και τον περισσότερο καιρό δεν ήμουν ούτε καν στην πόλη. Δεν ήθελε κανείς πια να παίξει μαζί μου. Έπρεπε να πηγαίνω συνεχώς κάπου αλλού. Μερικές φορές έβγαινα μάλιστα στο εξωτερικό. Και πάντα κέρδιζα. Και συνέχιζα. Τι να έκανα; Να σταματούσα; Αλλά γι' αυτό παραήμουν καλός!»

Μετάφραση από τα γερμανικά:
ΑΛΕΞΙΟΣ ΜΑΙΝΑΣ

«Καλά, πες τού Ματτία να δώσει εκεί ραντεβού μαζί του για την πρώτη δόση. Και ειδοποίησέ με να 'ρθω κι εγώ.»

«Γεια μας!»
«Γεια μας!»
«Γεια μας!»
«Σορζ», ρώτησε ο Κλάους αργά τη νύχτα, «πώς και ήρθες σε μπιραρία της παλιάς πόλης; Δε σ' έχω ξαναδεί ποτέ στα μέρη αυτά.»
«Γιατί δηλαδή, για να τρώω τα λεφτά των φοιτητών στα χαρτιά; Δεν τα χρειάζομαι εγώ αυτά. Αν θέλω να παίξω, ψάχνω να βρω αντάξιους αντιπάλους, και παν' απ' όλα όχι τέτοιους που θα χρειαστεί να πεινάσουν για να ξεπληρώσουν τα χρέη τους. Να, πάρε τις τρεις χιλιάδες μάρκα που σου χρωστάει ο Ματτίας. Αν όμως έχεις λίγο φιλότιμο και κότσια, ιδού το τραπέζι. Κάτσε κάτω και δείξε μου με τι φοβερό παίχτη πρέπει ν' αναμετρηθώ.»
Ποτέ πριν δεν ήταν τόσο μονόπλευρη η υποστήριξη όσο σ' αυτή την παρτίδα. Με το μέρος του Σορζ όλο το φοιταρτιό. Με τον Κλάους μόνο ο κοπανιστός αέρας κι ο μπάρμαν στις κάνουλες που σέρβιρε μπίρες τους φοιτητές, οι οποίοι παράγγελναν κάθε φορά που ο Σορζ ξανακέρδιζε μια παρτίδα. Ο Σορζ επαληθεύοντας ευτυχής εν μέσω φίλων της αγαπημένης του Κορίνας τη φήμη του ως καλύτερου παίχτη της πόλης ξεπέρασε τον εαυτό του. Ο αντίπαλός του ήταν μέσα σε λίγες ώρες χωρίς φράγκο, ο Ματτίας χωρίς χρέη – και λίγα χρόνια μετά ο Σορζ χωρίς την Κορίνα.
Τι άθλιο χαρτί. Τι πόνος, και τι αγανάκτηση. Αλλά δεν είχε χάσει τελείως τον εαυτό του. Άρχισε να γράφει. Όταν είχαν μαζευτεί πια αρκετά κείμενα ήθελε να μάθει τι ήταν αυτό που έγραφε, χρειαζόταν κάποιον που θα μπορούσε να τα διορθώνει και να τα δακτυλογραφεί. Θυμήθηκε μια παρτίδα πόκερ και τον Ματτία. Ρώτησε παντού και τελικά τον βρήκε.

ΓΙΩΡΓΟΣ ΚΡΟΜΜΥΔΑΣ

Rien ne va plus

Η Κάριν έκλαιγε αδιάκοπα, και η Κορίνα, συμφοιτήτρια και φίλη της, προσπαθούσε να την παρηγορήσει.
«Κι όπως είπαμε, περίμενε να 'ρθει ο Σορζ. – Α, να τον που έφτασε!»

«Τι έγινε; Γιατί κλαις, Κάριν;»

«Ο Ματτίας», είπε η Κορίνα στη θέση της Κάριν, «τον ξέρεις μωρέ τον Ματτία, το αγόρι της. Έχασε όλες τις οικονομίες τους. Στο πόκερ. Και σα να μην έφτανε αυτό, δανείστηκε και τρεις χιλιάδες μάρκα και τα 'χασε κι αυτά. Πρέπει τώρα να τα ξεπληρώσει. Τριακόσια μάρκα το μήνα. Αυτή είναι η συμφωνία. Πώς να τα καταφέρουν όμως δυο φοιτητές; Τόσα είναι όλα τα λεφτά του μήνα που έχουν στη διάθεση τους. Σορζ, δεν μπορείς να κάνεις κάτι;»

«Δεν ξέρω. Για πες μου, με ποιους τύπους έπαιξε;»

«Μόνο με έναν», είπε τώρα η Κάριν, αναστενάζοντας ακόμα. «Λέγεται Κλάους.»

«Ένας μεγαλόσωμος με στριφτό μουστάκι;»

«Ναι.»

«Χμ, και πού έπαιξαν;»

«Στου Πάουλ, στη μπιραρία απέναντι απ' το σπίτι μας.»

που καλύπτει το κεφάλι και τους ώμους της. Περιφέρεται στα σκονισμένα σοκάκια της αγοράς, κρύβοντας το όμορφό της πρόσωπο με το γαλήνιο βλέμμα. Κοιτάζει χαμηλά και ταπεινά και σε κάθε ευκαιρία κοντοστέκεται, προκειμένου ν' ανασηκώσει το μανίκι για να κρυφοκοιτάξει το πολύτιμο κόσμημά της με την άγνωστη λειτουργία. Τι ωραία που έλαμπε στον καρπό της! Ήταν σίγουρη ότι αυτό το αστραφτερό βραχιόλι κάτι χρήσιμο ήταν προορισμένο να κάνει. Δεν είχε δει ποτέ της κάτι ομορφότερο κι επιπλέον είχε τρεις λεπτές ακτίνες σαν βελόνες που κουνιόταν διαρκώς γύρω-γύρω σα να τις κυνηγούσαν. Αυτό το μαγικό πράγμα δεν θα της το πάρει κανείς.

«Είναι δικό μου», ψιθύρισε κρύβοντας και πάλι βιαστικά το πολύτιμο θαυματουργό της χέρι κάτω από τον χιτώνα της.

Ο θόρυβος της ηλεκτρικής σκούπας μ' έβγαλε βίαια από το πλαίσιο της σουρεαλιστικής εικόνας. Η στωική προσκυνήτρια με το πλαστικό παλτό είχε σηκωθεί από τον διάδρομο, λίγο πριν τη ρουφήξει το ρύγχος της σκούπας, ενώ ένας παπάς προετοιμαζόταν για τη Θεία Λειτουργία.

Ευκαιρία να τον ρωτήσω λοιπόν:

«Πώς γαληνεύει μια τρικυμισμένη ψυχή, πάτερ;»

«Βρίσκοντας ένα απάνεμο λιμάνι, τέκνον μου.»

«Και πώς ισορροπεί μια ανάπηρη ψυχή, πάτερ;»

«Μα με πατερίτσες, τέκνον μου.»

Ο νεωκόρος είχε αρχίσει να καθαρίζει με οινόπνευμα τα τζάμια των εικόνων και το γυάλινο καπάκι της περίτεχνης σκαλιστής οστεοθήκης που φύλαγε ένα οστέινο κατάλοιπο του καρπού της θαυματουργού Αγίας. Ένα κοπάδι πιστών είχε αφήσει επάνω της δακτυλικά αποτυπώματα, ίχνη από κραγιόν, σάλια, λιπαρές κηλίδες κι ένα σωρό ελπίδες, παρακάλια, προσευχές.

Ο νεωκόρος συνέχισε να τα σβήνει σχολαστικά με τη βοήθεια του απολυμαντικού.

τέρας έφυγε μετά από μια σκληρή και άνιση μονομαχία με το τέρας, ψάχνω να κρατηθώ από μια ουράνια χειρολαβή για να συνεχίσω να ζω μετά την απώλεια – γελώντας. Σκεφτόμουν ότι για ν' αναμετρηθεί κανείς με τον Χάρο θα πρέπει να είναι τόσο ανώμαλος και διεστραμμένος όσο κι εκείνος. Τότε ίσως υπάρχει μια ελπίδα να γλιτώσει.

Πριν μόλις λίγους μήνες στεκόμουν εκεί μπροστά στην εικόνα της θαυματουργού Αγίας κρατώντας σφιχτά στη χούφτα τον βαπτιστικό σταυρό του πατέρα. Σκόπευα να τον αφήσω τάμα με ανταλλαγή την επιστροφή της χαμένης του υγείας. Περιεργαζόμουν τα τάματα που κρέμονταν ασφυκτικά σε πολλαπλές σειρές από σχοινάκια. Σταυροί, δαχτυλίδια, ασημένιες πλακέτες με ανάγλυφα μέλη σώματος, ευχαριστήριες πλακέτες, αλυσίδες, ώσπου στο τέλος απέμεινα να κοιτάζω εκστατική το πιο εντυπωσιακό τάμα. Ένα χρυσό γυναικείο ρολόι Rolex στολισμένο με διαμάντια έλαμπε μπροστά από μια ρωγμή που έκοβε κατακόρυφα στα δύο το μάτι της Αγίας.

«Να, αυτή είναι η πρώτη ρυτίδα», αναφώνησα αυθόρμητα, «το πιο βαθύ αυλάκι της ψυχής.»

Τι να συνέβαινε άραγε εκεί στο βάθος, στα έγκατα της ρωγμής; Μια αγοροπωλησία θαυμάτων ίσως, καλοστημένη, καλοντυμένη και γυαλιστερή.

Σήμερα, μετά από μήνες, στέκομαι στο ίδιο ακριβώς σημείο μπροστά από την ολόσωμη εικόνα της Αγίας. Ήταν όμορφη αυτή η γυναίκα κάποτε, αν υποθέσουμε ότι υπήρξε. Γρήγορα με έκπληξη διαπίστωσα πως ως εκ θαύματος το αδαμαντοποίκιλτο ρολόι έλαμπε δια της απουσίας του. Άφαντο το τάμα με το βαρύγδουπο στάτους. Τι είχε συμβεί; Να έπεσε τάχα θύμα κάποιου θρησκευόμενου ή κάποιου σεβάσμιου μακροχέρη; Υποσχέθηκα να διασκεδάσω τις απορίες μου όπως είχα υποσχεθεί στον εαυτό μου να κάνω με όλες τις θλιβερές διαπιστώσεις της ζωής μου.

Να, η καταδιωκόμενη Χριστιανή, κυκλοφορεί με σάρκα και οστά πριν ακόμα μαρτυρήσει και αγιάσει. Κάπου λίγο πριν το 300 μ.Χ. είναι ντυμένη με ένα μακρύ φόρεμα, σανδάλια κι ένα μαντήλι

Είχα κουρνιάσει σ' ένα ξύλινο στασίδι. Εκείνη η μυστικιστική ατμόσφαιρα με το λιγοστό φως που χυνόταν σε δεσμίδες από τους φεγγίτες και η μυρωδιά του παλιοκαιρισμένου, καπνισμένου διάκοσμου, ήταν λυτρωτική. Όμως όλες εκείνες οι ψηλόλιγνες φιγούρες των Αγίων με τα αποστεωμένα μελαγχολικά πρόσωπα και το βλοσυρό βλέμμα επέμεναν να με κοιτάζουν μάλλον αυστηρά μέσα από τις σκοροφαγωμένες κορνίζες τους. Νάτες οι καλές βολικές πατερίτσες για ανάπηρες ψυχές, σκέφτηκα. Κοίτα τους πώς ξεπροβάλλουν με τη χάρη αερικών, με πλησιάζουν απειλητικά, με κυκλώνουν, με ανασηκώνουν ψηλά κρατώντας με από τις μασχάλες κι έπειτα με κορνιζώνουν μέσα στο τετράγωνο πλαίσιό τους, αφήνοντάς με ν' ασφυκτιώ πίσω από το τζάμι. Ίσως αυτή να είναι η τιμωρία μου επειδή τους αμφισβητώ. Μια κλειστοφοβική αίσθηση είχε αρχίσει ήδη να με περιλούζει σαν κρύος ιδρώτας. Τι νοσηρή φαντασία κι αυτή. Πρέπει κάποτε ν' απαλλαγώ από δαύτην. Ώρες-ώρες καταντάει ανθυγιεινή.

Η ζωή όμως δεν είναι παρά μια καλοστημένη φάρσα. Καλύτερα να τη γεύεται κανείς με χιούμορ. Άλλωστε καλύτερα να γελάς παρά να κλαις. Έλα όμως που δεν μπορούσα ν' αποβάλω από τη μνήμη όλες εκείνες τις επώδυνες σκηνές της αγωνίας, όταν η τρομερή αρρώστια του πατέρα επιδεινωνόταν ιλιγγιωδώς κι εγώ στεκόμουν αγέρωχη μπροστά σ' ένα ανεξέλεγκτο φαινόμενο, ξεφουρνίζοντας ένα τσούρμο ενθαρρυντικές ανυπόστατες μπούρδες για παρηγοριά.

Ορμούσα κάθε μέρα σαν την αμαζόνα με σπαθί, τόξο και βέλη ενάντια σ' ένα τέρας, όμως η Λερναία Ύδρα δεν ψοφούσε, συνέχιζε απτόητη να πολλαπλασιάζει τα κεφάλια της μέσα στο ήδη λιωμένο σώμα του πατέρα. Στο τέλος πια αισθανόμουν ανήμπορη να βοηθήσω σε κάτι που ξεπερνούσε τις δυνάμεις μου, σε κάτι τόσο διεστραμμένο και ανώμαλο που βίαζε καθημερινά το μυαλό μου.

Πώς να ξεχάσω τη στιγμή όταν παρά την αδυναμία του μάζεψε όλο το κουράγιο και τη δύναμη της σκέψης του για να μου εκμυστηρευτεί: «Μακάρι να μπορούσα να πιστέψω». Τώρα που ο πα-

ΕΛΣΑ ΚΟΡΝΕΤΗ

Το τάμα

Μια γυναίκα πεσμένη στα γόνατα με το μέτωπο ακουμπισμένο στη φθαρμένη κόκκινη μοκέτα έμοιαζε ακινητοποιημένη. Προσευχόταν μουρμουρίζοντας. Της έριξα μια φευγαλέα ματιά κι εκείνη μου χαμογέλασε πλατιά με μια σειρά χρυσά δόντια που άστραψαν στο μισοσκόταδο. Φορούσε ένα καφέ πλαστικό πανωφόρι σε απομίμηση φιδιού με γιακά από νάιλον γούνα. Τα μαλλιά της ήταν βαμμένα στο χρώμα του καμένου ξανθού. Όλα είναι ψεύτικα επάνω της σκέφτηκα. Η πίστη της όμως ίσως να είναι αληθινή.

Ένα θρόισμα ακούστηκε κι είδα ένα χελιδόνι να σκίζει με ορμητική κάθοδο τη σιωπή σαν χαρτί φτερουγίζοντας σε ξέφρενη κυκλική τροχιά κι έκοψε στα δυο την προσευχή της γυναίκας. Εκείνη τρόμαξε, γύρισε το κεφάλι και με μια ανακλαστική κίνηση κοίταξε προς το μέρος μου. Ξεστόμισε κάτι ακατάληπτο σε σπαστά ελληνικά. Οικονομική μετανάστρια, σκέφτηκα· ήρθε κι αυτή η τυραννισμένη ύπαρξη με την ελπίδα μιας καλύτερης ζωής και τώρα την καλύτερη ζωή μόνο ένα θαύμα μπορεί να της τη δώσει.

Το χελιδόνι που είχε μπει από ένα σπασμένο τζάμι του φεγγίτη συνέχιζε να διαγράφει με αέναη περιστροφή ομόκεντρους κύκλους κι εγώ παρατηρούσα μ' ενδιαφέρον τα περίτεχνα βιτρό του θόλου. Θα τη βρει την έξοδο άραγε; Μήπως αυτό είναι το αδιέξοδο μου; Μήπως μπήκα κι εγώ μέσα από ένα σπασμένο παράθυρο σε μια ζωή, από την οποία θέλω να βγω, όμως δεν ξέρω που βρίσκεται η πόρτα;

49

τις βαλκανικές και ασιατικές χώρες. Έγινε επίσης για τους τουρίστες σημείο εκκίνησης για τις διεθνείς κρουαζιέρες.»

Έριξα μια ματιά κάτω. Ο Αμβρακικός κόλπος απλωνόταν μεγαλόπρεπος κάτω από τα πόδια μου. Πετάξαμε λίγο πάνω από τον κόλπο, που, όπως μου εξήγησε ο Άραχθος, έχει πενήντα χιλιόμετρα μήκος κι αρχίζει από την Πρέβεζα να μπαίνει μέσα στην στεριά. Πετάμε σχεδόν χαμηλά μέσα στο βιότοπο και το βλέμμα μας απολαμβάνει τους πελεκάνους να κάνουν παρέα με ερωδιούς και τους πελαργούς, να βουτούν ήρεμα και σχεδόν ρυθμικά τα ράμφη τους στο νερωμένο έδαφος. Παντού αντηχούν τα κελαηδίσματα των ωδικών πτηνών, που έρχονται να πιουν νερό και τα παράξενα τραγούδια των πουλιών του βάλτου, όπως νερόκοτες, μπάλιζες, αγριόπαπιες και νεροπούλια. Μια παράξενη συμφωνία της φύσης, η οποία ταίριαζε με το περιβάλλον και τις ακαθόριστες μορφές που σχημάτιζαν τα κλαδιά και τα φύλλα των φυτών του βάλτου.

«Φτάσαμε στο τέλος», είπε ο Άραχθος. «Σ' άρεσε;», με ρώτησε.

«Καταπληκτικά», είπα, «αλλά για πες μου Άραχθε, όλα αυτά τα χιλιάδες χρόνια, δεν κουράστηκες να κουβαλάς τα νερά σου από την Κλίφκη στον Αμβρακικό»;

«Όχι», μου απάντησε «και θα τα κουβαλάω ακόμα χιλιάδες χρόνια», και πρόσθεσε, «αεί εν κινήσει».

Ακριβώς σ' αυτό το σημείο άνοιξα τα μάτια μου. Όλα γύρω μου είχαν σκοτεινιάσει. Το αγιάζι της νύχτας με είχε περονιάσει κι έτρεμα ελαφρά. Μπήκα στο αυτοκίνητο και πολύ επηρεασμένος από το ‹ονειρεμένο› ταξίδι μου, τράβηξα για το Μέτσοβο.

Ένα κύμα ευτυχίας με συνόδευε μέχρι το τέλος του ταξιδιού μου. Ο Άραχθος μάζεψε όλες τις πληροφορίες από το συνειδητό και υποσυνείδητό μου, τις ζωντάνεψε και τις έγραψε ζωντανές μέσα στη μνήμη μου, έτσι, ώστε να τις έχω πάντα μπροστά μου.

‹χρώματος› που την διέπει, με το φρούριο της από τον 13° αι. που περιβάλλει την πόλη και τις πολλές και φημισμένες βυζαντινές εκκλησιές της.»

Μετά κάναμε και μια γρήγορη γύρα πάνω από την πεδιάδα της Άρτας. Τι πράσινες καλλιέργειες είναι αυτές! Τους άπειρους πορτοκαλεώνες διαδέχονται χωράφια με αγκινάρες, κερασιές και μετά ντομάτες, πιπεριές, λάχανα, κουνουπίδια κι ένα σωρό άλλα ζαρζαβατικά: Ένα κομμάτι από τη γη της επαγγελίας.

«Τώρα τραβάμε προς τον Αμβρακικό κόλπο», μου φωνάζει. Ακολουθεί μια μεγάλη έκταση με αγριόχορτα για βοσκή. Ένας τσομπάνος φουστανελάς με την παραδοσιακή του στολή και υπερβολικά μεγάλες φούντες στα τσαρούχια του κάθεται πάνω σ' ένα κούτσουρο, με το ένα πόδι τεντωμένο πάνω στο κούτσουρο και το άλλο καταγής, με το ένα χέρι κρατάει τη φλογέρα στο στόμα του και με τα δάχτυλα του άλλου χεριού χτυπάει τις νότες στις τρύπες της φλογέρας ρυθμικά. Από ψηλά μόλις και μπόρεσα να ξεχωρίσω την μελωδία του γέρο-Δήμου. Τριγύρω, πάνω από πεντακόσια πρόβατα με τα κουδούνια τους, του κρατούσαν τον ίσο και ο αντίλαλος έφτανε μέχρι τα γύρω χωριά.

«Προχωράμε πιο γρήγορα, γιατί αργήσαμε», είπε ο Άραχθος, «μη μας πιάσει η νύχτα και δεν δεις το τελευταίο κομμάτι μου, τα πόδια μου, έχουν σχήμα τριγωνικό και μοιάζουν με πτερύγιο μιας τεράστιας γοργόνας που το ξεπλένουν τα νερά».

Περνάμε με μεγάλη ταχύτητα πάνω από βουνά, πεδιάδες, χαράδρες, χωριά και παντού εντυπωσιάζει η φύση, ώσπου φτάνουμε στα δύο τελευταία χωριά: Νεοχώρι και Συκιές. Εδώ φρενάρουμε την ταχύτητά μας, γιατί βλέπουμε ήδη στο βάθος τη θάλασσα και τον Αμβρακικό κόλπο.

«Εδώ είναι το τέλος του σώματός μου, λέει το ποτάμι, εδώ είναι το δέλτα μου.»

«Αυτή η πόλη που διακρίνεται αριστερά μας ποια είναι;»

«Αυτή είναι η Ηγουμενίτσα», μου απαντάει. «Όταν τελείωσε ο αυτοκινητόδρομος της Εγνατίας οδού, η Ηγουμενίτσα έγινε διεθνές λιμάνι των Ferry-boats και άνοιξε τις πύλες των ταξιδιών για

Σαράντα πέντε μάστοροι κι εξήντα μαθητάδες
γιοφύριν εθεμέλιωσαν στης Άρτας το ποτάμι.
Ολημερίς το χτίζανε, το βράδυ εγκρεμιζόταν.
Μοιρολογούν οι μάστοροι και κλαιν οι μαθητάδες.
«Αλίμονο στους κόπους μας, κρίμα στις δούλεψές μας,
ολημερίς να χτίζουμε, το βράδυ να γκρεμιέται.»
Πουλάκι εδιάβη κι έκατσε αντίκρυ στο ποτάμι.
Δεν εκελάηδε σαν πουλί, μηδέ σαν χηλιδόνι,
παρά εκελάηδε κι έλεγε, ανθρωπινή λαλίτσα.
«Αν δεν στοιχειώσετε άνθρωπο, γιοφύρι δεν στεριώνει.
Και μη στοιχειώσετε ορφανό, μη ξένο, μη διαβάτη,
παρά του πρωτομάστορα την όμορφη γυναίκα
Που έρχεται αργά τ' αποταχύ, και πάρωρα το γιόμα...»

«Αυτό το τραγούδι που ακούς», με διέκοψε ο Άραχθος, «έγινε θρύλος και ανέβασε τη φήμη του γεφυριού σε παγκόσμια ύψη. Κι ένας θρύλος λέει», μου φώναξε, «σε σχέση με την ανθρωποθυσία που ζητάει το δημοτικό τραγούδι, ότι μόλις έφτασε στο γιοφύρι η γυναίκα του πρωτομάστορα, εκείνος:

Ευθύς τον ίσκιο άρπαξε και παίρν' και τη στοιχειώνει
κι αφού πήρε το ανάστημα της από τον ίσκιο της λέγει:
«Σύρε Κυρά μου στο καλό και στην καλή την ώρα»
κι όσο να πάει στο σπίτι της πέφτει και αποθαίνει.»

«Και τώρα προχωρούμε», φωνάζει ο Άραχθος.
Κάναμε μια γύρα πάνω από την πόλη της Άρτας.
«Η Άρτα», μού εξήγησε ο ποταμός, «που βρέχεται σχεδόν από τα νερά μου είναι μια παλαιά, ιστορική πόλη. Εμφανίζεται πρώτα το 1082 μ.Χ. και το 1204, μετά την άλωση της Κωνσταντινούπολης από τους Σταυροφόρους, γίνεται πρωτεύουσα του Δεσποτάτου της Ηπείρου. Το 1449 κυριεύεται από τους Τούρκους και το 1881 απελευθερώνεται πλήρως. Η Άρτα τραβάει σήμερα το ενδιαφέρον πολλών επισκεπτών Ελλήνων και ξένων λόγω του παραδοσιακού

Πάλι μίλησε ο Άραχθος: «Δώσε προσοχή, φτάνουμε στο γεφύρι της Πλάκας. Εδώ που βλέπεις το 1863 άρχισε ο περίφημος πρωτομάστορας Κώστας Μπέκος από τα Τζουμέρκα να χτίζει μαζί με πολλούς μαστόρους και κατοίκους της περιοχής το περίφημο μονότοξο γιοφύρι με την άξια θαυμασμού αρχιτεκτονική του. Μέσα σε τρία ολόκληρα χρόνια έχτισε τρεις φορές το γεφύρι, που γκρεμιζόταν, ώσπου το 1866 κατόρθωσε να το τελειώσει. Αυτό είναι το μεγαλύτερο μονότοξο γεφύρι των Βαλκανίων με ένα μήκος σαράντα και ύψος είκοσι μέτρων. Για την κατασκευή του χρειάστηκαν, πέρα από τη λάσπη και τις πέτρες, επίσης είκοσι χιλιάδες ασπράδια αυγού, που σημαίνει ότι όλες οι κότες της περιοχής γεννούσαν μόνο για το χτίσιμο του γεφυριού.»

Κοίταξα γύρω μου, «τι ωραία φύση, αλλά και τι ιστορία!», είπα.

«Ναι», απάντησε ο Άραχθος, «το γιοφύρι, πέρα των διαφορετικών στρατιών που πέρασαν από πάνω του, υπήρξε και το σύνορο μεταξύ ελληνικού και τουρκικού κράτους από το 1881 έως και το 1913. Επίσης στις 4 Φλεβάρη 1944 υπογράφτηκε εδώ η περίφημη συνθήκη ανακωχής μεταξύ ΕΔΕΣ και ΕΑΜ, του Ζέρβα και του Βελουχιώτη.»

Ξεχασμένος από την ενδιαφέρουσα διήγηση του ποταμού δεν πρόσεξα ότι στο βάθος ξεχώριζε ήδη η καταπράσινη πεδιάδα και δίπλα της η πόλη της Άρτας.

«Προσοχή», φώναξε πάλι ο Άραχθος, «έρχεται δεύτερο στολίδι μου και δεύτερή μου αγάπη: το γιοφύρι της Άρτας. Υπάρχουν πολλές θεωρίες και θρύλοι για το χτίσιμό του. Μία από αυτές είναι ότι χτίστηκε από έναν Αρταίο ορθόδοξο παντοπώλη περί το 1602, την εποχή που ή Άρτα μου ήταν πρωτεύουσα του Δεσποτάτου της Ηπείρου, επί Δεσπότη Μιχαήλ Β΄ Δούκα.»

Μόλις φθάσαμε πάνω από το γραφικό και όμορφο γεφύρι αντήχησε στ' αυτιά μου, σαν από χορό αρχαίας ελληνικής τραγωδίας ένα δημοτικό τραγούδι:

Βγαίνοντας και πατώντας το πόδι μου στο πλατύσκαλο έξω από την πόρτα, πρόσεξα πως ο ήλιος έτρεχε ήδη προς τη Δύση κι ο ουρανός είχε αρχίσει να καίγεται. Μαγεμένος τράβηξα προς την όχθη του φίλου μου. Το έντονο κελάηδισμα των υδρόβιων και μη υδρόβιων πτηνών ταίριαζε μια συμφωνία που συμβάδιζε απόλυτα με τη μαγεία της φύσης. Τα δένδρα και οι θάμνοι που φωτίζονταν από τη φωτιά του ηλιοβασιλέματος έπαιρναν χίλια διαφορετικά σχήματα και χρώματα.

Βρήκα ένα άνοιγμα πάνω στην όχθη και κάθισα κάτω. Δίπλα μου με προκαλούσε δελεαστικά ένας βράχος. Ακούμπησα το κεφάλι μου πάνω του, γέρνοντας ελαφρά προς τα πλάγια και άρχισα να θαυμάζω τις ομορφιές της φύσης: το ηλιοβασίλεμα και το ποτάμι που κυλούσε ήρεμα τα νερά του ψιθυρίζοντας ακαθόριστες ιστορίες.

Μαγεμένος από όλα αυτά έκλεισα τα μάτια και ονειροπολούσα. Το θρόισμα των νερών άρχισε σιγά-σιγά να μεγαλώνει, να δυναμώνει, ώσπου ξαφνικά έγινε ανθρώπινη φωνή. Τι θαύμα! Ο Άραχθός μου άρχισε να μου μιλάει, άρχισα να καταλαβαίνω τη γλώσσα του και τις ιστορίες του.

«Θα σου δείξω όλο το σώμα μου», είπε. «Θα σε σεργιανίσω από την πηγή μου μέχρι το δέλτα μου, θέλεις;»

«Και βέβαια θέλω», απάντησα με λαχτάρα.

Άρχισα να πετάω με ιλιγγιώδη ταχύτητα. Περάσαμε από πεδιάδες και βουνά και φτάσαμε στην Κλίφκη, όπου από τα έγκατα της γης έβγαινε το νερό και έπεφτε με ορμή στην άγρια χαράδρα.

«Εδώ γεννήθηκα», μίλησε πάλι ο Άραχθος, τόσο δυνατά που πόνεσαν τ' αφτιά μου, γιατί έπρεπε να υπερκαλύψει τον τρομακτικό θόρυβο της πτώσης του νερού προς τη χαράδρα. Τα ξεπλυμένα βράχια με τα ξερά κλαδιά ανάμεσά τους, που σαν απλωμένα χέρια εκλιπαρούσαν να φύγουν από την κόλαση και πιο πάνω η πυκνοπλεγμένη βλάστηση με τους θάμνους, τ' αγκάθια και τα δέντρα, προκαλούσαν δέος και δημιουργούσαν ένα συναίσθημα θαυμασμού και φόβου.

όγκου μεταξύ Μετσόβου και Τζουμέρκων. Στη θέση *Κλίφκη* δέχεται νερά από ένα υπόγειο ποτάμι που εισβάλλει εκεί. Στην αρχαιότητα ο Άραχθος λεγόταν *Ίναχος* και ήταν πλωτός μέχρι την πόλη Αμβρακία. Ο ποταμός κυλάει ορμητικά και με μεγάλο θόρυβο τα νερά του ανάμεσα σε μια άγρια, αλλά και πολύ γραφική χαράδρα, η οποία καταλήγει στο ιστορικό μονότοξο γεφύρι της Πλάκας. Μετά διασχίζει την ευφορώτατη πεδιάδα της Άρτας και εισβάλλει στο μεγάλο *Δέλτα* του Αμβρακικού κόλπου, που αποτελεί έναν από τους σπουδαιότερους και ωραιότερους βιότοπους της Ελλάδας.

Τα νερά του ποταμού κυλούσαν με φοβερή ορμή και είχαν προκαλέσει στην αρχαιότητα πάρα πολλά ατυχήματα, με αποτέλεσμα να δημιουργηθούν γύρω απ' αυτόν πάρα πολλοί θρύλοι και παραδόσεις.

Σήμερα τροφοδοτεί με τα πλούσια νερά του και τα δύο υδροηλεκτρικά εργοστάσια του Πουρναριού και του Αγίου Νικολάου. Στο υδροηλεκτρικό φράγμα του Πουρναριού έχει δημιουργηθεί μια πανέμορφη τεχνητή λίμνη, που αποτελεί ένα σύμπλεγμα φυσικής ομορφιάς και αρμονίας με διάσπαρτους παραδοσιακούς οικισμούς. Ένας ακόμα όμορφος υδροβιότοπος της χώρας μας.

Τα δύο πανέμορφα και - ιστορικά -, πολύ σημαντικά γεφύρια του, το γεφύρι της Πλάκας και το γεφύρι της Άρτας, τα οποία θα ζήσουμε ζωντανά πιο κάτω, τον κάνουν περήφανο και όλο γι' αυτά μιλάει στις ατέλειωτες διηγήσεις του που βγαίνουν από το στόμα των μορίων της τριβής του νερού του.

Σ' ένα ταξίδι μου προς το Μέτσοβο σταμάτησα κουρασμένος και πεινασμένος σε μια ταβέρνα, - απλή, αλλά καθαρή και γραφική -, δίπλα στις όχθες του Άραχθου, για να ξεκουραστώ λίγο και να σβήσω την πείνα μου. Μια περιποιημένη κυρία γύρω στα πενήντα, με τοπική ενδυμασία, κόκκινα μάγουλα και λαμπερά μάτια ήρθε κοντά μου και με ρώτησε τι θα πιω και τι θα φάω.

«Τοπικό κόκκινο κρασί», της είπα, «και πέστροφα ψητή από τον Άραχθο». Έφαγα καλά, ξεκουράστηκα λιγάκι, ευχαρίστησα την κυρία Κλειώ και ετοιμάστηκα να φύγω.

ΣΩΚΡΑΤΗΣ ΓΙΑΠΑΠΑΣ

Αεί εν κινήσει

Πολλές φορές η σκέψη μου γυρίζει στα διάφορα ποτάμια, που αδιάκοπα, χρόνια ολόκληρα, κινούν ομαλά έως πολύ ορμητικά τα νερά τους από την πηγή στη θάλασσα. Κάθε ποταμός είναι για μένα ένα ζωντανό πλάσμα με πνεύμα, αλλά χωρίς οστά, που συνέχεια μιλάει και λέει την ιστορία του, καθώς κυλούν τα νερά του, μόνο που τη γλώσσα του δεν μπόρεσε κανείς μέχρι σήμερα να αποκωδικοποιήσει. Και τι δεν θα μπορούσε κανείς να μάθει από τα ποτάμια που είναι *Αεί εν κινήσει*!

Το αγαπημένο μου ποτάμι είναι ο Άραχθος. Πολλές φορές στη διαδρομή από την πρωτεύουσα για το Μέτσοβο κάθισα στην όχθη του και ρέμβασα τα όμορφα τοπία του, που εναλλάσσονται από ήρεμα σε άγρια, από πεδιάδες σε βουνά. Ο Άραχθος είναι το σημαντικότερο ποτάμι της Ηπείρου. Μαζί με τους παραποτάμους του συγκεντρώνει νερά από το μεγαλύτερο μέρος του ορεινού

Έπεσα από τα σύννεφα. Πάνε τα ωραία μου βιβλία, ο τσελε-μεντές και το καλό μου ταγιέρ. Πάνε τα καλά μου τα παπούτσια, που δεν τα είχα φορέσει και πολύ. Να βλέπατε τον άντρα μου τι μούτρα έκανε, όταν είδε το περιεχόμενο της ξένης τσάντας.

«Ποιανού είναι αυτά που κουβαλάς;», με ρώτησε. Παραλίγο να μου πει, πως κάποιος με συνόδευε. Τι συμφορά! Πήρα κατά λά-θος άλλη τσάντα. Μάλλον ο άλλος πήρε λάθος τσάντα, γιατί στο μέγεθος και στο χρώμα ήταν ίδιες, αφού ούτε κι εγώ δεν την είχα προσέξει μέχρι που την άνοιξα. Όταν την κατέβαζα εγώ από το ράφι, δεν υπήρχε άλλη τσάντα δίπλα κι έτσι ούτε που το αντι-λήφθηκα, ότι δεν ήταν η δική μου. Νευρίασα με την απροσεξία του άλλου, πέταξα την ξένη τσάντα σε μια γωνιά και κάθε φορά που την έβλεπα μου άναβαν τα λαμπάκια.

Ώσπου, μετά από ένα μήνα, χτύπησε το τηλέφωνο.

«Hallo! Με συγχωρείτε, είστε η κυρία που ταξίδεψε πριν από ένα μήνα Φραγκφούρτη –Μόναχο, nicht wahr;». Αμέσως γνώρισα την φωνή του ζαλισμένου που καθόταν πίσω μου, δεν είχε βάλει γλώσσα μέσα και μου είχε κολλήσει το «nicht wahr».

«Ναι, εγώ είμαι.»

«Με συγχωρείτε, κάποιο λάθος έγινε και αλλάχτηκαν οι τσά-ντες μας. Επιτέλους σήμερα σας βρίσκω.»

«Αλήθεια, πώς με βρήκατε;»

«Από την αφιέρωση που σας έκανε μια φίλη σας μέσα στον τσελεμεντέ. Μόνο που δεν ήξερα σε ποια πόλη μένει η φίλη σας. Έψαξα το όνομά της σε πολλές πόλεις και την βρήκα επιτέλους στην Κολωνία. Σίγουρα θα έχετε κι εσείς τη δική μου τσάντα, nicht wahr!»

«Ναι την έχω ακόμη.»

«Και πού θέλετε να συναντηθούμε για να αλλάξουμε τις τσά-ντες μας;»

«Στον κεντρικό σταθμό του Μονάχου, εκεί που μπερδεύτηκαν, nicht wahr!», του είπα κι εγώ κι έτρεξα όλο χαρά να πάρω επί τέλους τα πράγματά μου.

Από το μπροστινό κάθισμα ακούγεται συνέχεια ένα «κρουτς» από ξεφύλλισμα εφημερίδας. Αυτός μοιάζει περισσότερο σαν να μαζεύει τις λέξεις από το πάτωμα παρά να διαβάζει. Συνέχεια γυρίζει τα φύλλα θαρρείς και ψάχνει κάτι το ιδιαίτερο, μα δεν το βρίσκει. Στο πίσω κάθισμα το νεαρό ζευγάρι δεν έπαψε λεπτό να μιλάει. Ποιος ξέρει αυτοί από πότε είχανε να τα πούνε; Εκείνο που έπιασα καλά είναι το *nicht wahr?*, αλήθεια; «Θα πάμε πρώτα σε μένα, nicht wahr? Θα ετοιμάσω στα γρήγορα να φάμε κάτι, nicht wahr?»

Πάντως από τον νεαρό δεν άκουσα ακόμη να της κάνει πρόταση γάμου, «nicht wahr?». Άι στο καλό! Μου το κόλλησε και μένα, αφού σκέφτομαι μέσα μου κάτι και στο τέλος λέω και το «nicht wahr?», χωρίς να το θέλω. Κάποτε είχα κολλήσει το *also*, *λοιπόν*, από κάποιον άλλον. Είδα κι έπαθα να το ξεχάσω.

Μια απαλή φωνή που έφθασε από το μικρόφωνο με απόσπασε από τις σκέψεις μου:

«Αγαπητοί κυρίες και κύριοι, σε λίγα λεπτά φθάνουμε στον σταθμό του Μονάχου. Σας ευχόμαστε μια ευχάριστη διαμονή και καλό σας βράδυ.»

Έπαψα κι εγώ να περιμένω τον άλλον να μου πάρει τη θέση και ανάσανα. Έφυγε ένα βάρος από πάνω μου που το κουβάλησα σε όλη την διαδρομή του ταξιδιού. Ευχήθηκα για τον άγνωστο να είναι καλά ο άνθρωπος, ας πάρει το επόμενο τρένο έστω κι αν ταξιδέψει όρθιος. Ίσως του γίνει μάθημα να μην αργεί στο ραντεβού του. «Nicht wahr?». Πάλι μου ξέφυγε.

Τραβώ την τσάντα μου από το ράφι κι αυτήν την φορά μου φάνηκε ότι ήταν πιο ελαφριά. Ίσως μου είχε φανεί βαριά, επειδή την ανέβαζα ψηλά μετά δυσκολίας. Η έκπληξή μου όμως ήταν μεγαλύτερη, όταν την άνοιξα στο σπίτι. Βρήκα μέσα δυο αντρικά παντελόνια, άπλυτα εσώρουχα, πουκάμισα, κάλτσες, πιτζάμες, ένα ζευγάρι σπορ παπούτσια σαράντα έξι νούμερο, τρία αστυνομικά μυθιστορήματα και μια ξυριστική μηχανή.

νει πάλι μια στάση. Σε κάθε στάση κοιτάω από το παράθυρο τα άτομα που ανεβαίνουν. Ο κίνδυνος να εμφανιστεί ξαφνικά ο άλλος για την θέση δεν χάθηκε από μέσα μου. Νοιώθω σαν παρείσακτη. Έτσι και κάποιος κοντοσταθεί και κοιτάξει τα νούμερα, την ίδια στιγμή είμαι διατεθειμένη να σηκωθώ αμέσως και να του πω: περάστε. Δεν χωράνε πια τα κόλπα δεν ξέρω, δεν καταλαβαίνω. Εξ άλλου πέρασα καθιστή τη μισή διαδρομή, μην είμαι και αχάριστη.

Κλείνω τα μάτια και καταστρώνω το πρόγραμμα για τις επόμενες μέρες. Συναρπάζει όμως την σκέψη μου η εικόνα της έκθεσης. Τι βιβλία ήταν αυτά; Μονόχρωμα, πολύχρωμα, ζωγραφιές, μυθιστορήματα, αυτοβιογραφίες, παιδικά, σχολικά, πολιτικά, αστυνομικά, λεξικά, ό,τι θέλει η ψυχή σου. Είναι μέσα στις κλειστές σελίδες τους αλήθειες, ψέματα, ιδέες, φαντασίες, κουλτούρες, δολοφονίες και βάλε. Ένας πλούτος από δημιουργίες κι απόψεις σε διάφορες γλώσσες.

Από τη θέση που κάθομαι βλέπω όλο το βαγόνι προς στο μήκος του. Οι μισοί σχεδόν διαβάζουνε, μερικοί συζητούν μεταξύ τους και ορισμένοι κοιμούνται στα καθίσματα. Όπως ο διπλανός μου, καλή του ώρα. Από τότε που σήκωσε τον άλλον και κάθισε, δεν άνοιξε μάτι. Με τον πρώτο ανταλλάξαμε και δυο κουβέντες, μ' αυτόν τίποτε. Μόνο την ώρα που πέρασε ο ελεγκτής των εισιτηρίων άνοιξε για λίγο το ένα μάτι – το άλλο κοιμότανε –, έδειξε το εισιτήριο και σε λίγο ξανάκλεισε και τα δύο. Φαινόταν ταλαιπωρημένος ο φουκαράς, τον λυπήθηκε η ψυχή μου. Αφού να φανταστείτε, δεν τον ενοχλούσε τίποτε. Ούτε οι μπροστινοί του που ξεφύλλιζαν συνέχεια εφημερίδες, ούτε οι πισινοί του που μιλούσαν φωναχτά, ούτε και οι διπλανοί που περνούσαν από το διάδρομο και τον σκουντούσαν κατά λάθος. Του έλεγαν βέβαια «συγνώμη», τα οποία μάζευα εγώ, αφού εκείνος κοιμόταν και δεν τους άκουγε. Μέχρι τώρα είχα μαζέψει καμιά δεκαριά «συγνώμη» που θα του τα έδινα όταν ξυπνούσε. Γλίτωσε όμως δέκα «παρακαλώ», γιατί κι αυτά πάνε μαζί, όπως είπαμε πιο πάνω.

βιβλία θα φάμε». Αυτό μου το λέει συνέχεια όταν με βλέπει με βιβλία και δεν έχω μαγειρέψει ακόμη. Μου το 'πε και στο τηλέφωνο. Εγώ του ζήτησα να έρθει στο σταθμό να με βοηθήσει στις αποσκευές κι αυτός μου είπε: «Δεν φαντάζομαι να κουβαλάς πάλι βιβλία;» Αφού από έκθεση βιβλίων γυρίζω τι ήθελε να κουβαλώ, τραχανά ή το μαλλί της γριάς; Θα του δείξω όμως τον τσελεμεντέ και θα τρέφει ελπίδες για νόστιμες λιχουδιές.

Πάνω ακριβώς που γλειφόμουν με τις λιχουδιές, νάσου, ζυγώνει κάποιος, σκύβει να δει τα νούμερα των καθισμάτων. «Ωχ, κακό σημάδι», λέω μέσα μου, ζαρώνω, μικραίνω, σκύβω, να υπήρχε τρόπος να μην φαίνομαι καθόλου. Με κοιτάζει ο διπλανός μου κι εγώ αυτόν. «Ποιος να 'ναι ο τυχερός από τους δυο μας;» σκεφτόμαστε ταυτόχρονα.

«Αυτή είναι η θέση μου», λέει κοφτά ο τύπος. Ποια όμως, η δεξιά ή η αριστερή; Κάνω τον ψόφιο κοριό: δεν ξέρω, δεν ακούω, δεν καταλαβαίνω την γλώσσα. Στο κάτω-κάτω είμαι ξένη, βρε αδερφέ! Θα μου πείτε, αν ήταν κάτι καλό, θα το καταλάβαινες. Τότε δεν θα ήσουν ξένη; Ε, σταματήστε την κριτική, δεν θέλω τέτοιες ερωτήσεις. Και βέβαια, τα καλά τα πιάνω εύκολα, ερώτηση θέλει;

Πάντως ο νεαρός δίπλα μου αποδείχτηκε πολύ ευγενικός. Αφού με κοίταξε πρώτα, σηκώθηκε σαν κύριος και παρέδωσε τη θέση του στον άλλον. Ε, τότε δεν χρειάζεται να σηκωθώ εγώ. Άλλωστε η πολλή ευγένεια βλάπτει καμιά φορά. Να τους βλέπατε τι ωραία και ευγενικά αλλάξανε τις θέσεις! Αθόρυβα και στα γρήγορα. Να έτσι: «Bitte schön, Danke schön». Ο καινούργιος βολεύτηκε δίπλα μου και ο παλιός πήρε την θέση των όρθιων πελαργών. Τεντώνω κι εγώ τα πόδια μου πάνω στις τσάντες για να ξεμουδιάσουν. Αμ, δεν το 'ξερα να κάθομαι ακόμη ζαρωμένη! Αν με έβλεπε από μια μεριά η μάνα μου θα μου έλεγε: «Μάζεψε, κορίτσι μου, τις αρίδες σου! Δεν είναι ευγενικό να τις απλώνεις έτσι».

Ρίχνω μια ματιά έξω και ξεχνιέμαι στη φύση. Πράσινο, παντού πράσινο. Εδώ στη Γερμανία η φύση οργιάζει από τις πολλές βροχές. Που και που ξεπροβάλλουν γραφικά χωριά και το τρένο κά-

«Δεν ξέρω, αλλά μπορεί από στιγμή σε στιγμή να εμφανιστούν ξαφνικά.»

«Χριστός και Παναγιά», λέω μέσα μου, «μην γίνει κανένα τέτοιο και ποιος σηκώνεται τώρα, τόσο ωραία που βολεύτηκα».

Όσο περνάει η ώρα και δεν εμφανίζεται κανείς, ενώ τριγύρω μας είναι ένα σωρό όρθιοι, συζητάμε για τις μέρες που περάσαμε στην Φραγκφούρτη. Περνάμε τον ποταμό Μάιν και συνεχίζουμε να ευγνωμονούμε τους δυο ευγενικούς κυρίους που δεν μας ενόχλησαν ακόμη.

«Αφού μέχρι τώρα δεν φάνηκε κανείς, σίγουρα χάσανε το τρένο», του λέω και γελάμε. «Θα ξεχάστηκαν στην έκθεση. Καλά, τα ρολόγια τους για φιγούρα τα φοράνε; Άι στο καλό, εμείς θα νοιαζόμαστε για όλα; Ακόμη και για τα σταματημένα ρολόγια τους;»

«Ήμασταν τυχεροί», λέει πάλι ο διπλανός μου, απλωνόμαστε στις θέσεις μας και χαλαρώνουμε, — μέχρι εκείνη τη στιγμή καθόμασταν μαζεμένοι, επειδή περιμέναμε από στιγμή σε στιγμή να μας σηκώσουν. Ακουμπώ πίσω το κεφάλι μου με ανακούφιση και σκέφτομαι. Πώς τα κατάφερα πάλι και γέμισα τις τσάντες; Κι αυτήν την φορά μάλιστα με βαριά βιβλία. Είναι περίπου δεκαπέντε, συν διαφημίσεις, περιοδικά, ενημερωτικά και έναν τσελεμεντέ. Αλήθεια, πότε θα τα διαβάσω τόσα; Από τον ενθουσιασμό μου ούτε που το σκέφτηκα αυτό. Πάντως είχα εξασφαλίσει το διάβασμα για αρκετό καιρό.

Το τρένο έκανε την πρώτη στάση, κατέβηκαν-ανέβηκαν μερικοί και ξεκίνησε πάλι. Κοιτούσαμε και οι δυο ανήσυχοι, αλλά ευτυχώς, δεν μας ενόχλησε κανείς κι αφοσιώθηκα πάλι στις σκέψεις μου.

Ο τσελεμεντές θα με εξυπηρετήσει αφάνταστα. Δεν χρειάζεται πλέον να σκοτίζομαι τι θα φάμε. Ανοίγω τις σελίδες του, διαβάζω και στο πι και φι, έτοιμο το φαγητό. Αυτό μου είπε και η φίλη μου, που μου το δώρισε. Μάλιστα μου έγραψε και αφιέρωση. *Για νόστιμα φαγητά, καλή όρεξη* κι από κάτω το όνομά της. Μόλις πάω στο σπίτι θα τα σκορπίσω όλα, πριν τα δει ο άντρας μου, γιατί ξέρω τι θα μου πει: «Καλά, πάλι βιβλία κουβαλάς; Στο τέλος

στρεφε στο σπίτι του. Τρεις ολόκληρες μέρες τις πέρασα κλεισμένη στο τεράστιο εκθεσιακό χώρο, τώρα, ξεθεωμένη στην κούραση, επιστρέφω στο Μόναχο.

Λέω «συγνώμη» και προχωρώ στο διάδρομο, ψάχνοντας για θέση. Θαρρείς και οι προηγούμενοι δεν κάνανε την ίδια δουλειά. Όλες είναι πιασμένες, μόνο δυο-τρεις είναι ακόμη άδειες, αλλά το καρτελάκι που είναι πάνω γράφει πως κι αυτές είναι ρεζερβέ. Λέω πάλι «συγνώμη» και μπαίνω σε μια από αυτές τις ρεζερβέ για να μην εμποδίζω τους βιαστικούς που περνούν στον διάδρομο. Αφήνω διστακτικά τις τσάντες μου πάνω στο άδειο κάθισμα και στέκομαι όρθια για να ξαναβγώ αμέσως μόλις έρθει εκείνος που έχει κλείσει την θέση. Τα πόδια μου αρχίζουν να διαμαρτύρονται, γιατί τις τελευταίες τρεις μέρες έχω κάνει του κόσμου τα χιλιόμετρα.

Σηκώνω με τρόπο τις τσάντες μου και λέω στον διπλανό μου: «Κάθομαι για λίγο μέχρι να έρθει αυτός που έχει τη θέση», λες κι αυτός θα στεναχωριόταν αν εγώ ταξίδευα καθιστή ή όρθια. Βάζω τις δυο μικρότερες κάτω στα πόδια μου, την μεγάλη πάνω στο ράφι κι έτσι ξαλάφρωσα κάπως. Περνάνε μερικοί ταλαίπωροι από δίπλα κοιτώντας τα νούμερα. Από μέσα μου κάνω μια προσευχή: «Κάνε, Θεέ μου, να χάσει το τρένο αυτός που έχει τη θέση, ώστε να μείνω εγώ καθιστή, γιατί δεν αντέχω». Μετανιώνω λίγο μετά και μαλώνω τον εαυτό μου. «Είσαι άδικη, είσαι συμφεροντολόγα. Δηλαδή θέλεις να ταλαιπωρηθεί άλλος για να βολευτείς εσύ. Μπράβο σου!». Μια άλλη φωνή μέσα μου διαμαρτύρεται και μου λέει: «Γιατί όχι; Αν το έχανες και ταλαιπωριόσουν εσύ θα ήταν καλύτερα; Κάθισε λοιπόν εκεί που είσαι και μην μιλάς, μόνο παρακάλα να μην εμφανιστεί ο άλλος, γιατί μετά θα τον βρίζεις από μέσα σου».

Εκμυστηρεύομαι στο νεαρό που κάθεται δίπλα μου ότι η θέση αυτή δεν είναι δική μου.

«Μήπως αυτή που κάθομαι εγώ είναι δική μου;», μου λέει και γελάμε.

«Δηλαδή κι ο δικός σου έχασε το τρένο;»

ΕΛΕΝΗ ΔΕΛΗΔΗΜΗΤΡΙΟΥ-ΤΣΑΚΜΑΚΗ

Η θέση του άλλου

Σέρνω τη βαριά τσάντα στο δεξί μου χέρι, ενώ στον αριστερό ώμο μου κρέμονται άλλες δυο μικρότερες. Πάλι τα κατάφερα να φύγω φορτωμένη, σκέφτομαι και θυμώνω με τον εαυτό μου. Όσο λέω θα αποφεύγω τα πολλά πράγματα στο ταξίδι, τόσο την παθαίνω στο τέλος. Και ποιος φταίει γι' αυτό; Το ξερό μου το κεφάλι.

Το τρένο έφθασε και με το ζόρι ανεβαίνω επάνω, – έχω λυγίσει από το βάρος της τσάντας που είναι γεμάτη βιβλία. Τουλάχιστον να έβρισκα μια θέση να καθόμουν μετά από τόση ταλαιπωρία! Όλη μέρα γύριζα μέσα στην Έκθεση Βιβλίου της Φραγκφούρτης και το χειρότερο ήταν ότι δεν είχα κλείσει μια θέση στο τρένο. Έβγαλα μόνο το εισιτήριο κι έτρεξα βιαστικά να το προλάβω. Ευτυχώς είναι μόνο τρεισήμισι ώρες ταξίδι σκέφτηκα και παρηγορήθηκα.

Μα τι κοσμοπλημμύρα είναι αυτή σήμερα στο σταθμό της Φραγκφούρτης; Πάτα με να σε πατώ. Ακόμη και ο διάδρομος του βαγονιού είναι γεμάτος από κόσμο. Πρώτη φορά μού συμβαίνει αυτό σε γερμανικό τρένο. Πολλοί όρθιοι, κολλητά ο ένας πάνω στον άλλον, μου θύμισαν τα λεωφορεία των Αθηνών. Μόλις είχε τελειώσει η έκθεση βιβλίου Φραγκφούρτης κι ο καθένας επέ-

και είδα τα γλυκά μπλε μάτια που με αιχμαλώτισαν στα νιάτα μου.

«Την Φραγκφούρτη σας την γνώριζα πολύ καλά. Ζούσα σχεδόν εδώ, στο Νιντεράτ, αν το έχετε υπόψη. Έχει αλλάξει όμως πολύ από τότε και τώρα μού είναι αγνώριστη», συνέχισε.

«Σκούζα, ιο νο πάρλα Ντεντέσκα. Ιο σόνο Ιταλιάνο. Μπόνα σέρα», μ' άκουσα να λέω, και το 'βαλα σχεδόν στα πόδια για να μην δει τα δάκρυα στα μάτια μου.

σα. Άρχισαν λοιπόν να με αποκαλούνε τρελό. Όλα αυτά ίσως να με τραυμάτισαν, τι να πω;

«Δεν γνωρίζω», είπα και σιώπησα.

Σ' όλο αυτό το διάστημα η Έλενα δίπλα μου μ' ένα τετράδιο και μολύβι στο χέρι έπαιρνε σημειώσεις. Όταν σταμάτησα:

«Ωραία», είπε, «τώρα θα ήθελα να μάθω ποιος είναι ο σύνδεσμος μεταξύ των παιδικών σου χρόνων και της σημερινής σου κατάστασης;»

«Προσπάθησα να αναλύσω, γιατί η λέξη τρελός με προκαλεί αλλεργία και γιατί δεν θεωρώ τον εαυτό μου τρελό.»

«Γιατί;»

«Διότι εκατομμύρια νέοι και νέες καθημερινώς βρίσκονται στην ίδια κατάσταση και σε χειρότερη ακόμα, όπως έμαθα από σένα. Άρα όλοι αυτοί θα πρέπει να γυρνάνε με ζουρλομανδύες.»

«Το αποτέλεσμα λοιπόν είναι ότι δεν είσαι τρελός, έτσι;»

«Ακριβώς.»

«Τελευταία ερώτηση: Ποιος σε αποκάλεσε τρελό;»

«Χμ... Αφού με στείλανε σε ψυχολόγο!»

«Ο ψυχολόγος θα σε βοηθήσει να αναλύσεις την κατάσταση σου και να βρεις μόνος την λύση του προβλήματος που σε ανησυχεί. Εάν ήσουν τρελός θα σε έστελναν σε ψυχίατρο και, σε ασθένεια βαρέας μορφής, σε ψυχιατρείο. Θέλεις λεμονάδα ή να σε φτιάξω τσάι;»

«Λεμονάδα και σ' ευχαριστώ.»

Δεν γνωρίζω εάν είχα θεραπευθεί έως εκείνο το μουντζουργιαζμένο απογευματάκι του Οκτώβρη το 2001. Το μόνο που θυμάμαι είναι ότι είχα βγει από την Έκθεση Βιβλίου με τιμώμενη χώρα την Ελλάδα και πήγα να βγάλω εισιτήριο για να πάω στο σπίτι μου, στο Νιντεράτ. Η ηλικιωμένη κυρία με τα άσπρα μαλλιά και γυαλιά στη μύτη προσπαθούσε να λύσει το μυστήριο του ηλεκτρονικού αυτομάτου εισιτηρίων, ακριβώς όταν έριχνα τα κέρματα για να βγάλω το δικό μου.

«Μήπως γνωρίζετε τι πρέπει να κάνω για να βγάλω ένα εισιτήριο για το Μπατ Χόμπουργκ;» άκουσα μια γνωστή, βαθιά φωνή

τον νουνό και το άλλο για τον μάστρο Θεμιστοκλή και μ' άδειες τσάντες στα χέρια, πήραμε το δρόμο του γυρισμού.

Στην κάθοδο μας άκουσα και έμαθα από δυο άλλες νησιώτισσες κυρίες που μας συνόδευαν, γιατί δεν καταστράφηκε ο Άι Γιώργης στα Σεπτεμβριανά του 1955. Όταν ο οπλισμένος όχλος των τσαπουλτζίδων - βάνδαλοι - είχε φθάσει σχεδόν στην κορυφή, λέει, βγήκε απρόοπτα μπρος τους ένας στ' άσπρα ντυμένος, λαμπερός καβαλάρης μ' ένα αστραφτερό δόρυ στο χέρι και τους εμπόδισε να προχωρήσουνε. Από τον φόβο τους αυτοί το βάλανε στα πόδια κι έτσι γλίτωσε η εκκλησία την καταστροφή. Αυτήν κι άλλες τέτοιες ιστορίες άκουγα, όσο να φθάσουμε στην σκάλα του βαποριού, - έτσι ονομάζαμε το πλοίο εμείς. Από την άλλη πλευρά χτύπαγε σε κάθε βήμα μου και το κουδουνάκι στο πέτο και σκεφτόμουν την συγγένεια μου με τον γάιδαρο που είχα καβαλήσει κατά την ανάβαση μας και διερωτόμουν, άραγε πόσες γαϊδούρες να είχε πειράξει στα νιάτα του, για να φοράει κι αυτός καμπανάκι σαν το δικό μου στο λαιμό.

Είχε περάσει αρκετός καιρός και καμία αλλαγή στην συμπεριφορά μου. Ίσως να ήμουν αίτιος και γι' αυτό είχα κακή συνείδηση. Είχα δηλαδή καταχραστεί τον μηχανισμό του κουδουνιού που ήταν μέρα νύχτα κρεμασμένο στο φανελάκι μου. Το είχα γεμίσει με βαμβάκι για να μη χτυπάει και με ρεζιλεύει. Στο κάτω-κάτω της γραφής ήμουν ορθόδοξος χριστιανός και όχι μέλος των ινδουιστών Jain που περπατάνε ολόγυμνοι με κουδουνάκια στον α- στράγαλο για να προειδοποιούνε τα ζώα για να μην τα πατάνε. Επειδή το κουδουνάκι που του στέρησα τη λαλιά δεν μπορούσε να προειδοποιήσει τις κοκόνες για να το στρίβουν προτού τις χουφτιάσω, τα τάματα της μάνας μου δεν καρποφορήσανε. Είδανε και αποείδανε οι δάσκαλοι και πιέσανε την μάνα να με στείλει σ' άλλο σχολειό, επειδή, λέει, ήμουν άτακτος, αναιδής και πείραζα τα κορίτσια. Ποτέ δεν είπανε ότι τα χούφτωνα άγρια. Έτσι λοιπόν με την βοήθεια του νονού μου, είχα καταλήξει στο Ζωγράφειο. Κι εδώ όμως τα βρήκα μαύρα. Δεν είχα παρέες, δεν με συναναστρεφόταν κανείς. Κλείστηκα κι εγώ στο καβούκι μου και δεν μιλού-

μυρουδιά είναι διαφορετική από των άλλων πεύκων των τριγύρω νησιών.

Μόλις φθάσαμε, αφήσαμε τις τσάντες και ό,τι άλλο κουβαλάγαμε μαζί, στα κελιά και μετά περάσαμε στην εκκλησία για να προσκυνήσουμε την θαυματουργή εικόνα του Αγίου, που ήταν στολισμένη με ασημένια τάματα. Τα περισσότερα εξ αυτών ήταν κουδούνια. Κουδούνια άσπρα, μαύρα, ασημένια, χάλκινα, μικρά, μεγάλα, στρογγυλά, τετράγωνα και ό,τι άλλο βάζει ο νους του ανθρώπου. Κι απ' ανάμεσα μερικές μικρές καμπάνες. Ξαναγυρίσαμε στα κελιά μας, για να ξεκουραστούμε, όσο να πέσει ο ήλιος και να αρχίσει η λειτουργία. Την νυχτερινή λειτουργία δεν την θυμάμαι. Μισοκοιμόμουν καθισμένος μπρος στο στασίδι της μαμάς. Επίσης μισοκοιμισμένος πήγα στα κελιά για ύπνο. Κοιμήθηκα κουλουριασμένος στο κρεβάτι δίπλα στον μπαμπά μου.

Πρωί, πρωί την άλλη μέρα και νηστικός, έπρεπε πρώτα να εξομολογηθώ για να μεταλάβω, μετά να πάω για ευχή στον παπά και μετά απ' όλα αυτά να κάνει η μαμά το τάμα της. Είπα κι εγώ τον παπά για τις αταξίες μου και τα πειράγματα των συμμαθητών και συμμαθητριών μου, δίχως ν' αναφέρω καν τα χουφτώματα, και την ανυπακοή μου. Με συμβούλεψε, μ' έκρυψε κάτω από το πετραχήλι του, διάβασε κάτι προσευχές, έφτυσε τρεις φορές στον αέρα, μ' απελευθέρωσε από το πετραχήλι, μ' έδωσε να φιλήσω πρώτα ένα σταυρό, μετά το βιβλίο που διάβαζε και, τέλος, το χέρι του. Μετά με πήρε από το χέρι, με πήγε μπρος στην μεγαλοπρεπή εικόνα του προστάτη μου, με γύρισε εκεί τρεις φορές, πήρε ένα κουδουνάκι το οποίο κρεμόταν σε μια κόκκινη κορδέλα, είπε κάτι προσευχές, το σταύρωσε τρεις φορές πάνω στη εικόνα του Αγίου, το κότσαρε με μια παραμάνα στο πέτο του πουκαμίσου μου με την προσταγή: «να μην το βγάλω ποτέ από πάνω μου». Τέλος με παρέδωσε στη μάνα μου, που του έσφιξε κάτι στο χέρι όταν του το φιλούσε. Κάποτε τέλειωσε όλη η ιεροτελεστία και πήγαμε δίπλα στο καζινάκι για τσάγια, καφέδες κι αργότερα για φαΐ. Με τρία μικρά μπουκαλάκια Αγίασμα, το ένα για το σπίτι, το άλλο για

τέρα μου, που γύρισε ράκος ψυχικό από το στρατόπεδο συγκέντρωσης το 1943.

«Όλοι οι Γιώργηδες κουδουνάδες είναι. Και τον παππού του ‹Γιώργο› δεν τον λέγανε; Κάτι θα πήρε κι απ’ αυτόνε», απεφάνθη η σοφότερη απ’ όλους, η άμια μου η Σουλτάνα. «Τάμα στον Αι Γιώργη τον Κουδουνά πρέπει να κάνουμε, μεγάλη να ’ναι η χάρη του». Δεν είχα όμως φανταστεί τι εστί τούτο το ‹τάμα› και όταν το μυρίστηκα, ήταν αργά πια για να επιδιορθώσω το κακό.

Στις 23 Απριλίου γιορτάζαμε τον Άγιο Γεώργιο, έναν από τους μεγάλους προστάτες της Πόλης μας, με λιτανείες, δοξολογίες, πανηγύρια και βάλε. Το μεγαλύτερο και κυριότερο πανηγύρι όμως ήταν το της Πριγκίπου στην Προποντίδα. Το μοναστήρι του Αγίου Γεωργίου της Πριγκίπου με τα κελιά του βρίσκεται στυλωμένο γύρω στα διακόσια πενήντα μέτρα στο πιο ψηλό σημείο του νησιού, με εξαιρετική θέα στην Προποντίδα. Έτσι λοιπόν, παραμονή του Άγιου Γεωργίου, προετοιμασίες στο σπίτι προπάντων φαγωσίμων όλη την ημέρα, με προσευχές, καντήλες, κεριά, θυμιάματα και δεν θυμάμαι άλλο τι. Όλα δε αυτά στριμωγμένα σε τέσσερις τσάντες, έτοιμα για μετακόμιση δίπλα στην εξώπορτα. Νωρίς ο μπαμπάς στο σπίτι, που μόλις ήρθε, ξεπορτίσαμε. Στο βαπόρι που πήραμε, κάμποσοι οι τρελοί με παιδιά σαν κι εμάς. Κι αυτοί φορτωμένοι με τσάντες στα χέρια. Μερικοί είχαν συγγενείς στο νησί, – άκουσα – και πήγαιναν σ’ αυτούς.

Φθάσαμε στο νησί κατά τις έξι, νομίζω. Ο καιρός καλός, διότι «ο Άγιος πάντα καλό καιρό μάς κάνει», κατά τα λεγόμενα των επιβατών. Με άμαξα, – το παϊτόνι που λέγαμε – έως στον Διάσκελο, και με τα γαϊδουράκια μετά, - δηλαδή σε γάιδαρο μόνο οι τσάντες κι εγώ, ποδαράτο οι άλλοι -, σκαρφαλώσαμε τα κατσάβραχα για να φθάσουμε στην κορυφή. Το ελαφρύ αέρι, που φυσάει εκεί και χαϊδεύει τις κορυφές των πεύκων, μας καλωσόρισε. Είδαμε τη δύση του ηλίου που είχε βάψει με απαλές πινελιές όλον τον ορίζοντα χρυσοκόκκινο, τον αφρό των μικρών κυμάτων που σπάζανε πάνω στα βράχια και μυρίσαμε τα πεύκα, των οποίων η

«Ίσως να έχει σχέση με τα παιδικά μου χρόνια.»
«Πιθανόν. Θέλεις να πάμε στα παλιά;»
«Να το διακινδυνεύσω!»
Έτσι είχε αρχίσει η θεραπεία μου με την Έλενα στις αρχές εκείνου του Αυγούστου, όταν την είχα επισκεφτεί. Με καλοδέχτηκε, με πρόσφερε κρύα λεμονάδα, της ανάφερα ότι δεν αισθάνομαι ως τρελός και με το διαβεβαίωσε. Ησύχασα. Χαλάρωσα. Μετά από λίγο βρήκα τον εαυτό μου ξαπλωμένο στο καναπέ της, να την μιλώ για τα παιδικά μου χρόνια. Με είχε άνετα παρακινήσει να ξαπλώσω έτσι για να λασκάρω. «Σαν να είμαστε στο σπίτι σου», είπε. Μ' έπεισε. Έκλεισα κι εγώ τα μάτια κι άρχισα να ονειρεύομαι ξύπνιος:

Θα ήμουνα γύρω στα δέκα μου τότε, που άρχισα να ανδρεύω. Παραλλήλως όμως άρχισαν να ανδρεύουν κι οι τρέλες μου. Είχα διαπιστώσει ότι συνέχεια κόλλαγα στις μεγαλύτερες από μένα κοκόνες στο σχολείο. Σ' αυτές που δεν φοράγανε πια φιόγκο, είχαν συνέχεια το χτένι στο χέρι, πηδάγανε σκοινί κι έριχναν κλεφτές ματιές στ' αγόρια να παίζουνε μπάλα και που είχε αρχίσει να φαίνεται το στήθος τους. Δεν μ' έδινε καμιά τους σημασία. Προσπάθησα να τις εντυπωσιάσω, τίποτε. Αλλού έβρεχε. Είδα κι απόειδα, άρχισα να τους μπαίνω κι εγώ, όπως κι όπου τις έβρισκα. Με ανεβοκατέβαζαν βέβαια οι χοντρέκλες τρελό, αλλά εγώ ήθελα μόνο να παλεύω μαζί τους και τίποτε άλλο. Αθώα παιδικά κόλπα, δηλαδή. Κάποτε όμως άρχισαν τα παράπονα από τους γονείς και χτύπησε ο συναγερμός στους δικούς μου. Επειδή δε οι δικοί μου δεν ξέρανε τι θα πει ψυχολόγος, τα κακαρώσανε. Πήρανε λοιπόν πρώτα αποφάσεις να με πειθαρχήσουνε και όταν δεν είδαν βελτίωση, άρχισαν να αναζητάνε τα αίτια της συμπεριφοράς μου. Ακόμα κι ο νονός μου δεν μπόρεσε να τους καλμάρει.

«Καλέ, ο παπά Γιώργης ο τρελός δεν το βάφτισε; Τι περιμένετε να γίνει το παιδί;», είπε η γιαγιά μου η Αργυρώ, η μητέρα του μπαμπά μου.

«Όχι καλέ μαμά, τον θείο του τον Γιώργο τον τρελό τράβηξε», είπε η μητέρα μου, και εννοούσε τον καημένο εξάδελφο του πα-

«Η φίλη και συνάδελφος μου Έλενα Χόφμαν.»

«Χαίρομαι».

«Επίσης, και καλή ανάρρωση», λέει αυτή δίνοντας μου τρία γαρύφαλλα που τα είχε ήδη τοποθετήσει σ' ένα βάζο.

«Μίλησα με τον γιατρό. Όλα τα αποτελέσματα αναλύσεων, καρδιογραφίες κτλ. είναι αρνητικά. Θα μείνεις μέχρι αύριο εδώ και θα σε πάρω μετά, γιατί θα πρέπει να πας τα αποτελέσματα στον γιατρό σου, ίσως για προκειμένη θεραπεία», με ενημέρωσε ο Σάκης.

«Πώς θα 'ρθεις να με πάρεις αφού εργάζεσαι;»

«Όλ' αυτά είναι μες στα πλαίσια των καθηκόντων της υπηρεσίας μου. Μη σε νοιάζει.»

«Θα τα ξαναπούμε», μου κάνει η Έλενα μ' ένα γοητευτικό χαμόγελο, σφίγγοντας μου το χέρι όταν με αποχαιρετούσαν.

«Έχεις καρδιακή αρρυθμία», μου κάνει ο γιατρός μου. Ανάφερε ως αίτιο την ‹υπερένταση›, «Προτείνω επαγγελματική, ηθική συμπαράσταση», συνέχισε, μ' έσφιξε στο χέρι μια συνταγή με ορνιθοσκαλίσματα, με συνέστησε επίσης ηρεμία και σωματική αγωγή και μ' έστειλε στο σπίτι.

«Ποια είναι η κοκόνα, με τι ασχολείται;», θέλησα να μάθω για την Έλενα από τον Σάκη καθ' οδόν.

«Είναι ψυχολόγος και καλή μάλιστα. Ήδη θα έρθει τώρα να σε επισκεφτεί και επί τη ευκαιρία τα λέμε ένα χεράκι», είπε. Όταν φθάσαμε στο σπίτι: «Τώρα που θα καθίσουμε να δοκιμάσουμε το γλυκό που έφτιαξε η Έλενα, θα διαβάσουμε το γράμμα της Κάρεν», είπε.

«Πρέπει όμως να μας το επιτρέψει», λέει η Έλενα στο Σάκη και γυρίζοντας σε μένα: «είναι θέμα εμπιστοσύνης. Εγώ μπορώ να φύγω εάν δεν θέλεις να τ' ακούσω», συνέχισε.

«Δεν σε γνωρίζω καλά, αλλά εμπιστοσύνη σ' έχω.»

«Εάν παραστεί ανάγκη και χρειάζεσαι βοήθεια, εγώ θα είμαι στη διάθεση σου.»

«Ο ορισμός τρελός, με προκαλεί αλλεργία.»

«Πώς το ερμηνεύεις;»

τοστιγμής άρχισαν να χτυπάνε καμπανάκια, να σφυρίζουνε έντονα σειρήνες, να αναβοσβήνουνε φωτάκια και βάλε. Τρόμαξα σφοδρά. Μου φάνηκε σαν να ήταν όλα αυτά τα καταραμένα όργανα συνεννοημένα να με προδώσουνε στους φύλακες μου. Όπως και έγινε.

Άνοιξε η πόρτα, άνοιξα κι εγώ ελαφρώς το ένα μου μάτι και ησύχασα κάπως. Ο ξανθός θηλυκός άγγελος που εισήλθε ήταν ψηλός αδύνατος, ντυμένος στ' άσπρα, μ' άσπρο καπελάκι στην κεφαλή. Όταν έσκυψε πάνω μου για να εξετάσει κι εγώ δεν ξέρω τι, διαπίστωσα ότι είχε μπλε μάτια που με προσγείωσαν. Ονειρεύτηκα εκείνα τα δικά μου μπλε μάτια που δεν θα τα 'βλεπα ποτέ πια στη ζωή μου. Είχα γυρίσει στην πραγματικότητα. Στην άπονη και άχαρη ζωή, που δεν θα είχε κανένα νόημα πια για μένα. Άρχισα να τρέμω ξανά. Ο ξανθός άγγελος που είδε την κατάστασή μου, έφυγε για να γυρίσει αμέσως με μια μπουκάλα στο ένα χέρι και μια σύριγγα στο άλλο. Αλλάζει την μπουκάλα με την άδεια, σχεδόν, άλλη, που κρεμόταν πάνω σε μια κρεμάστρα και ήταν συνδεδεμένη μέσω ενός σωλήνα με το αριστερό μου χέρι. Μετά πιάνει το δεξί μου κι' όσο να πω κρεμμύδι, ένιωσα να με τρυπάει την φλέβα. Ηρέμησα πολύ γρήγορα, για να ξαναχάσω αμέσως τις αισθήσεις.

Ξύπνησα στο κρεβάτι με βαριά μεν τα άκρα, άδειο όμως το νιονιό. Η μηχανή δεν έλεγε να πάρει μπρος. Ακόμα και οι χορδές της ψυχής χαλαρές και ακούρδιστες, ως εκ τούτου παράφωνες. Διερωτήθηκα εάν είχε νόημα για μένα η ζωή και εάν ναι, τι; Πού να ήτανε άραγε τώρα η αγάπη μου, σκέφτηκα; Τι να κάνει; Άρχισαν τα παιδιά σχολείο ή είχαν ακόμη διακοπές; Άραγε τους έλειπα όσο εκείνα εμένα; Ερωτήσεις πολλές, απαντήσεις καμία.

Κατά το απογευματάκι, όταν γύρισα στο δωμάτιο μου μετά από κάτι εξετάσεις που με κάνανε, είδα τον Σάκη Ρίχα με μια κοπέλα, που δεν την γνώριζα, καθισμένους στις καρέκλες.

«Βρε καλώς τον Λάζαρο», με κάνει με το πονηρό χαμόγελο του στα χείλη. Μου δίνει μια εφημερίδα και το περιοδικό ‹Σπίγκελ› και με συστήνει την κοπέλα που τον συνόδευε.

σκουριασμένο σιδερένιο βέλος που, όπως αποδείχθηκε αργότερα, έλιωσε, μετά ένα χρόνο που πήγα να επισκεφτώ τους δικούς μου στην Πόλη. Διότι στον γυρισμό μου βρήκα μόνο το γράμμα της. Το άνοιξα και άρχισα να το διαβάζω:

Είμαι δειλή. Δεν έχω το θάρρος να σου εκμυστηρευτώ αυτά που θα έπρεπε να σου πω προσωπικά. Φοβάμαι τον εαυτό μου, μπας και λυγίσω. Μπας και πέσω στη αγκαλιά σου και ξεχάσω την απόφαση μου που την θεωρώ αναγκαία για το καλό σας. Το καλό των παιδιών και το δικό σου. Μέρες χρειάστηκα να συγκεντρωθώ για να πάρω την σκληρή απόφαση του χωρισμού μας. Δεν μου είναι διόλου εύκολο. Δεν πρέπει όμως να γίνω σκλάβος των αισθημάτων μου και να καταστρέψω το μέλλον τόσο των παιδιών μου, όσο και το δικό σου, πράγμα που με παιδεύει έναν χρόνο τώρα...

Και έπεσα στον Άδη πολλαπλώς.

Μόλις πρόλαβα να τηλεφωνήσω τον Σάκη που ήρθε αμέσως και με ανάφερε ότι ήδη είχε ειδοποιήσει το ‹πρώτων βοηθειών›. Δεν πρόφθασε να τελειώσει την φράση του, κτυπάει το κουδούνι και μπαίνουν δυο μαντραχαλάδες μέσα κι όταν άρχισαν να με πασπατεύουνε, άνοιξε η γη και μ' έφαγε. Χάθηκα.

Όταν ξαναήρθα κάποτε στον εαυτό μου και άνοιξα τα μάτια, δεν ήμουν μήτε στην κόλαση, που την φοβόμουν σαν το διάολο μου, μήτε και στον παράδεισο που έλπιζα. Βρισκόμουν ξαπλωμένος πάνω σ' ένα κρεβάτι, το κρεβάτι μέσα σε μια κάτασπρη αίθουσα βασανιστηρίων, εφοδιασμένη μ' ένα σωρό μοντέρνα στρεβλωτήρια με έγχρωμα φωτάκια, καμπανάκια, σφυρίχτρες και μ' άλλα περίεργα εργαλεία που δεν μπορεί να φανταστεί κανείς. Και το πιο σπουδαίο απ' όλα ήταν, ότι το σώμα μου ήταν συνδεδεμένο μ' όλ' αυτά τα όργανα. Τα κακάρωσα. Μούλωξα και χέστηκα από το φόβο μου. Έκλεισα τα μάτια και προσπάθησα να κινήσω τα δάχτυλα των ποδιών μου που αντέδρασαν αμέσως και με υπενθύμισαν με ένα τσούξιμο ότι ήμουν αιχμάλωτος και δεν επιτρεπόταν, ως φαίνεται, ούτε καν να κινηθώ.

Εγώ, ως έξυπνος Τατaυλιάνος όμως, έκανα την απόπειρα να δοκιμάσω και τα δάκτυλα των χεριών μου και την πάτησα. Αυ-

ΓΙΩΡΓΟΣ ΒΑΛΑΣΙΑΔΗΣ

Ο Αϊ Γιώργης ο Κουδουνάς

«Πες κάποιον χίλιες φορές τρελό και θα τρελαθεί»
Παλιά κινέζικη παροιμία

Προς ενημέρωση των λιγοστών που δεν με γνωρίζουν: Κατάγομαι από την περιοχή Ταταούλων Κωνσταντινουπόλεως κι η οικογένεια μου είναι απ' αυτούς που πληρώσανε επί εκατοντάδες χρόνια τα σπασμένα. Γι' αυτό το λόγο λοιπόν ξεκίνησα πριν από πολλά χρόνια να βρω μια νέα Ιθάκη και άραξα στην Γερμανία. Μετά από αρκετές μικροπεριπέτειες κατάληξα στην Φραγκφούρτη. Έπιασα δουλειά σ' ένα γνωστό εργοστάσιο αυτοκινήτων, όπου γνώρισα τον Σάκη, γόνο Κωνσταντινουπολιτών προσφύγων, που ήταν κοινωνικός λειτουργός και ως εκ τούτου διερμηνέας, με τον οποίο μας συνδέει ως την σήμερον μια σταθερή φιλία.

Πέρναγε ο καιρός ήρεμα δίχως μεγάλες σκοτούρες, ώσπου μια ωραία μέρα εκείνου του φθινοπώρου συνάντησα εντελώς τυχαία στις πισίνες στο Μπατ Χόμπουργκ — μια γειτονική πόλη της Φραγκφούρτης — μια μεγαλύτερη μου ζωντοχήρα με δυο παιδιά και αισθάνθηκα τα χρυσά βέλη του Έρωτα να με τρυπάνε την καρδιά. Κι' εδώ άρχισε το μαρτύριο μου. Δεν είχα φαντασθεί, ότι ο μπάσταρδος ο Έρωτας, θα στόχευε την αγάπη μου μόνο με ένα

κάτι που θα εξηγούσε το απατηλό είδωλο των ποντικών που με παγίδευσαν εδώ πέρα. Κι όσο ψηλαφούσα με τα χέρια μου προς τα μπροστά, άκουγα όλο και πιο καθαρά εκείνον τον χαρακτηριστικό ήχο σαν ψιθύρισμα που βγάζει ο αέρας όταν τον ρουφάς. Τέντωσα τ' αφτιά μου και τον ακολούθησα. Ο ήχος δυνάμωνε όσο πλησίαζα στην πηγή του, και παρά λίγο να ρουφήξει κι εμένα την ίδια, όταν έφτασα στην είσοδο μιας σπηλιάς. Θα μου επιφύλασσε, λοιπόν, κι άλλη έκπληξη η Ισλανδία; Ήμουν κατάπληκτη, κατάπληκτη με την αλυσίδα των αλλόκοτων πραγμάτων που εκτυλίσσονταν μπροστά στα μάτια μου απ' την πρώτη στιγμή του ταξιδιού μου, κατάπληκτη με το θάρρος μου, να τ' αντιμετωπίζω κατάματα.

Με το πρώτο κιόλας βήμα διαπίστωσα, ότι το άνοιγμα δεν οδηγούσε σε σπηλιά, αλλά σ' ένα βαθύ τούνελ, στο τέλος του οποίου έφεγγε ένα χλωμό φως. Τώρα πια, σκέφτηκα, δεν υπάρχει τίποτα που θα μπορούσε να με σταματήσει. Όχι, δεν υπήρχε επιστροφή, ακόμα κι αν το 'θελα. Χωρίς κανέναν ενδοιασμό μπήκα στο σκοτεινό διάδρομο και χώθηκα στη σκοτεινή κοιλιά της Ισλανδίας. Κι η Ισλανδία με υποδέχτηκε στον φλογερό της κόρφο κι ετοιμάστηκε να με γεννήσει, εμένα, κόρη των παγετώνων, γιο του μάγματος, παιδί των ανέμων.

Μέσα μου πανηγύριζα σιγανά καθώς άρχισα να διασχίζω το τούνελ. Με τα χέρια τεντωμένα, για να μπορώ βαδίζοντας να αγγίζω τα τοιχώματα, περπατούσα γέρνοντας μια δεξιά, μια αριστερά, βήμα-βήμα, κερδίζοντας συνεχώς έδαφος, όσο πιο βαθιά χωνόμουν μέσα στο τούνελ. Ύστερα άρχισα να κατηφορίζω ήρεμα, λικνιζόμενη, με τεντωμένα χέρια και πόδια, μετρώντας με το σώμα μου το εύρος του βουνού που περιέβαλλε τα πάντα.

Βάδιζα στα τυφλά, αν και μ' ανοιχτά τα μάτια, έχοντας μοναδικό μου στόχο το απόμακρο φως. Ταλαντευόμουν στραμμένη προς το μέρος του, απελευθερωμένη, ζεστή και γοητευμένη.

Μετάφραση από τα Γερμανικά:
ΕΛΕΝΑ ΠΑΛΛΑΝΤΖΑ

Αν δεν πηδούσα, θα είχα μείνει αιχμάλωτη του ίδιου μου του εαυτού, εγώ, ένα παγόβουνο, παγωμένο και ξέχωρο, ενώ στο κέντρο της ύπαρξής μου το μάγμα θα απειλούσε να με κάψει. Αν δεν πηδούσα, το βουνό θα μ' έχαβε, η ίδια εγώ θα κατέτρωγα τον εαυτό μου, ξεκοκαλίζοντας με μαζί με τις συλλαβές και τις λέξεις μου. Η πνοή και το πνεύμα θα καταβρόχθιζαν το ένα τ' άλλο, το φως και η θέρμη θα αλληλοσπαράζονταν. Και μόνο επειδή πήδηξα, ψυχανεμίστηκα το άνοιγμα, το αθέατο ρήγμα στον πάγο, μπόρεσα να νιώσω πώς ξεπετάγονται ο ατμός και οι αχνοί από τα σωθικά μου. Ήμουν το βουνό, γι' αυτό κάπνιζα. Ευτυχισμένος ο εργάτης των ορυχείων, που αναμετριέται με τα βάθη των ισλανδικών παγετώνων. Ώρα καλή και γεια χαρά, στα βάθη αγρυπνά η φωτιά!

Κατρακύλησα στα τοιχώματα του παγετώνα, χωρίς να βγάλω άχνα, με τα χέρια σηκωμένα, ώσπου προσγειώθηκα – στο μαλακό χιόνι! Ούτε δίχτυ προστασίας, ούτε ποντικοί, ούτε τίποτα. Κοίταξα γύρω μου ζαλισμένη. Ο πάτος του ρήγματος μόλις διακρινόταν πάνω στην αντανάκλαση του πάγου. Εδώ κάτω ήταν όλα πιο ευρύχωρα απ' όσο είχα υποθέσει κοιτάζοντας από ψηλά. Εκεί ψηλά, το *εκεί ψηλά* ήταν μόλις πριν από μερικά δευτερόλεπτα, κι όμως έμοιαζε κιόλας τόσο μακρινό. Τώρα βρισκόμουν εδώ, σαστισμένη από το αλλόκοτο μέρος κι απορημένη με τη γλυκιά θαλπωρή που τόσο παράξενα απλωνόταν στο σώμα μου. Θα 'λεγε κανείς ότι είχα πέσει σε κάποια παγίδα, ναι, αυτό θα συμβάδιζε με όλους τους κανόνες της λογικής. Γιατί, βέβαια, αν συνειδητοποιούσα ότι βρίσκομαι στον πάτο της χαράδρας ενός παγετώνα πλάτους δύο μέτρων, θα με κυρίευε η φρίκη της κλειστοφοβίας. Αυτό όμως δε συνέβη στην Ισλανδία, ούτε κατά τη διάρκεια εκείνου του ταξιδιού, ούτε βέβαια σ' εκείνο το πλάσμα, το δίχως ηλικία που ήμουν και που είχα μόλις δραπετεύσει από έναν κόσμο γεμάτο κανόνες και απαγορεύσεις της λογικής. Σηκώθηκα λοιπόν κι άρχισα την αναζήτηση – του Ασύλληπτου.

Ψηλάφησα πιθαμή προς πιθαμή τα τοιχώματα. Κάτι θα πρέπει να 'κρυβε τούτο το στόμα της γης που με κατάπιε τόσο πρόθυμα,

λει είχα εκπλαγεί και τούτο μου φαινόταν σαν ένα ικανοποιητικό κράμα τρομάρας και ευδαιμονίας. Γεμάτη περιέργεια έπεσα στα γόνατα και έσκυψα ως το χείλος του παγετώνα, για να κοιτάξω κάτω. Κι αν μέχρι εκείνη τη στιγμή είχα απλώς εκπλαγεί, τώρα ταλαντευόμουν ανάμεσα στη φρίκη και σ' ένα ακράτητο γέλιο. Μη μπορώντας να πιστέψω αυτό που έβλεπα, έκλεισα τα μάτια και ξανακοίταξα κάτω: Σε βάθος δέκα, είκοσι μέτρων στεκόταν μια ομάδα πλήρως εξοπλισμένων πυροσβεστών ποντικών που βαστούσαν ανοιγμένο κιόλας το σεντόνι. Μάλιστα, ποντικοί πυροσβέστες! Είχαν στρέψει κατά πάνω μου τις μυτερές ποντικίσιες μουρίτσες τους, με τα μεγάλα κόκκινα πυροσβεστικά κράνη απ' όπου ξεπρόβαλλαν τα ποντικίσια αφτιά τους. Πήδα, μου φώναζαν, πήδα επιτέλους! Θα σε πιάσουμε, πήδα!

Το αίσθημα πως ήμουν χαμένη, αλλά και η φρίκη, κι ο φόβος και το νόημα της ζωής ακυρώνονται μονομιάς, τη στιγμή που ποντικοί πυροσβέστες με κοιτάζουν με τις μυτερές μουσούδες τους και με προκαλούν να προβώ σε ριψοκίνδυνες ενέργειες. Η νύχτα και το ψύχος χάνουν τη σφοδρότητά τους, όταν ανάβουν και λάμπουν ποντικίσια ματάκια, σαν καλογυαλισμένα κουμπάκια λάβας. Και τότε ξέσπασε εκείνο το κύμα που παραμόνευε στο λαρύγγι μου κι άρχισα να γελάω, να γελάω σαν από μια θυμωμένη πηγή μέσα μου, που έμοιαζε να ξεπηδά απ' το γκρεμό του ίδιου του παγετώνα. Γελούσα κι άκουγα τις φωνές των ποντικών να αντηχούν τσιριχτά στα παγωμένα τοιχώματα. Γελούσα κι ένιωθα οδυνηρή τη χαρά που ανάδευε τα σωθικά μου.

Το γέλιο κυλάει από τη φύση του, αναβλύζει από τα βάθη της ψυχής κι είναι ριζωμένο στα κύτταρά μας, στο ύστατο σημείο του σώματός μας, εκεί όπου βρίσκεται το κέντρο βάρους μας, εκεί απ' όπου γεννάμε τα παιδιά μας. Το γέλιο χαράζει το δρόμο μέσα απ' το κορμί μας, αντηχεί απ' τα στόματα και κάνει τα άκρα μας να δονούνται. Το γέλιο χαράζει ένα δρόμο απ' τον ουρανό και τον διαβαίνει σαν το Άγιο Πνεύμα, σπέρνοντας γύρω μια παιδικότητα θεϊκή.

Πήδηξα.

λίχτηκα σφιχτά στο μπουφάν μου κι αναρωτήθηκα αν θα 'ταν ο φόβος πιο πολύ ή το κρύο αυτό που θα με σκότωνε. Το βουνό είναι σπλαχνικό, παρότι δεν ξέρει από ευσπλαχνία. Ο φόβος όμως είναι αδυσώπητος κι αποζητά την ευσπλαχνία πιο πολύ απ' ο,τιδήποτε. Γύρισα την πλάτη μου στο γκρεμό και συνέχισα ν' ανεβαίνω.

Το γεγονός ότι ήμουν χαμένη καθώς και τούτος ο άνεμος ήταν τα μόνα μου στηρίγματα στην έρημη πλαγιά. Ό,τι γνωρίζουμε μπορεί μεν να μας πονάει, είναι όμως οικείο, ένας φρικτός συνοδοιπόρος. Είναι τρομακτικό, πόσο καλά τον γνωρίζω και πόσο καλά με στηρίζει. Και επίσης τρομαχτικός είναι ο ολέθριος πόθος του γνώριμου για τον εαυτό του. Ήμουν από καιρό χαμένη, τώρα που το σκέφτομαι, μιαν ολόκληρη αιωνιότητα. Απ' την αιωνιότητα ερχόταν κι ο άνεμος, ή μάλλον ήταν η ίδια η αιωνιότητα. Δεν είχε τίποτα από τη μικρότητα του εφήμερου. Όταν χάνεσαι, χάνεσαι στην απεραντοσύνη. Κι ο άνεμος είναι η ίδια η απεραντοσύνη.

Ο αέρας με ωθούσε. Με ωθούσε ψηλά προς τον παγετώνα, χωρίς σαματά, χωρίς προσπάθεια, χωρίς πισωγυρίσματα. Βάδιζα σταθερά, υπνωτισμένη από το κρύο, κάπου-κάπου μια δυνατή ριπή μ' έσπρωχνε προς τα εμπρός. Ούτε και ξέρω από πού ανασύρθηκε εκείνο το μικρό χαμόγελο ευδαιμονίας στα χείλη μου. Μάλλον ένιωθα πως πλησίαζε η κορφή. Μπορεί κι ο ουρανός, καθώς κάθε βήμα μου μ' έφερνε όλο και πιο κοντά του. Το τέλος όμως δεν μπορούσα να το προβλέψω.

Ξάφνου ο άνεμος κόπασε – για μερικές στιγμές μόνο, αρκετές όμως, για να βρεθώ πεσμένη πίσω στην απότομη πλαγιά. Με μια πνιγμένη κραυγή κι ένα ολοστρόγγυλο, άηχο ω! προσγειώθηκα στο χιόνι, αφού πιάστηκα τρικλίζοντας από 'να βράχο για να κρατηθώ, και τότε την είδα – όχι, εκείνη μου φανερώθηκε, αποκαλύπτοντάς μου το αγεφύρωτο βάθος της που έχασκε. Μια πλατιά, λευκή σχισμή στον παγετώνα μού έκοβε το δρόμο βάζοντας αιφνίδια τέλος στην πορεία μου. Ένιωσα το πρόσωπό μου να συσπάται, αναποφάσιστο ανάμεσα σε μια έκφραση τρόμου και στην επίμονη, ανεξήγητη θα 'λεγες, ευδαιμονία ενός χαμόγελου. Εντέ-

αχνίζοντας στους παγετώνες. Εκεί μ' έριξε κάτω και πριν προλάβω να καταλάβω πού βρισκόμουν, κατέβηκε πάλι το βουνό καλπάζοντας, κι ύστερα ανέβηκε το επόμενο και συνέχισε έτσι με αμείωτη ταχύτητα μέχρι που χάθηκε απ' το οπτικό μου πεδίο. Ναι, έτσι αναπάντεχα βρήκα κι εγώ την Ισλανδία. Έτσι απλά.

Έτσι συμβαίνει με όλα τα πράγματα που νομίζει κανείς ότι τα κατέχει και τα κατευθύνει. Σου δίνονται με τη θέλησή τους, σε κοιτάζουν με πίστη στα μάτια, σου χαμογελάνε με σαγήνη και σου υπόσχονται μια τακτοποιημένη, ελεγχόμενη ευτυχία. Κι ενώ πίστευα ότι εγώ θα ανακάλυπτα την Ισλανδία, εν τούτοις η Ισλανδία ανακάλυψε εμένα. Είναι πολύ παράξενο να σε ανακαλύπτει η Ισλανδία. Όποιον ανακαλύπτει η Ισλανδία, τον παίρνει στην αγκαλιά της. Κι όποιος έχει βρεθεί στην αγκαλιά της Ισλανδίας δεν μπορεί παρά να νιώσει σα μικρό παιδί. Γιατί τον θωπεύει ανασαίνοντας παγωμένα φιλιά στο μάγουλό του και του φυσά τα μαλλιά που αρχίζουν να λαμπυρίζουν, σαν να 'ταν χιλιάδες μικροί κρύσταλλοι χιονιού πλεγμένοι στις τούφες τους. Ψαχούλευα γύρω μου με τα μικρά μου παιδικά χέρια να πιάσω τα ροζιασμένα χέρια που με κρατούσαν. Και μολονότι μια παγερή αύρα έπνεε γύρω απ' το κεφάλι της Ισλανδίας, η αγκαλιά της ανέδιδε θαλπωρή, ενώ το πιο δύσκολο πράγμα είναι ν' αντέξεις τη σύγχυση που σου προκαλούν η ταυτόχρονη ζεστασιά και το ψύχος, το πιο βαρύ χώμα κι ο πιο ανάλαφρος άνεμος.

Και τότε ήρθε η ώρα μου να φοβηθώ – και φοβήθηκα. Τυφλωμένη απ' τη λευκή λάμψη σκέπασα τα μάτια μου μη μπορώντας να διακρίνω τίποτα άλλο από πάγο και χιόνι. Το φως της μέρας έμοιαζε με λεπτή κλωστή, αμολημένη πάνω στον ορίζοντα. Περίμενα πως θα νύχτωνε από στιγμή σε στιγμή, πως η κλωστή θα λέπταινε ολοένα κι ο ουρανός θα γινόταν στο τέλος ένα με τα βουνά. Δίχως να μπορώ ακόμα να το πιστέψω, είχα καρφώσει το βλέμμα μου στο σημείο όπου είχε χαθεί το άλογο. Ένας παγερός, άφωνος άνεμος σάρωνε την πλαγιά, και μου φαινόταν σαν να μην διέκοψε ποτέ κάποιος ήχος από πέταλο αλόγου αυτήν την ψυχρή ανεμόεσσα γαλήνη. Ανασηκώθηκα με δυσκολία απ' το χιόνι, τυ-

λιώνεις και να γίνεσαι ένας συμπαγής μολυβένιος σβόλος κι ύστερα πάλι να διαλύεσαι και να εξατμίζεσαι σαν αιθέρας. Να γίνεσαι το πιο βαρύ χώμα κι ο πιο ανάλαφρος άνεμος. Εκείνη τη πρώτη νύχτα το γιορτάσαμε κι ύστερα κοιμηθήκαμε σ' αυτό το μικρό ξενοδοχείο. Λίγο αργότερα ήμουν ξαπλωμένη στο μαλακό σαν βαμβάκι κρεβάτι μου κι ήμουν ελεύθερη – ελεύθερη και απέραντα ασφαλής.

Το πρωί ήρθε αναπάντεχο κι ηλιόλουστο, οι σύντροφοί μου κι εγώ ήμασταν καλοδιάθετοι και πανέτοιμοι για την εκδρομή που είχαμε σχεδιάσει. Η παρουσία τους είχε ιδιαίτερη σημασία, αν και φλυαρούσαν μαζί μου και διασκέδαζαν κι έβλεπαν όλα όσα έβλεπα κι εγώ, κι ήταν μαζί μου, μολονότι εγώ δεν ήμουνα μαζί τους. Τριγυρίζαμε μέσα στο τοπίο πάνω σ' άλογα, μεθυσμένοι από το φως, τον αέρα και τις πρωτόγνωρες μυρωδιές, παραδομένοι στις σκέψεις μας κι αποζητώντας το νερό που ο αέρας το 'φερνε πάνω μας σε μικρές ζεστές σταγόνες. Γκέιζερ! Όταν ένιωσα τον υγρό της αέρα, σπιρούνισα τ' άλογό μου, κι εκείνο κατευθύνθηκε ήσυχα προς τις πηγές. Ήσυχα μ' άφησε να ξεπεζέψω και να κοιτάξω το καυτό κόχλασμα, ήσυχα κι υπομονετικά με περίμενε να θαυμάσω τις πολύχρωμες αντανακλάσεις του φωτός μέχρι που άρχισα να παραπατάω από τις αναθυμιάσεις του θειαφιού. Ήσυχα μ' άφησε να το ξανακαβαλικέψω, όταν, θαμπωμένη πια, είχα ξεχάσει τα πάντα γύρω μου. Ανέβηκα αφηρημένη, καθώς εκείνο με κάλεσε υψώνοντας το κεφάλι, αλλά πριν προλάβω να σκεφτώ ποιος θα ήταν ο επόμενος προορισμός μου, ξεχύθηκε μπροστά. Το άλογό μου με παρέσερνε αγριεμένο σα θύελλα και χωρίς καμία προειδοποίηση. Είχα γατζωθεί στη χαίτη του, έχανα τις αισθήσεις μου, και γι' αυτό δεν είχα καταλάβει ακόμα πόσο πολύ φοβόμουν. Κατεβήκαμε καλπάζοντας το λόφο κι ανεβήκαμε τον επόμενο και συνεχίσαμε έτσι μέχρι που το μπλε τ' ουρανού άρχισε σιγά-σιγά να ξεθωριάζει και το φως της ημέρας να γίνεται όλο και πιο αδύναμο, ενώ ένα αλλόκοτο εκτυφλωτικό φως μού τρύπησε έξαφνα τα μάτια. Χιόνι! Ακάματο τ' άλογο μ' είχε φέρει ως στα βουνά, πάνω σε χιονισμένες πλαγιές, και δεν σταμάτησε παρά μόνο σαν έφτασε

Όλα τα έχασα με τον ίδιο τρόπο, τίποτα δεν διασώθηκε από κείνες τις στιγμές της φαινομενικά απόλυτης κατάλυσης, ούτε εγώ, ούτε η χώρα, ούτε οι σύντροφοι. Έβλεπα μόνο το κενό και το κενό μονάχα άκουγα. Κάτω απ' τα πόδια μου φύτρωνε ένα χορτάρι ψιλό σα βρύο, ομοιόμορφο και ακαθόριστο. Στον ορίζοντα η γη ενωνόταν με τον ουρανό κι ο ουρανός ήταν εντελώς ανέφελος. Είχα περάσει από ώρα τους θερμοπίδακες, είχα από ώρα αφήσει πίσω μου τη θέρμη και το θάμβος. Δεν ήξερα πια γιατί πλανιόμουν σ' αυτή τη γκριζοκάστανη έρημο. Έχει δέντρα η Ισλανδία; Μάλλον θα έχει. Θα 'χει άραγε κι εκεί πάνω, στις ανωφερείς εκτάσεις; Στο δρόμο για τους αιώνιους παγετώνες, στις ορεινές σπηλιές και τις χαράδρες των βράχων; Εκεί δε θα 'χει, θαρρώ. Εκεί έχει μόνο ανέμους, καστανογκριζοπράσινους ανέμους κι εκτυφλωτικά λευκό αέρα. Ψυχανεμίζομαι πως υπήρχε κι ένα άλογο, που με περιμάζεψε, με πήγε καβάλα παντού, μ' ανέβασε στο βουνό και στον παγετώνα και με παράτησε εκεί. Ψυχανεμίζομαι όμως πως μπορεί και να μην υπήρξε τέτοιο άλογο και πως είναι μια ανοησία που σκαρφίστηκε η φαντασία μου. Θυμάμαι όμως τη χαίτη του που ανέμιζε, όταν μου γύρισε τα νώτα και κατέβηκε σα σίφουνας την πλαγιά. Κι εγώ απόμεινα καθισμένη στο χιόνι, εγώ ή κάποιος άλλος που μου φαινόταν πως ήμουν εγώ. Θυμήθηκα τότε ότι ήμουνα δώδεκα χρονών, μπορεί όμως να 'μουνα και σαράντα εφτά, κι ότι έπρεπε να γράψω μια έκθεση. Τέντωσα τη μύτη μου, πέρασα όλο μου το πρόσωπο μέσα απ' τον τρεμουλιαστό ζελατινώδη τοίχο, μόνο και μόνο για να διαπιστώσω ότι και στην άλλη πλευρά ήμουν το ίδιο χαμένη όσο και 'δω πέρα. Τραβήχτηκα πάλι πίσω κι έμεινα.

Χαμένη θα πει, να 'χεις χάσει την καρδιά σου, να την παρατηρείς πώς ξεπετιέται από το σώμα καλπάζοντας, πώς συσπά το στομάχι, παραλύει τους πνεύμονες, συνθλίβει τα σπλάχνα και πολτοποιεί το μυαλό. Χαμένη θα πει, να χάνεις απ' το φόβο σου τα λογικά σου μαζί με την καρδιά σου, να παραπαίεις από μια αδιάλειπτη ζάλη, και να φοβάσαι πως θα πεθάνεις από μοναξιά. Θα πει, να σ' αφανίζει η κάψα και την ίδια στιγμή να παγώνεις, να

Η άφιξη ήταν συναρπαστική, ένιωθα ελεύθερη, τι κι αν ήμουν δώδεκα χρονών – ούτε και τους συντρόφους μου τους πείραζε αυτό. Κι εκείνοι, σαν κι εμένα, δεν είχαν ηλικία, θα μπορούσαν να είναι πενήντα, εβδομήντα ή τριάντα κι άλλωστε δεν είχαν καν συγκεκριμένο φύλο. Κανείς τους δεν μ' ενόχλησε, όταν πάτησα το πόδι μου στην προκυμαία, καμιά τους δεν μου πήρε τ' αφτιά ούτε έκανε το βλέμμα μου, το στραμμένο στο παγωμένο μπλε του ουρανού, να σκοτεινιάσει. Προχωρούσα ευθεία μπροστά, στητή και χαρούμενη, όπως ίσως μόνο μια δωδεκάχρονη χωρίς ηλικία μπορεί να είναι. Προχωρούσα σίγουρη για το στόχο, βρίσκοντας το δρόμο στα τυφλά, με τα μάτια προσηλωμένα στον ουρανό και στις έντονες γραμμές του. Την πρώτη νύχτα, μετά το γλέντι, κοιμηθήκαμε σ' ένα μικρό κοινό ξενοδοχείο. Ξάπλωσα σ' ένα κρεβάτι μαλακό σα βαμβάκι κι ένιωσα ελεύθερη, ελεύθερη και απέραντα ασφαλής.

Σήμερα γνωρίζω την Ισλανδία μέσα από κάπως αλλόκοτες ταινίες: ένας παράξενος μικρός λαός σε μια παράδοξη χώρα γεμάτη νεράιδες και ξωτικά που αναδίδουν παγωμένη άχνα και ξεπροβάλλουν απ' το πουθενά μεταμορφώνοντας τους ξένους σε παγοκολόνες απ' την τρομάρα και το θάμβος – για να τους αφήσουν όμως στη συνέχεια, αναγεννημένους, να πάρουν το ταξίδι της επιστροφής.

Τότε δεν γνώριζα τίποτα για τη Ισλανδία. Δεν είχα ιδέα για το ότι θα ζούσα κάτι τόσο θαυμαστό. Βυθίστηκα απλώς μέσα σ' αυτήν τη χώρα, μέσα στ' όνομά της: Ισλανδία. Έκλεισα τα μάτια, έσκυψα προσεκτικά προς τα εμπρός κι έχωσα τη μύτη μου μέσα σ' εκείνον τον ζελατινώδη τοίχο που, παρότι διαφανής, το βλέμμα μας δε μπορεί να τον διαπεράσει. Έχωσα το κεφάλι μου λίγο πιο μέσα, γέρνοντάς το ελαφρά – κι είχα κιόλας περάσει στην άλλη πλευρά, είχα βυθιστεί στην Ισλανδία. Δεν ξέρω ποιος με έστειλε σ' αυτήν την εκδρομή. Γιατί τελικά οδοιπορούσα. Περπατούσα συλλογισμένη, ατενίζοντας ξανά και ξανά εκείνες τις γαλαζοπράσινες εκτάσεις. Ότι θα χανόμουν, ήταν περίπου αναμενόμενο.

ΘΑΛΕΙΑ ΑΝΔΡΩΝΗ

Ισλανδία

Ήμουν μικρό κοριτσάκι ακόμα, όταν εντελώς αναπάντεχα ήρθε και με βρήκε η Ισλανδία. Έτσι απλά: φλουπ. Κύλησε μέσα απ' το μυαλό μου στα δάχτυλά μου κι από 'κει στις γραμμές ενός χαρτιού, κύλησε μαζί με το μελάνι μέσα από μια μασημένη πένα και πήρε το σχήμα που είχαν τα παιδικά μου ορνιθοσκαλίσματα.

Καλό είναι, είπε η θεία μου, όταν της έδειξα το πρόχειρό μου, για να το διορθώσει. Καλό είναι, είπε ψυχρά και χωρίς τον παραμικρό ενθουσιασμό για τη φανταστική εκδρομή στην Ισλανδία, για την οποία μιλούσα στην έκθεσή μου. Δεν καταλάβαινε ότι η Ισλανδία είχε έρθει να με βρει απλά κι αναπάντεχα. Δεν καταλάβαινε ότι γνώριζα κάτι που κανονικά δε θα 'πρεπε να γνωρίζω. Κανένα παιδί δεν θα ταξίδευε μόνο του σ' αυτή την παράξενη, μακρινή χώρα. Εγώ όμως το έκανα. Γιατί είχα την τύχη με το μέρος μου που μου χάρισε αυτό το ταξίδι κι είχα κι ολόκληρο το σύμπαν με το μέρος μου που μ' άφησε να ταξιδέψω μ' ένα καράβι – δώδεκα χρονών και με συνοδεία ένα σμήνος πολύχρωμων πλασμάτων δίχως όνομα. Προορισμός μου η Ισλανδία, βέβαια, δε χρειάζεται και ρώτημα. Η Ισλανδία είχε έρθει να με βρει, έτσι απλά.

Και τσάι του βουνού για τον μακρύ χειμώνα. Μα τσάι του βουνού έχει και στη Γερμανία! Ναι, αλλά αυτό το έχω μαζέψει μόνη μου. Για να παραμένει ζωντανή η νοσταλγία.

Είναι ευχαριστημένοι. Με όλα όσα πέρασαν, με όσα περνούν τώρα και μ' αυτά που πρόκειται να περάσουν. Ζουν τα πάντα συνειδητά. Τα καλά και τα δύσκολα· δεν καρτερούν τον θάνατο! Αυτός θα έρθει έτσι κι αλλιώς από μόνος του.

Είναι ευχαριστημένοι. Είναι άνθρωποι. Απ' αυτούς έχουν βγει ένα σωρό καλλιτέχνες: μουσικοί και σκηνοθέτες και φωτογράφοι, ηθοποιοί, ζωγράφοι, αλλά και ένας όχι ευκαταφρόνητος αριθμός συγγραφέων, όπως αυτοί που θα γνωρίσουμε στην παρούσα ανθολογία.

Και για όλα αυτά θα γίνει μια μεγάλη γιορτή. Με πατρίδα από εδώ και πατρίδα από εκεί. Με πολλά τραγούδια, παλιά και καινούργια. Για να τα σιγοψιθυρίσουν όλοι μαζί, για να χορέψουν. Με την οικογένεια, με ξένους φίλους απ' όλον τον κόσμο, που κι αυτοί νοσταλγούν εδώ πέρα ένα κομμάτι πατρίδας. Υπάρχουν φωτογραφίες του τότε και φωτογραφίες του τώρα. Και διηγήματα και ποιήματα και ταινίες κινηματογραφικές «απ' τα κόκκαλα» εκείνων βγαλμένες «τα ιερά». Και υπάρχει αλληλεγγύη. Κι ελευθερία.

Είναι μια μεγάλη γιορτή!

τις βαριές δουλειές που έπρεπε να κάνουν, οι άνθρωποι αυτοί είναι ευχαριστημένοι. Δεν ξεχνούν. Δεν ωραιοποιούν τίποτε. Ακόμη και σήμερα σκοντάφτουν στα όρια της κατανόησής τους, γιατί ήρθαν έτσι τα πράγματα, γιατί αναγκάστηκαν να εγκαταλείψουν την πατρίδα τους, τους γονείς, τα παιδιά τους, τους αγαπημένους τους, το φτωχό τους σπιτάκι με την αυλίτσα μπροστά, το καλό κλίμα: «για ένα κομμάτι ψωμί, για το μέλλον των παιδιών μας», λένε και ξαναλένε ως σήμερα ακόμη. Φτάσανε σε μεγάλη ηλικία. Η νοσταλγία δεν τους έχει εγκαταλείψει ποτέ. Πηγαίνουν συχνότερα στο «σπίτι» τους. Το ταξίδι έχει γίνει συντομότερο και πολύ πιο φτηνό. Τις περισσότερες φορές υπάρχει πράγματι εκεί ένα σπίτι, που το 'χουν χτίσει μόνοι τους για να φωλιάσουν εκεί μέσα στα γηρατειά· το φροντίζουν, δεν το νοικιάζουν, ακόμη κι αν παραμένει άδειο τον περισσότερο καιρό, αφού περνούν εκεί μόνο «τις διακοπές τους», αφού δεν έχουν τι να κάνουν εκεί τον υπόλοιπο χρόνο. Οι παλιοί φίλοι δεν είναι πια εδώ, οι πιο παλιοί έχουν ήδη πεθάνει, οι συνομήλικοι έχουν μετακομίσει στην πόλη – εκεί έχει γιατρούς και τα φαρμακεία είναι δυο βήματα, τα παιδιά δουλεύουν στην πόλη, πρέπει κι αυτοί να κοιτάξουν τα παιδιά των παιδιών τους. Μοναξιά. Αποξένωση. Ακόμη και η γλώσσα δεν είναι πια η ίδια όπως τότε, τους ακούν και τους κοιτούν ειρωνικά που ανάμεσα χρησιμοποιούν δυο τρεις «γερμανικές» λέξεις: *μπροτσάκια, κράνφυρας, άμπανος, βανίλια κάρτα, αχά.* Αλλά που και που συναντούν κι έναν καλοκαιρινό γείτονα που ήταν κι αυτός γκασταρμπάιτερ κάπου στη Γερμανία. Γίνονται σύντομα φίλοι, μπορούν ν' ανταλλάξουν δυο κουβέντες, έχουν κάνει τις ίδιες εμπειρίες. Ένα κομμάτι πατρίδας στην πατρίδα. Μεγάλη τότε η χαρά τους.

Αλλά μετά φτάνει ο καιρός της επιστροφής. *Κάθε ταξίδι και μια επιστροφή,* τραγουδάει ένας γνωστός καλλιτέχνης. Φορτωμένοι με όλα τα καλούδια της καλοκαιρινής πατρίδας, με ωραίο απ' τον ήλιο χρώμα, με ένα σωρό δώρα για τους εδώ φίλους, τον Βίλυ, την Γκούντρουν, τα εγγόνια των φίλων, αχ ναι, και για την άρρωστη θεία Χάννα ένα βάζο ανθόμελο από το βουνό. Κάνει καλό!

Εισαγωγή

ΝΙΚΗ ΑΪΝΤΕΝΑΪΕΡ-ΑΝΑΣΤΑΣΙΑΔΗ

Αφιερωμένο στους Έλληνες της Γερμανίας

... κι ήρθαν άνθρωποι!

Αυτό   *με το γέλιο μου*
που   *με το κλάμα μου*
κάποτε   *τη μιλιά μου*
είχε πει   *το χορό μου.*
ο Μαξ Φρις   *Τώρα κουράστηκα.*
ήταν πολύ ωραίο.   *Σε παρακαλώ*
Για μένα δεν ήταν   *πίστεψέ με,*
κάτι   *είμαι ένας άνθρωπος.*
καινούργιο   *Μη λες*
το ήξερα από πάν-   *συνεχώς*
τα   *πως*
πως είμαι   *είμαι*
άνθρωπος.   *κι εγώ*
Εδώ   *ένας άνθρωπος.*
πρέπει   *Με κάνει*
να το αποδείχνω   *πολύ να λυ-*
καθημερνά   *πάμαι.*

Μαίυ Παπούλια

Πενήντα χρόνια κι όμως παρέμειναν άνθρωποι! Με όλες τους τις επιθυμίες, τον ενθουσιασμό τους, τη χαρά για ό,τι κατόρθωσαν, για την οικογένεια που δημιούργησαν και που αυξάνεται και πληθύνεται ως μέσα στην τρίτη γενιά, και η τέταρτη κάνει κιόλας δειλά την εμφάνισή της. Ζωή χαρισάμενη; Ναι: ζωή χαρισάμενη.

Ακόμη κι αν λιγόστεψαν οι δυνάμεις, κι αν τα μαλλιά ασπρί- σαν, κι αν πονούν οι κλειδώσεις και βασανίζουν οι παθήσεις από

ίτερα τον συγγραφέα Δημήτρη Νόλλα, που δέχτηκε να γίνει επίτιμο μέλος της εταιρείας μας, για την ξεχωριστή συμβολή του.

Οι λόγοι που οδήγησαν στην σύνθεση αυτής της ανθολογίας ήταν η προσπάθεια της Εταιρείας μας, να συμβάλει στην ανάδειξη του έργου των Ελλήνων συγγραφέων της Γερμανίας. Ο τίτλος που επιλέχτηκε, «εν κινήσει», εκφράζει το πνεύμα της παρούσας ανθολογίας σχεδόν στο σύνολό της. Μια συνεχής πνευματική και φυσική κίνηση που προσπαθεί να αναδείξει γεγονότα, ανθρώπους, διαδρομές. Οι Έλληνες συγγραφείς της Γερμανίας γίνονται μάρτυρες ενός ανεξόφλητου λογαριασμού, προσπαθώντας με τον δικό τους τρόπο γραφής να τον εξοφλήσουν, τροποποιώντας με το έργο τους τα ήδη συντελεσμένα.

Απολαύστε τους!

Πρόλογος

ΜΙΧΑΛΗΣ ΠΑΤΕΝΤΑΛΗΣ
Πρόεδρος της
Εταιρείας Ελλήνων Συγγραφέων της Γερμανίας

Αγαπητοί αναγνώστες,
με την ίδρυση της Εταιρείας Ελλήνων Συγγραφέων Γερμανίας (ΕΕΣΓ), τον Δεκέμβρη του 2006, προσπαθήσαμε να δημιουργήσουμε μια λογοτεχνική πλατφόρμα, πάνω στην οποία συναντιούνται όλοι όσοι ασχολούνται ή ενδιαφέρονται για την λογοτεχνία των Ελλήνων της Γερμανίας. Μέλη της εταιρείας μας είναι συγγραφείς, μεταφραστές αρθρογράφοι, δημοσιογράφοι, καθηγητές, που ζουν στην Γερμανία και με την εργασία τους προωθούν μεταξύ άλλων τη διάδοση της ελληνικής λογοτεχνίας στον γερμανόφωνο χώρο.

Η ΕΕΣΓ, απορρίπτοντας το επιχείρημα «Ελληνική λογοτεχνία είναι μόνον αυτή που είναι γραμμένη στην ελληνική γλώσσα», στηρίζει την ελληνικότητα ενός συγγραφέα της διασποράς στις μεταμορφώσεις που υφίσταται και αυτός και το έργο του ανάμεσα στους δυο κόσμους όπου ζει και δημιουργεί, ανεξάρτητα από τη γλώσσα στην οποία γράφει. Έλληνας συγγραφέας για την Ε-ΕΣΓ είναι αυτός που «σκέφτεται ελληνικά». Τα μέλη της ΕΕΣΓ με το συγγραφικό τους έργο λειτουργούν ως λογοτεχνικά συγκοινωνούντα δυχεία ανάμεσα στην ελληνική και τη γερμανική κοινωνία. Ειδικά στη σημερινή πραγματικότητα η ύπαρξη ενός τέτοιου θεσμού είναι πολύ σημαντική, καθώς προσφέρει την δυνατότητα μιας καλύτερης κατανόησης της πολυπολιτισμικότητας μέσω της λογοτεχνίας. Στο πνεύμα αυτής της προσπάθειας ευχαριστούμε ιδιαι-

7	Πρόλογος	ΜΙΧΑΛΗΣ ΠΑΤΕΝΤΑΛΗΣ
9	Εισαγωγή	ΝΙΚΗ ΑΙΝΤΕΝΑΙΕΡ-ΑΝΑΣΤΑΣΙΑΔΗ
13	Ισλανδία	ΘΑΛΕΙΑ ΑΝΔΡΩΝΗ
23	Ο Αϊ Γιώργης ο Κουδουνάς	ΓΙΩΡΓΟΣ ΒΑΛΑΣΙΑΔΗΣ
33	Η θέση του άλλου	ΕΛΕΝΗ ΔΕΛΙΔΗΜΗΤΡΙΟΥ-ΤΣΑΚΜΑΚΗ
41	Αεί εν κινήσει	ΣΩΚΡΑΤΗΣ ΓΙΑΠΑΠΑΣ
49	Το τάμα	ΕΛΣΑ ΚΟΡΝΕΤΗ
53	Rien ne va plus	ΓΙΩΡΓΟΣ ΚΡΟΜΜΥΔΑΣ
57	Μια ηρωική νύχτα	ΠΕΤΡΟΣ ΚΥΡΙΜΗΣ
65	Οι ανεμώνες	ΚΥΡΟ ΠΟΝΤΕ
71	Φ	ΑΛΕΞΙΟΣ ΜΑΙΝΑΣ
77	Περιμένοντας τον Αίσωπο	ΜΠΡΙΓΚΙΤΤΕ ΜΥΝΧ
89	Μαντζικέρτ	ΔΗΜΗΤΡΙΟΣ ΝΟΛΛΑΣ
95	Ίχνη στο χιόνι	ΕΛΕΝΑ ΠΑΛΛΑΝΤΖΑ
103	(Α)κίνητος	ΜΙΧΑΛΗΣ ΠΑΤΕΝΤΑΛΗΣ
111	Δεν περνάς κυρά Μαρία	ΣΕΒΑΣΤΟΣ Π. ΣΑΜΨΟΥΝΗΣ
123	Είμαι συγγραφέας	ΣΤΑΥΡΟΣ ΣΤΑΥΡΙΑΝΙΔΗΣ
127	4.33΄ Μουσική της σιωπής	ΛΟΥΚΙΑ ΣΤΕΦΟΥ
133	Ρεχαγκελισμοί όπως Ευαγγελισμοί	ΕΛΕΝΗ ΤΟΡΟΣΗ
151	Βιογραφικά	

ΠΕΡΙΕΧΟΜΕΝΑ

ΣΤΟΙΧΕΙΑ ΕΚΔΟΣΗΣ

Ἐν κινήσει
Σειρά: γράφω

Επιμ. εκδόσεως:
Σεβαστός Π. Σαμψούνης
Εταιρεία Ελλήνων Συγγραφέων στη Γερμανία

Σελιδοποίηση και μακέτα εξωφύλλου:
Größenwahn Verlag Frankfurt am Main

Γραμματοσειρές:
Constantia und *Lucida Calligraphy*

Φωτογραφία εξωφύλλου:
Alexios Mainas

Μεταφράσεις και επιμέλεια:
Θάλεια Ανδρώνη, Helge Binder, Σοφία Γεωργαλλίδη, Niki Eideneier,
Hans Eideneier, Μαρία-Έλενα Ελευθέριε, Carolin Mader,
Αλέξιος Μάινας, Αρετή Μαυρογιώργη, Brigitte Münch,
Έλενα Παλλαντζά και Maria Thomas.

Εκτύπωση:
Druckerei BM-Druckservice Mortazavi, Köln.

Größenwahn Verlag Frankfurt am Main
Οκτώβριος 2010

ISBN: 978-3-942223-02-7

Σεβαστός Π. Σαμψούνης
(Επιμ. Έκδ.)

Εν κινήσει

Διηγήματα
Ελληνικά - Γερμανικά

Ανθολογία διηγημάτων της
Εταιρείας Ελλήνων Συγγραφέων της Γερμανίας
με αφορμή την 50ᵗ επέτειο της υπογραφής Συμφώνου Εργασίας
μεταξύ Γερμανίας και Ελλάδας.

Die Deutsche Nationalbibliothek – CIP-Einheitsaufnahme.
Die Deutsche Nationalbibliothek verzeichnet dieses Buch in der Deutsche Nationalbiblio-
graphie; detaillierte bibliographische Daten sind im Internet über http://dnb.d-nb.de
abrufbar.

Πρώτη έκδοση 2010
© Größenwahn Verlag Frankfurt am Main Sewastos Sampsounis, Frankfurt 2010
© Εταιρεία Ελλήνων Συγγραφέων στη Γερμανία
www.groessenwahn-verlag.de
Alle Rechte Vorbehalten.
Printed in Germany
ISBN: 978-3-942223-02-7

Ἐν κινήσει — Σειρά: γράφω